(道德經)
다석 유영모의 늙은이 풀이

다석 유영모의 늙은이 풀이

펴 낸 날/ 초판1쇄 2023년 5월 25일
지 은 이/ 윤정현
그   림/ 이상락

펴 낸 곳/ 도서출판 기역
펴 낸 이/ 이대건
편   집/ 책마을해리

출판등록/ 2010년 8월 2일(제313-2010-236)
주   소/ 전북 고창군 해리면 월봉성산길 88 책마을해리
         경기도 파주시 회동길 363-8 출판도시
문   의/ (대표전화)02-3144-8665, (전송)070-4209-1709

ISBN 979-11-91199-63-5 03150

새롭고 명쾌하게 우리말 옛글 <노자> 풀이

다석 유영모의
늙은이 풀이

윤정현 엮어씀

ㄱ

≪늙은이≫ 풀이를 펴내면서

1998년 버밍엄대학교에서 석사과정을 마치고 박사과정에 들어가 다석 유영모의 절대자 이해에 대한 박사학위 논문을 쓸 때, 다석은 사서오경에 능통했을 뿐만 아니라 천부경, 도덕경에 대한 이해가 독특하고 그에 대한 해박한 지식을 가지고 있었던 사실을 알게 되었다.

학위를 받고 10년이 지난 2015년경 청소년들도 이해할 수 있도록 다석사상을 쉽게 풀어달라는 요청이 있어 다석의 ≪늙은이≫를 풀이하기 시작하였다. 2년 동안 얼숲(페이스북)에 한 장씩 풀이하면서 다석의 주요한 사상을 덧붙여 소개하였다. ≪늙은이≫ 풀이를 하면서 동서양의 종교체험에서 나타나는 현상을 살펴볼 수 있는 시간을 가졌다. 그것은 내가 대학원에서 그리스도교의 영성체험을 공부하였기 때문에 도덕경의 지혜와 마음의 상태가 그리스도교 신비가들이 말하는 것들과 상통하고 있는 것을 알 수 있었다.

다석은 성인(聖人)을 순우리말로 '씻어난 이'라고 하였고, 현인(賢人, 어진 이)을 '닦아난 이'라고 풀이했다. 모두 수신(修身)하여 자아확립을 한 사람이다. 불교에서는 조신(調身), 조식(調息), 조심(調心), 좌선(坐禪)을 통해, 노장사상에서는 허심(虛心), 무심(無心), 심재(心齋), 좌망(坐忘) 과정을 통해, 그리스도교는 정화(淨化), 조명(照明), 일치(一致)의 단계를 통해 수덕(修德)하고 완덕의 길로 나아간다. 유가(儒家)에서는 수신(修身)하며 도를 갈구하기에 구도(求道)라고 하고 도를 구하고 닦기에 수도(修道)라고 한다. 수도하여 도를 얻는 것을 득도(得道)라 하고, 도를 얻어 우주만물의 현상을 한 눈에 보고, 도가 자유자재로 통하기에 도통(道通)이라 한다.

선불교(禪佛敎)에서는 화두(話頭)를 가지고 단전직시(單傳直視)하여 무상정등정각(無上正等正覺)의 상태에 이르고, 그리스도교는 렉시오 디비나(Lecio Divina, 거룩한 독서, 聖讀)를 통해 '하느님과 하나(union with God)' 되는 것을 추구한다. 노장에서는 허심(虛心)을 통해 무위자연(無爲自然)의 상태를, 유가에서는 수덕(修德)을 통해 하늘과 하나가 되는 체험, 즉 천인합일(天人合一)을 이루고자 하는 경향이 있다.

렉시오 디비나(Lecio Divina, 거룩한 독서)는 첫째로 렉시오(lectio); 거룩한 글귀를 읽고, 둘째로 메디타티오(meditatio); 읽은 말씀을 깊이 묵상하고, 셋째로 오라티오(oratio); 묵상 가운데 떠오르는 것을 하느님께 계속 질문하고, 마지막으로 컨템플라티오(contemplatio); 하느님의 인도 아래 은총을 맛보는 관상기도(觀想祈禱)를 통하여 하느님과 하나가 된다. 그리하여 바울로가 말했던 '그리스도가 내 안에 내가 그리스도 안에'(갈라 2:20) 있는 신비체험을 한 것처럼 '내가 하느님 안에 하느님이 내 안에' 있는 듯 거룩한 삶을 살아간다.

하늘과 땅이 유구한 세월 오래오래 있을 수 있는 것은 인위적으로 자신만을 위해 살지 않고 있는 그대로 있었기 때문이다. 그러므로 씻어난 성인(聖人)은 자연의 도(道)에 따라 무위(無爲)로 모든 일을 한다. 성인은 아무 것도 하지 않앞으나 아니 한 것이 없고, 다스리지 않았으나 다스려지지 않는 것이 없다. 몸을 뒤늦추었으나 몸이 앞서 씨알을 섬기고 사랑한다. 몸을 버려 씨알을 섬기나 그의 몸은 더 드러난다. 인위적으로 무엇을 하려고 하지 않고, 자신을 내려놓고 낮게 엎드렸기에 그의 삶은 더 드러난다. 서신성경 필립피인들에게 보낸 편지 2장에서 십자가 사건은 '자기 비움'이라는 것을 잘 말하고 있다.

"그리스도 예수는 하느님과 본질이 같은 분이셨지만 굳이 하느님과 동등한 존재가 되려 하지 않으시고, 오히려 당신의 것을 다 내어놓고 종의 신분을 취하셔서 우리와 똑같은 인간이 되셨습니다. 이렇게 인간의 모습으로 나타나 당신 자신을 낮추셔서 죽기까지, 아니, 십자가에 달려서 죽기까지 순종하셨습니다. 그러므로 하느님께서도 그분을 높이 올리시고 모든 이름 위에 뛰어난 이름을 주셨습니다"(공동번역, 필립 2:6-9).

앞서 섬기고 몸을 낮추어 엎드리자 하느님은 그리스도를 높이 올리시고 하느님의 자리에 앉히셨다고 바울로는 그리스도의 십자가 사건을 해설한다. 자기를 내려놓고 더 비우고 낮아졌으나 낮아진 것이 아니라 더 높여지고 드러나게 된 것이다. 다석은 자아가 죽어야 마음이 비고, 빈 마음에 하느님나라의 기쁨을 채울 수 있어 부족함이 없는 충만함을 얻는다고 하였다. 마음을 비우면 빈 마음에는 충만함이 가득 찬다. 다석은 '텅 빈 충만함(vacuum-plenum)'의 신비를 말한다. "내가 한 번 죽어야 맘이 빈다. 한 번 죽은 맘이 빈탕의 맘이다. 빈탕 마음에 하느님나라를 가득 채우면 더 부족이 없다."

이러한 빈 마음, 완덕의 길로 가는 것을 다루는 전통적인 영성신학(靈性神學, Spiritual Theology)은 수덕신학과 신비신학으로 나뉜다. 수덕신학(修德神學, Ascetical Theology)은 영성생활에서 대개 마음의 정화, 조명단계를 다룬다. 회

개와 자기정화 그리고 자기비움과 수신을 통하여 완덕의 길에 이르는 과정이 주요한 내용이다. 신비신학(神秘神學, Mystical Theology)은 영성생활의 일치의 단계와 관계가 있다. 자기비움과 정화를 통해 하느님의 은총이 주어지는 신비를 다룬다.

수덕신학이 마음을 비우고 수행하는 자기 노력이 필요하므로 능동적인 신학이라고 한다면, 신비신학은 '하느님과 하나(union with God)'가 되는 완덕의 최고단계로 이끌어가기에 하느님의 은총이 주어지는 수동적인 신학이라고 할 수 있다. 수동적인 단계에 이르는 신비의 기도인 관상기도를 주부적(注賦的, infused) 관상기도라고도 한다. 하느님의 은총이 값없이 은혜로 하늘에서 소나기가 쏟아지듯이 부어진다고 하여 주부적이라고 한다. 신비신학은 바로 하느님의 은총이 쏟아지는 신비를 다룬다. 그러므로 영성신학은 수덕이나 신비 어느 한쪽으로 지나치게 치우쳐서는 안 되고, 수덕과 신비가 상호보완하고 조화를 이루어야 한다.

하느님과 일치를 이룬 신비주의자들의 삶과 소통되는 무위(無爲)의 '씻어난 이(聖人)'의 생각과 삶의 모습은 수동적이라고 말할 수 있다. 자연의 도(道)에 따라 자연질서와 하나가 되어 사는 무위의 성인의 삶은 그리스도교에서 "하느님이 내 안에, 내가 하느님 안에 산다"고 말하는 신비주의자들의 동양적 표현이라고 본다.

윌리엄 제임스(William James)는 고전적인 저서 『종교체험의 다양성』의 '신비주의' 연구 부문에서 신비적 마음상태의 네 가지 특징으로 언표불가능성(ineffability)·이해가능성(noetic quality)·일시성(transiency)·수동성(passivity)'을 말하였다. 이들 네 가지 특징 가운데 특히 '이해가능성'이란 종교 신비체험에서 영성가들의 체험 상태는 일상적인 인식론적 지식구조 곧 '주객구조(主客構造, subject-object structure)'를 넘어 이해된다. 인간의 이성은 황홀경(ecstasy) 상태에 이르고 더 나가 탈아적 상태에 이르거나 이성기능을 상실하게 된다. 그러나, 기독교의 신비주의 전통에서 참다운 영성은 황홀상태에서도 이성은 고양되고 주관과 객관의 관계가 모호해지지만 무질서하고 혼돈의 상태는 아니다. 말로 표현하거나 글로 정확하게 설명하지 못할지라도 깨달음으로 체험 상태를 분명하게 인식한다는 것이다.

종교철학자 스테이스(W. T. Stace)는 『신비주의와 철학(Mysticism and Philosophy)』에서 신비주의자들의 종교체험과 유형을 분석하였다. 하느님과 합일(合一)은 그리스도교 신비주의자들의 체험에서 나타난다. 힌두교의 신비주의자들은 자기 자신 안에서 '하나'됨으로 나타난다. 불교 신비주의자들은 '하느님'이나 '브라만(Brahman)', '우주적 자아(Universal Self, 大我)'라는 말을 쓰지 않는 반면에 힌두교는 브라만이나 우주적 자아와 일치한다고 말한다. 그러나 불교 신비주의자들은 궁극적 실재의 개념을 전혀 언급하지 않고, 자신들의 체험을 해석하는 것으로 스테이스는 분석하였다. 신비적 체험에서 같은 믿음을 말하는 것으로 여겨지지만, 외형적으로는 체험의 양상이 크게 차이가 있다고 스테이스는 말한다. 따라서 스테이스는 일반적인 두 가지 다른 유형을 제시한다. 한 유형은 종교적 체험에는 유사성이 있고 외형적으로는 같지만, 근본적으로는 그리스도교, 힌두교, 불교의 체험이 다르다는 것이다. 제이너(Zaehner) 교수는 그의 책 『신비주의, 성과 속(Mysticism, Sacred and Profane)』에서 이 입장을 취한다. 또 다른 유형은 이들 종교체험이 약간의 차이는 있을 수 있지만, 근본적으로는 모두 같다는 주장이다. 제임스(William James)는 『종교체험의 제 유형(Varieties of Religious Experience)』이라는 책에서 이 입장을 취한다. 그러나 제임스는 이 두 유형에서 불교를 제외시킨다. 왜냐하면 일반적으로 불교는 심미적인 것으로 간주되고, 절대자 같은 개념을 갖고 있지 않다고 생각하기 때문이다. 여기에서 불교 신비주의자들이 절대자 개념을 갖지는 않지만, 그리스도교나 힌두교 신비주의자들과 마찬가지로 자기 자신의 종교체험을 해석하고 있다는 사실을 제임스는 간과하였다.

스티븐 콜린스(Steven Collins)는 그의 책 『무아의 인격(Selfless Persons)』에서 불교는 무아론(無我論, doctrine of non-self) 이외에 전능하고 영원한 궁극적 존재에 대한 어떠한 개념과 사고도 받아들이지 않는다고 말한다. 더 나아가 콜린스는 불교가 궁극적인 존재의 어떤 유형의 실존을 받아들이지만, 궁극적 실존이 인간과 상호작용하도록 하는 어떠한 결정적인 종교적 가치를 허용하지는 않는다고 강조한다. 콜린스의 주장은 궁극적인 존재가 없다는 극단적인 공론(空論)에 경도된 경향을 보인다. 콜린스의 입장과는 약간 다르지만, 스즈끼(D. T. Suzuki)는 존재로서의 하느님과 깊숙이 관계하고 있는 에크하르트의 신성(Godhead) 개념을 이해한다. 존재이면서 동시에 비존재인 신성(神性)은 모든 존재의 근원이 되는 불교의 절대무(絶對無)와 일치한다. 스즈끼는 더 나가서 에크하르트가 신성을 순수 무(無)라고 말할 때, 에크하르트의 신성 개념이 불교의 공성(空性)과 완전히 같은 개념이라고 말한다. 또한 스즈끼는 불교의 득도체험은 '있음(is-ness)'과 '그러함(眞如, tathatā, suchness)'의 체험이라고 생각한다.

종교체험 현상의 두 유형이 전적으로 다름에도 불구하고, 스테이스는 이들 종교 체험은 비슷하다고 결론을 내린다. 단지 종교체험의 차이는 자신의 독특한 문화의 영향을 받은 것을 다르게 해석하는 데서 온다고 본다. 이러한 주장은 다른 문화, 종교, 그리고 주관적인 해석 때문에 같은 종교체험을 서로 다르게 해석할 수도 있다는 것을 뜻한다. 말하자면, 신비적인 체험이 객관적이라거나 주관적이라고 내가 주장한다면 그것은 내 자신의 해석일 뿐이라는 것을 뜻한다.

이와 같이 각 종교의 체험 양상이 비슷하거나 약간 다르기는 하지만 존재 자체 앞에서 말로 표현할 수 없는 그 무엇이라고 말하고 이해 가능성을 말하고 있다. 또한 체험자는 어떻게 할 수 없고 어마어마한 존재자에 압도되고 이끌리는 수동성을 가진다고 언급하고 있다. 이러한 종교체험을 이해한 바탕에서 도덕경을 읽게 되었고 순우리말로 풀이한 다석의 ≪늙은이≫ 를 해설해 보았다.

도덕경은 첫 장에서부터 존재는 표현할 수 없고 이름을 붙일 수 없는 것으로 언표불가능성을 말하고 있다(도덕경 1, 4, 14장). 한편으로는 깨달은 사실을 이성을 통하여 높은 지혜로 표현하는 이해가능성의 특징을 보여준다. 물론 주관과 객관의 관계가 모호하고 하나가 되는 절대계를 언급하기도 한다(도덕경 2, 15, 16, 21, 56장). 다석 유영모도 순우리말로 절대자를 맨꼭대기에 계신 한울님이라고 하고 하나이신 하느님에게로 만물(몬)은 돌아간다고 본다. 그 하나이신 분은 "없이 계신 이"로 '있음(有, 존재)'과 '없음(無, 비존재)'을 상통(相通)하는 존재로서 '있으면서 없고 없으면서 있는' 분이시다.

고창옛글읽기 모임에서 우리 옛글을 공부하자는 제언이 있었을 때, 나는 유영모가 1959년에 도덕경을 순우리말로 완역한 ≪늙은이≫ 를 추천했다. 2019년에 <도덕경>을 순우리말로 읽으며 한자 원문을 보던 중에 도서관 길위의 인문학 프로그램으로 전환되었고, 2020년도에도 이어서 '길 위의 인문학' 시간에 늙은이 한 장 한 장을 회원들이 돌아가면서 발제하고 질의응답을 통해 더 깊이 이해할 수 있었다. ≪늙은이≫ 풀이 해설자료는 다석으로부터 유일한 졸업장을 받은 제자 박영호 선생이 쓴 『노자와 다석』(교양인, 2013년)을 부교재로 사용하였기에 박영호 선생의 글을 요약한 곳이 있고, 발췌한 부분이 더러 있다.

다석의 ≪늙은이≫ 풀이를 발제하고 토론하면서 또한 다양한 시각에서 <도덕경> 81장을 볼 수 있었다. <도덕경> 81장을 모두 마치고 나서 함께 공부했던 책마을해리 이대건 대표가 그동안 해설한 내용을 정리하여 책으로 펴내자고 하였다. 그동안 내가 얼숲에 올린 글을 다시 수정하였고, 매주 목요일 ≪늙은이≫ 풀이를 함께한 고창옛글읽기의 회원들의 다양한 의견들을 듣고 부족한 부분을 더 보완하였다.

2023년 5월 윤정현

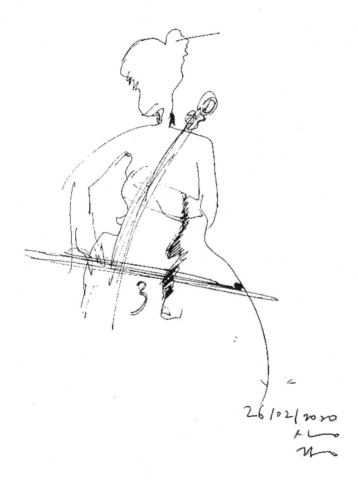

26/02/2020

다석의 우리말 옛글식 <노자> 풀이를 새롭게

__이명권(동양철학/비교종교학자)

동서고금을 막론하고 노자의 <도덕경>은 이제 성서에 버금가는 세계의 경전이 되었다. 그러한 이유로 <노자>에 대한 주석은 세계적으로 수백 종류에 이른다. 그런 가운데 한국에서도 이미 <노자> 전공자들의 주석이 수십 종 쏟아져 나온 상황이다. 그러나 이번 윤정현 신부님이 새롭게 저술한 노자 <도덕경>은 이전의 그 어떤 해석보다 새로운 점이 있다.

윤 신부님은 이미 2002년에 영국 버밍엄 대학에서 「없이 계신 하느님 -절대자에 대한 다석 유영모의 이해」라는 제목의 박사학위를 취득하면서, 동양적 사고의 중요한 축을 이루는 노자의 '도(道)'와 '무위(無爲)' 개념에 깊이 천착하였다. 특히 유영모의 '다석일지(多夕日誌)'를 연구 분석하여 다석이 1959년에 풀이한 <노자>를 자료로 다석 사상의 다양한 측면을 고찰하였다. 윤 신부님의 지적대로 유영모는 어려서부터 서당에서 <주역>과 <사서오경>은 물론 <도덕경>을 공부하여 다양한 종교적 전통과 대화할 수 있는 바탕을 지니고 있었다. 그러한 바탕에 따라 그리스도교를 이해함으로써, 다석은 동양적 그리스도교 이해의 초석을 쌓고, 토착화해 동서 사상의 만남을 위한 지평을 열어 놓은 셈이다.

　이러한 바탕에서 다석 유영모는 '무(無)'로서의 하느님 개념을 주장하게 되었고, '없이 계신 하느님'이라는 놀라운 동양적 사유의 변증법적 통찰을 제시하고 있다. 이러한 사고는 '공즉시색(空卽是色)'이라는 불교적 변증법의 통찰과도 상통하는 것이며, <노자> 1장의 '도가도비상도(道可道非常道)'의 개념과도 통하는 것이다. 이에 한 걸음 더 나아가서 윤정현 신부님은 '자아(自我)', '무아(無我)', '대아(大我)'의 문제에 대한 유영모의 해석을 소개한다. 이른바 '거짓 나'인 에고의 자아를 극복하고, 깨달은 사람에 의해 실현된 자아로서의 '진아(眞我)'는 '영아(靈我)'로서 이 '진아(眞我)'를 통해 하느님과 하나가 될 수 있다는 것이다. 이것은 곧 '자아'가 아닌 '무아'의 상태에서 '참 나'를 깨달을 수 있다는 역설이다.

　윤정현 신부님이 본서에서 주안점을 두고 있는 것은 <노자>의 도(道)와 '진리로서의 하느님' 개념에 대한 유영모의 본문 해석을 나름대로 다시금 깊이 있고도 새로운 생활 속의 언어로 풀어내고 있다는 점이다. 윤 신부님이 그의 박사학위 논문에서 밝히고 있듯이 유영모의 '도(道)'는 사실상 노자의 도 개념에 한정되지 않고, 성리학의 입장에서 말하는 태극(太極)이나, 불교의 관점에서 말하는 절대무(絕對無), 주역에서 말하는 도의 개념과도 유기적으로 연관되고 있다. 특히 유영모는 도를 성서의 로고스나 불교의 다르마(法), 유교의 '리(理)'와 같은 것으로 여기고 도에 따라 사는 사람을 무위(無爲)의 길을 따라 사는 사람이라고 한다는 점을 윤 신부님은 밝히고 있다. 바로 이러한 '무위'의 관점은 <노자> 전반에 흐르는 핵심적 사상으로서 유영모의 노자 <도덕경> 풀이의 키워드가 되고 있다. 이러한 유영모의 전반적인 사상을 잘 알고 있는 윤 신부님은 다석의 우리말 옛글식 <노자> 풀이를 더욱 새롭고 명쾌하게 설명하고 있다.

윤정현 신부님은 전북 고창에서 '고창옛글읽기모임'을 주선하여, 수년간 '노자 <도덕경> 강독'을 주도하였고, 그 결과 '다석 유영모의 순우리말로 풀이한 늙은이 풀이'라는 자료집을 발간한 바도 있다. 추천의 글을 쓰는 필자도 고창 도서관에서 개최한 '길 위의 인문학' 강좌 마지막 날에 초대되어 노자 전반에 대한 특강을 하는 시간도 있었다. 중국 길림대학에서 노자 전공으로 박사학위를 받았던 것이 초대의 동기가 되기도 하였겠지만, 그날이 계기가 되어 오늘 이 추천서를 쓰게 됨은 심히 기쁘고 영광스러운 일이 아닐 수 없다. 개인적으로는 윤정현 신부님이 연세대 신학과 선배이기도 하지만, 이분의 삶 자체가 낮은 자들을 향하여 소박한 삶을 영위하고 계시는 모습이기에, 전형적으로 노자를 닮은 생애가 아닌가 싶을 정도로 존경심이 우러나는 분이다. 이러한 분이 본인의 삶을 토대로 그간의 학문적 여정과 더불어 다석 유영모의 노자 풀이를 새롭게 해석하면서 내 놓은 것이다.

유영모의 노자 풀이는 그 깊이와 넓이가 한이 없다. 이미 유영모의 제자 가운데 한 사람인 박영호도 『'빛으로 쓴 얼의 노래'로서 다석 유명모를 통해 본 노자의 도덕경』이라는 책을 출간했다. 이 책은 유영모의 사상을 중심으로 박영호가 노자 본문을 해석한 것이라고 본다면, 윤정현 신부님의 해석은 다석의 순 우리말식 노자 해석을 그대로 본문에 싣고, 다시 그 뜻을 충실히 다각도로 풀어주고 있다. 우리가 이 책을 접하는 순간 다석의 우리말식 노자 풀이 하나하나에 담긴 한글의 오묘함에 감탄하지 않을 수 없을뿐더러, 저자가 그러한 한글의 심오한 뜻을 이삭 줍듯 차곡차곡 모아 다시 알곡으로 정제해주는 과정이 가히 예술적 차원이라 하지 않을 수 없다. 나도 1987~1989년 어간에 유영모 선생의 여섯 명의 제자 가운데 한 사람인 김흥호 교수가 살아생전 감리교신학대학원에서 강의할 적에, 선불교와 양명학 그리고 유영모의 노장사상 강의를 직접 듣고 감탄한 바 있으나, 윤정현 신부님의 손끝에서 한 올 한 올 풀어지고 엮어지는 다석의 노자 <도덕경> 해석은 한국을 넘어 세계 어느 곳에 내놓아도 손색이 없는, 길이 빛나는 명저로 남을 것임을 확신한다.

특히 윤정현 신부님의 <도덕경> 풀이는 일차적으로 다석의 위대한 한글 노자 해석에 한 번 감탄하게 만들 것이고, 더 나아가서 어렵고 오묘한 다석의 낱말 하나하나를 풀어내는 윤 신부님의 친절한 장인적 솜씨에 더욱 감탄을 금할 수 없을 것이다. 오묘한 한글의 맛과 노자의 함축성 있는 한자가 어떻게 잘 부합하는지는 일일이 열거할 수 없지만, 본서를 펼치는 순간부터 독자는 틀림없이 그 황홀함을 맛보게 될 것이다. 81장에 걸친 숱한 본문 가운데 한 가지 예만 들겠다. 윤정현 신부님은 다음과 같이 노자의 본문에 대한 다석의 풀이를 이렇게 설명한다.

"약기지(弱其志) 강기골(强其骨)에 대한 해설이 다양하다. 다석은 한자 그대로 '그 뜻은 므르고 그 뼈는 세오라'고 직역을 하였다. 약(弱)을 '약하다' 하지 않고 '므르다'고 풀이하였다. '므르다'는 것은 약하고 물렁물렁한 것으로 움직인다는 뜻도 있다. 우리 몸이 지닌 본능적인 수성(獸性)의 마음(意志)을, 곧 뜻, 무엇을 이루고자 하는 집착을 내려놓아야 하늘이 우리에게 부여해 주신 영성(靈性)의 뼈대를 굳세게 할 수 있다."

이와 같이 다석의 빛나는 한글 노자 해석을 저자는 자상하게 풀어주면서 영성적 차원의 단계까지 독자를 인도한다. 이 밖에도 저자는 노자의 도를 그리스도교의 로고스의 관점에서도 풀며, '무(無)'와 '유(有)'의 관계에 대해서도 유교에서는 '무극(無極)'이 '태극(太極)'으로 나타나며, 불교의 '법신불(法身佛)'은 '보신불(報身佛)' 사상으로 나타나고, 그리스도교에서는 '신성(神性)'이 '삼위일체 하느님'으로 표현된다고 설명한다. 다석의 사상이 그러하듯이 노자의 주요 개념들이 다양하게 변신할 수 있는 종교 간 대화의 장이 되도록 저자는 안내하는 것이다. 그러나 무엇보다 노자의 '비움(虛)'과 '고요함(靜)' 그리고 '무위자연(無爲自然)'의 삶으로 안내하는 다석의 지침서에 독자로 하여금 쉽고 편하게 읽을 수 있도록 훌륭한 해설을 곁들인 저자의 노고에 깊이 감사드리면서, 본문 중간 중간에 삽화를 그려 넣으신 이상랑 문예비평가의 드로잉 또한 이 책을 읽는 묘미를 더해 주고 있다. 백문불여일견(百聞不如一見)이라 했던가? 어서 저자의 책, <도덕경> 풀이 본문 속으로 들어가 보자.

| 차례 |

늙은이 1월*

길 옳단 길이 늘 길이 아니고(道可道, 非常道)

이를 만흔 이름이 늘 이름이 아니오라(名可名, 非常名).

이름 없에 하늘 땅이 비롯고(無名 天地之始)

이름 있에 잘몬의 어머니(有名 萬物之母),

므로 늘 흐고줍 없에 그 야믊이 뵈고(故常無, 欲以觀其妙),

늘 흐고줍 있어 그 도라감이 뵈와라(常有, 欲以觀其徼).

이 둘은 한끠 나와서 달리 이르(브르)니(此兩者, 同出而異名),

한끠 일러 감오, 감오 또 감옴이(同謂之玄, 玄之又玄),

뭇 야믊의 오래러라(衆妙之門).

잘몬: 잘은 우리말로 만(萬), 몬은 물(物)의 뜻의 우리말이다. '먼지'는 몬에서 떨어진 것을 뜻
     하는 '몬지'에서 변형된 말이다.
므로: 그러므로.
흐고줍: 욕망.
야믊: 기묘한 것(야므짐).
도라감(徼: 돌아다닐 요): 운행을 순 한글로 표현하였다.
한끠: 함께.
감오: 가맣다, 아득하다, 어둡다는 뜻.
오래: 문(門)이란 뜻의 순우리말이다.

*월: 달(月)을 말하는 것이 아니라 글월을 말함.

풀어 씀

道可道, 非常道	길 옳단 길이 늘 길이 아니고
名可名, 非常名	이를 만흔 이름이 늘 이름이 아니오라.

도(道)란 희랍어 로고스(logos)와 서로 통하는 말이다. 로고스는 판단을 인도하는 기준인 이성(理性), 자연의 법칙인 이법(理法), 그리고 말씀, 길을 의미한다. 다석은 도(道)를 우리말로 '길'이라 번역하였다.

이름은 사물에 붙여지는 명칭이지만, 다석은 이름뿐만 아니라 이르는 것, 이를 것을 내포하는 것으로 풀이하고 있다. 다석은 우리말을 자유자재로 가지고 놀이하고 풀이하여 우리말을 풍요롭게 한다. 이름을 붙이면 이름이 곧 이름의 주인이 아니라는 뜻도 있지만, 이르다는 뜻의 '도에 이르다'는 해석도 된다. 도에 이른 이름이라 해서 늘 이룬 것은 아니라는 뜻으로 풀이할 수 있는 여지를 남기고 있다.

無名 天地之始	이름 없에 하늘 땅이 비롯고
有名 萬物之母	이름 있에 잘몬의 어머니

'이름 없에'는 '없음(無)'의 님인 무극(無極)을 말한다. 무극에서 하늘과 땅이 비롯된다는 뜻이다. '이름 있에'는 '있음(有)'의 님, 즉 태극(太極)이어야 만물의 어머니다. '있음'과 '없음', 즉 유무(有無)는 하나에서 나온 것인데, 달리 이름을 부르는 것이다. 있음과 없음이 함께 이르고 조화를 이루면 절대자(하느님)이다.

모든 것은 '하나'에서 비롯된다. 하나인 세계는 '없음'의 견지에서는 무극(無極)으로, '있음'의 관점에서는 태극(太極)으로 부른다. 그러나 무극과 태극이 둘로 나누어진 것이 아니라 하나라는 것이다. 이 둘이 하나인데, 초현상세계 곧 절대계에서는 무극이라 말하고, 눈에 보이는 현상세계, 곧 상대계에서는 태극이라 불릴 뿐이다. 이 절대계는 '있음'과 '없음', 유무(有無)를 초월하여 있는 것이다. 하늘 땅의 우주는 '없음', 무(無)에서 시작되었다. 무(無)는 처음도 없고 마침도 없다(無始無終). 또한 무(無)는 시작도 되고 마침도 된다(無名天地之始).

故常無, 欲以觀其妙	므로 늘 ᄒ고줍 없에 그 야믊이 뵈고,
常有, 欲以觀其徼	늘 하ᄒ고줍 있어 그 도라감이 뵈와라.
此兩者, 同出而異名	이 둘은 한끠 나와서 달리 이르(브르)니,

한자 묘(妙)는 여성(女)이 젊다(少)는 뜻으로, 20세의 처녀를 상징할 수 있는 형상이기도 하고 여성이 결혼하여 어린 생명을 가지고 있는 모습을 말하기도 하다. 그러므로 가장 피부가 좋고 예쁜 나이고 생명을 잉태할 수 있는 절정기이기에 신비하기도 하고 묘한 나이다. 우리말로 한참 야믈고 야므진 묘한 때의 모습이다.

그러므로 언제나 보고자 하는 마음 없이 보면 보이지 않는 것을 보고, 보고자 하는 마음으로 보면 돌아가는 현상을 보게 되리라. '없음'에서 보는 묘한 것과 '있음'에서 보이는 돌아감은 같은 것인데 겉으로 나타나는 모습이 다르게 나타나 달리 이름이 붙여진다.

다석 유영모는 기(氣)의 수축과 팽창, 취산공취(聚散攻取)의 현상을 기(氣)의 자연스러운 활동으로 보고, 부정적이고 긍정적인 두 힘을 귀(鬼)와 신(神) 즉, 귀신(鬼神)으로 해석하였다. 유교에서 귀(鬼)는 귀(歸)이다. 신(神)은 신(伸)이다.

우리 앞에 나타난 게 신(神)이고, 돌아 들어간 게 귀(鬼)다. 모이는 것이 신(神)이니 사물이 신장하기(伸) 때문이요, 되돌아가는 것이 귀(鬼)이니 사물이 복귀하기(歸) 때문이다. 펴는(伸) 모양이기에 음양(陰陽)의 조화를 '신(神)' 같다고 하고, 반대로 모였던 기(氣)가 그 근원으로 돌아가는(歸) 것이므로 '귀(鬼)'라고 한다. 신(神)은 펴는 것이므로 신(伸)이고, 귀(鬼)는 돌아가는 것이므로 귀(歸)이다. 그러므로 신(神)은 신(伸)이고, 귀(鬼)는 귀(歸)인 것이다(다석어록 371쪽).

同謂之玄, 玄之又玄	한끠 일러 감ᄋ, 감ᄋ 또 감음이,
衆妙之門	뭇 야믚의 오래러라.

올레란 제주 방언으로 좁은 골목이란 뜻이며, 통상 큰길에서 집의 대문까지 이어지는 좁은 길로 집안으로 들어오는 통로로서 올레목과 마당으로 이어지는 길이기에 집안으로 들어오는 문과 연결되어 있다. 문(門)이라는 우리말 '오래'라는 말이 아직도 제주도에는 올레라는 말로 남아 있다.

현(玄, dark)은 검은색을 뜻하는 흑(黑, black)과는 다른 개념이다. 'black'은 검은색을 말하지만 'dark'는 어스름한 색이다. 'blue'는 청색이지만 'dark blue'라 하면 진청색이 된다. <도덕경>에서 현(玄)은 아득하며 어스름하고 신비한 것을 뜻하는데, 다석은 '감음'이라는 우리말로 풀이하였다. 유학자들은 노장사상을 유학(儒學)과는 다르다고 생각하고 멀리하기도 하였다. 일반적으로 접근하기 어렵고 신묘한 학문이라고 하여 노장사상을 현학(玄學)이라고 말하기도 한다.

이와 같은 것을 말하여 신묘하다고 하니 신비하고 신묘한 도(道)야말로 온갖 알지 못하는 것이 나오기도 하고 들어가기도 하는 문이다.

길이 옳다고 늘 길이 아니고

이름을 붙였다고하여 늘 이름이 아니다.

무(없음, 無)에서 하늘과 땅이 나왔고

유(있음, 有)에서는 만물의 어머니가 된다.

그러므로 늘 하고자 함이 없어야 그 묘함이 보이고

늘 하고자 하여 그 돌아감이 뵌다.

이 둘은 함께 나왔으나 다르게 부르고

함께 일러 감아

감아 또 거므스럼이

모든 오묘함의 문이다.

늙은이 2월

세상이 입븐걸 입버홀라고는 다 알지만(天下皆知美之爲美),

그게 못쓸거만이고(斯惡已),

착한게 착흐다고 다 알지만(皆知善之爲善),

그게 착흐지 못하기만 흐다(斯不善已),

므로 있단 없고, 없단 있어 번갈며(故有無相生),

쉽고 어렵이 되돌고(難易相成),

깊이, 짜르니가 흔꼴 채림(長短相較),

높은덴 아레로 기웃 아레선 높은데를 흘깃(高下相傾),

소리와 울림이 맞어우름(音聲相和).

앞은 뒤 따리, 뒤는 앞 따름(前後相隨).

이래서 씻어난 이는 흐줍 없이 일을 봐내고(是以聖人處無爲之事),

말 않고 가르쳐 (온대로) 가오라(行不言之敎).

잘몬이 니는데 말라지 않고(萬物作焉而不辭),

낳나 가지지 않고(生而不有),

하고, 절 믿거라 아니흐며(爲而不恃),

일 이룬데 붙어 있지 않으오라(功成而弗居).

그저 붙어 있지 않을라 만에(夫唯弗居),

그래서 떠러져 가지를 않으오라(是以不去).

씻어난 이: 위로부터 온 얼에 마음이 씻겨진 사람을 다석은 성인(成人)이라고 하였다.

恃: 믿을 시, 의지할 시.

풀어 씀

'늙은이'는 마을의 원로로서 크고 작은 일, 궂긴 일, 궂은 일을 겪을 때 일머리를 잘 알고 현명하게 일을 잘 처리하는 지혜로운 분이었다. 이러한 지혜로운 사람을 우리말 소리 나는 대로 쓰면 '늘근이'이고 '늘 그런 이'이다. '늘 그런 이'는 늘 여여(如如, 위엄 있게 느릿느릿 움직이는)한 분으로, 무위자연의 삶을 사는 사람이라 할 수 있다.

다석은 예쁜 것을 '입븐걸'이라 표현하였다. 예쁘다는 뜻이기도 하지만 한 단어가 다른 뜻을 나타낼 때, 즉 다석은 다의(多意)로 말할 때 이러한 방법으로 표현하기도 한다. 1장에서 도는 있음과 없음이 들어가고 나오는 묘한 문(오래)이라 하였다. 문 안에 입(口)이 있는 것이 물을 문(問)자이다. 도가도비상도(道可道非常道)인 도를 듣고 이해하기 어렵기 때문에 질문하는 것이다. 이때 물어보는 입의 모습이 예쁘고, 말하는 입이 아름답기도 하여 '예쁜 것'을 '입븐걸'이라고 표기한 것으로 보인다.

있음(有)과 없음(無)이 서로 같이 나타나는 것이요(相生), 혼돈(難)과 고요(易)가 서로 만들어지는 것이요(相成), 길고(長) 짧은(短) 것이 같은 모양이요(相形), 높고(高) 낮음(下)이 같은 위치요(相傾), 소리(音)와 노래(聲)가 서로 조화를 이루는 것이요(相和), 앞(前)과 뒤(後)가 같은 자리(相隨)이다.

상대와 절대 개념의 문제를 극복하고 마음의 균형을 이룬 성인(聖人)은 무위(無爲)로 사는 신비를 잘 표현한 글이다. 주관과 객관, 너와 나가 하나가 되는 상태에서는 '있음'과 '없음' 즉, 유무(有無)가 하나이다. 태극이 무극이 되고 무극이 태극이 되는 자리이다. 하나가 여럿이고, 여럿이 하나가 되는 깨달음의 경지에서 사물을 보는 이해이다. '몸의 나'인 '자아(自我, ego)'를 극복하고 '얼의 나'인 '얼나'로 솟나아 '솟나'가 된 사람, 위로부터 온 얼에 마음이 씻겨진 성인(成人)은 무위(無爲)로서 그러하게 산다는 일종의 게송(偈頌, 불교에서 붓다의 공덕이나 가르침을 찬탄하는 한시 형식의 노래)이다.

그러나 사람들은 있음과 없음, 혼돈과 고요, 선한 것과 악한 것, 아름다움과 추함, 길고 짧은 것, 높고 낮음, 앞과 뒤, 소리와 노래를 비교하고 분별한다. 이것저것을 따지고 나누고 구분하는 것은 상대적인 세계에서 하는 일이다. 상대 세계에서는 어떤 것에 비교하느냐에 따라 개념이 달라진다. 길다는 것도 더 긴 것과 비교하면, 길었다고 말했던 것은 짧은 것이 된다. 예쁜 사람도 더 예쁜 사람이 나타나면 덜 예쁜 사람이 된다. 조금 전만 해도 예뻤던 사람이 안 예쁜 사람이 된다. 이렇게 늘 변화하는 상대세계에서는 비교되는 것에 따라 가치가 달라진다.

그러나 유(有)와 무(無)가 하나이고, 태극과 무극이 하나인 절대세계에서는 변하지 않는다. 서구의 부정신학의 영성에서는 '무지의 구름(unknowing cloud)'을 넘어 하느님과 하나가 되는 사람을 신비주의자라고 한다. 천인합일(天人合一, union with God)하여 그리스도를 본받아 그리스도처럼 사는 사람인 'mystic'을 신비주의자라고 번역하였다. 우리나라에서 신비(神秘)라는 말은 변화무쌍한 일, 묘하고 비밀로 감추어진 그 무엇이라 생각하는데, 영성신학에서 말하는 신비는 그러한 뜻이 아니다. 하느님과 하나가 되어 사는 사람을 말한다. 다석의 표현에 의하면, 내가 하느님 안에 하느님이 내 안에 있는 상태가 곧 하느님 자리인 절대세계에 손가락을 꼭 댄 것이라고 한다. 다석은 하느님의 자리에 손가락으로 꼭 댄 곳을 '꼭대기'라고 하였고, 하느님은 맨 위의 절대세계에 계시므로 그곳을 '맨 꼭대기'라고 하였다.

인간의 정신문화는 크게 지식, 도덕, 예술 세 가지 차원으로 나누어 꽃을 피우고, 어느 한 차원에서 최고의 경지에 이른 사람은 그 사람이 내는 맵시가 있다. 지(知, verum)적 능력인 지성(知性)의 빛을 드러낸 사람은 진(眞)의 멋이, 정(情, pulchrum)적인 감성(感性)을 꽃피운 사람은 미(美)의 멋이 드러나고, 의(義, bonum)적인 도덕적 능력인 윤리성(倫理性)은 선(善)으로 나타난다. 인간 내면의 정신문화를 드러내는 지(知)는 진(眞)으로, 의(義)는 선(善)으로, 정(情)은 미(美)로 나타나는데, <도덕경> 1장에서는 진(眞)을, 2장에서는 선(善)과 미(美)에 관한 문제를 다루고 있다.

현재 우리가 쓰는 말로 이해하기 쉽게 아래와 같이 고쳐본다.

세상 사람이 이쁜 것을 이쁘다고 하는 것을 다 알지만
그러면 몹쓸 것이고
착한 것이 착하다고만 다 알지만
그것이 착하지만 않다.
그러므로 있음(有)과 없음(無)이 서로 같이 나타나는 것이요,
혼돈(難)과 고요(易)가 서로 만들어지는 것이요,
길고(長) 짧은(短) 것이 같은 모양이요,

높고(高) 낮음(下)이 같은 위치요,

소리(音)와 노래(聲)가 서로 조화를 이루는 것이요,

앞(前)과 뒤(後)가 같은 자리이다.

이래서 씻어난 이는 함이 없이 일을 해내고

말하지 않으나 가르치고

만물이 작용하는 데 간섭하지 않고

일을 이루고 거기에 연연하지 않고

낳으나 가지지 않고

무엇을 하고 저를 믿으라 하지 않고

공을 세우고 거기에 매여 있지 않고

집착하지 않지마는

떨어져 있지 않다.

늙은이 3월

닦아남을 좋이지 말아서(不尙賢),

씨알이 다투지 않게(使民不爭),

쓸몬의 흔찮은건 높쓰지 말아서(不貴難得之貨),

씨알이 훔침질을 않게(使民不爲盜),

ㅎ고즙만 ㅎ건 보질 말아서(不見可欲),

몸이 어지럽질 않게 ㅎ오라(使民心不亂),

이래서 씻어난 이의 다시림은(是以聖人之治),

그 몸이 븨이고 그 배가 든든 ㅎ고(虛其心 實其腹),

그 뜻은 므르고 그 뼈는 셰오라(弱其志 强其骨).

늘 씨알이 (못된) 앎이 없게 (못된) ㅎ고즙이 없게 ㅎ이금(常使民無知無欲),

그저 (못된 짓) 앎이(도) 구태여 ㅎ지않게쯤 ㅎ이금(使夫智者不敢爲也),

(딴짓흐라) 홉없이 ㅎ매 못 다시림이 없오라(爲無爲, 則無不治).

다석의 제자, 박영호가 다시 새긴 글

어진(잘난) 이를 높이지 않아야

사람들로 하여금 싸우지 않게 한다.

얻기 어려운 물건은 귀히 여기지 말아야

사람들로 하여금 훔치지 않게 한다.

하고 싶은 것을 보이지 말아야

사람들의 마음으로 하여금 어지럽지 못하게 한다.

이래서 거룩한 사람의 다스림은

그 마음을 비우고 그 배는 든든히

그 뜻은 무르고 그 뼈는 세게 한다.

늘 사람들로 하여금 알고 싶지도, 하고 싶지도 않게 하여

그저 하고픈 이도 구태여 하지 못하게 하여

(짐승 노릇) 함이 없게 하면 못 다스림이 없으리.

닦아남: 聖(성)은 씻어남이라고 하고, 賢(현)은 닦아남이라고 함. 깨끗이 닦았다는 뜻.

좋이지: 숭상하는 것, 좋게 여기는 것. '좋이(조히) 씻은 몸'이란 옛시조의 글귀도 있다.

씨알(민): '씨알머리'라고 있던 말을 다석(多夕)이 민(民)의 뜻으로 썼음. 다석은 백성을 '씨알'

　　　　이라 썼으며, 함석헌이 <씨알의 소리>라는 잡지로 이를 널리 알렸다.

쓸 몬: 쓸 물건, 쓰는 물건.

높쓰지: 귀하게 쓰지.

흐이금: 하여서, 사(使)의 풀이.

그저: 부(夫)자의 풀이.

구태여: 감(敢)자의 풀이.

풀어 씀

　우리 몸은 육체와 정신, 영혼으로 구성되어 있다. 다석은 순수 우리말로 육체를 몸, 정신을 맘, 영혼을 얼로 사용하였다. 사람에게는 몸, 맘, 얼이 있는 것이다. 건강한 몸, 비운 맘이어야 깨달은 얼을 가질 수 있다.

不尙賢	닦아남을 좋이지 말아서,
使民不爭	씨알이 다투지 않게
不貴難得之貨	쓸몬의 흔찮은 건 높쓰지 말아서
使民不爲盜	씨알이 훔침질을 않게
不見可欲	ᄒᆞ고줍만 ᄒᆞᆫ건 보질 않아서
使民心不亂	믐이 어지럽질 않게 하오라

다석은 성(聖)을 '씻어남'이라 하였고 현(賢)을 '닦아남'으로 풀이하였다. 지혜가 있고 기지가 있는 현인(賢人)을 받들고 좋아하지 않아야 사람이 질투하지 않아 다투지 않는다. 귀중품, 희귀품을 귀하게 여기지 않아야 특권층이 생기지 않고 훔치는 일이 없어진다. 건강한 몸과 마음을 위해서는 잘나고 어진 이를 높이지 말고, 희귀품을 갖고자 하는 애착심을 내려놓아야 한다.

그리고 하고 싶은 욕망에 대한 집착으로부터 벗어나야 한다. 탈집착 또는 무집착을 위해 마음을 닦는 것이다. 하고 싶은 것, 갖고 싶은 것, 먹고 싶은 것, 보고 싶은 것을 그대로 하도록 놓아두면 세상에는 분쟁과 시비, 싸움이 있을 뿐이다. 사람은 수행하여 이성으로 본능을 잘 제어하고 다독여야 한다. 본능이 하고자 하는 대로 두면 사람도 짐승과 다름없다. 맘속의 님을 잘 섬기고 받들면 본능이 성질을 부리지 못한다. 그래서 사람은 마음을 닦아 절제하고 애착심을 벗어나려고 노력한다. 인간의 본능적인 것인 식욕, 정욕, 탐욕을 이성으로 절제할 수 있는 마음을 가져야 인격적인 사람이 될 수 있다. 인간이 동물과 다른 점이 하나 있다면 본능을 제어할 수 있는 이성을 가지고 있다는 것이다.

성서에 의하면 인류의 시조도 본능을 제어하는 이성보다 감정에 빠져 타락하였다. "여자가 그 나무를 쳐다보니 과연 먹음직하고 보기에 탐스러울 뿐더러 사람을 영리하게 해 줄 것 같아서, 그 열매를 따 먹고 남편에게도 따 주었다. 남편도 받아먹었다"(창세 3:6, 공동번역). 생명나무의 열매는 먹음직하고 보암직하고 탐스럽다고 표현하고 있다.

　다석은 이 이야기를 사람의 사타구니에서 일어나는 일을 상징하는 것으로 해석한다. 인간의 원죄와도 같은 삼독(三毒)인 탐욕(貪慾), 진에(瞋恚), 치정(癡情)의 문제를 극복하는 데 실패한 것으로 보고 있다.

是以聖人之治	이래서 씻어난 이의 다시림은
虛其心 實其腹	그 몸이 븨이고 그 배가 든든하고
弱其志 强其骨	그 뜻은 므르고 그 뼈는 셰오라

　허기심(虛其心)에서 허(虛)를 븨이고 풀이하였는데 '비우다, 븨다'는 마음을 내려놓고 비울 때, 어떤 것에 대한 집착으로부터 벗어날 수 있고, 갖고자 하는 물건에 대한 애착심으로부터 벗어날 수 있다. 마음을 비우고 애착심으로부터 벗어난 사람을 거룩한 사람이라고 한다. 그래서 위로부터 온 얼에 마음이 씻겨진 사람을 다석은 성인(成人)이라고 하였다. 실기복(實其腹)에서 배는 든든히 한다는 것은 복식 호흡으로 단전을 튼튼하게 한다고 말할 수도 있다. 단전에 의한 건강한 몸에 건강한 정신을 가지면 빼어난 영혼을 가질 수 있다.
　약기지(弱其志) 강기골(强其骨)에 대한 해설이 다양하다. 다석은 한자 그대로 "그 뜻은 므르고 그 뼈는 셰오라"라고 직역을 하였다. 약(弱)을 '약하다' 하지 않고 '므르다'고 풀이하였다. '므르다'는 것은 약하고 물렁물렁한 것으로 움직인다는 뜻도 있다. 우리 몸이 지닌 본능적인 수성(獸性)의 마음(意志)을, 곧 뜻, 무엇을 이루고자 하는 집착을 내려놓아야 하늘이 우리에게 부여해 주신 영성(靈性)의 뼈대를 굳세게 할 수 있다.

常使民無知無欲　　　늘 씨알이 (못된) 앎이 없게 (못된) 하고줍이 없게 하이금
使夫智者不敢爲也　　그저 (못된 짓) 앎이(도) 구태여 하지않게쯤 하이금
爲無爲則無不治　　　(딴짓흘라) 흠없이 하매 못 다시림이 없오라

늘 백성들로 하여금 잘못 알게 하는 일이 없게 하고 잘못하게 하는 것을 없게 하여야 한다. 먼저 알고 있고 안 사람(智者)도 억지로 즉 인위적으로 하지 않도록 한다. '쯤'은 경계, 금을 뜻하는 우리말이다. 그러므로 안 하게금(끔)한다. 위무위(爲無爲)를 다석은 '(딴짓흘라) 흠없이'라고 직역하였다. 흠없이, 때가 묻은 일 없이 또는 함이 없이 하는 일이 무위(無爲)이다. 그래서 씻어난 이(聖人)는 무위의 삶으로 다스리지 않으나 다스려지지 않는 것이 없는 상태에 이르게 된다.

잘나고 어진 이를 받들고 좋아하지 않아야
사람이 질투하지 않아 다투지 않아
흔함은 물건, 희귀품을 귀하게 여기지 않아야
씨알이 훔침질 않게 하고
하고자 한 것을 보지 않아야
마음이 어지럽지 않게 한다.
이래서 씻어난 이의 다스림은
그 맘이 비이고 그 배가 든든하고
그 뜻은 모르고 그 정신은 강하다.
늘 씨앗이 잘못 알게 하는 일이 없게 하고
잘못하게 하는 것을 없게 하여야 한다.
함 없이 하니 못다스림이 없다.

늙은이 4월

길은 (고루) 뚤렷히 씨우오라(道, 沖而用之),

아마 채지 못ᄒ지루(或不盈),

기잎음이여, 잘몬의 마루 같고나(淵兮似萬物之宗).

그 날칼옴(도) 무디고(挫其銳),

그 얼킴(도) 플리고(解其紛),

그 빛에 타븐지고(和其光),

그 티끌에 한데 드오라(同其塵),

맑안ᄒ이 아마 있지루(湛兮似或存),

나는 기 누구 아들인 줄 몰라(吾不知誰之子),

하욹님 계(가) 먼저 ᄀ려짐(象帝之先).

뚤렷히: 화통하게 뚫림.

타븐지고: 동화되고.

기: 그이의 준말.

하욹님: 하느님(帝), 한아님이라고도 하였음.

계: 존재 계심의 계.

ᄀ려짐: 떠오름.

挫: 꺽을 좌.

풀어 씀

도의 심원(深元)은 비어 있다. 도는 모든 것을 존재하게 하는 원리이다. 움직임이 없으면서 모든 것을 움직이게 하는 근원, 모든 것을 존재하게 하는 근원인 신성(神性, Godhead)의 원리가 로고스이다.

요한복음은 '태초에 도가 있었다'라는 말로 시작한다. 이 말은 "나는 길이요, 진리요, 생명이다"(요한 14:6)라는 메아리로 나타나는 것 같다. 이러한 해석은 노장철학에 대한 일종의 그리스도교적인 접근을 보는 것 같다. 맨 처음의 원리로서 이름 붙일 수 없는 도(道)가 만물을 낳는다는 표현이나 태초에 하느님께서 말씀, 즉 로고스로 세상을 만드셨다는 표현은 성서의 로고스와 〈도덕경〉의 도(道)가 같은 속성을 가지고 있음을 말하고 있다. '진리', '궁극적 실체', '로고스' 등등의 의미로 사용되는 도(道)는 볼 수도 만질 수도 없고, 지각(知覺)으로 느낄 수 없다. 그러므로 도(道)는 현상화되는 것이 아니라 없이 존재한다. 모든 것의 근원인 도(道)에 의해서 만물은 단지 존재하는 것이다.

道 沖而用之	길은 (고루) 뚤렷히 씨우오라
或不盈	아마 채지 못ᄒ지루
淵兮似萬物之宗	기잎음이여, 잘몬의 마루 같고나

다석은 빌 충(沖)자를 '고루 뚜렷해'로 풀이하였다. 충(沖)은 비다, 공허하다, 깊다 또는 가운데, 중간 등의 뜻이 있다. 다석은 '하느님께 영광을 돌리다'라는 말도 '하느님을 뚜렷하게 드러내는 것으로' 해석한 바가 있다. 어쩌면 도는 '비어 있어(虛)' 아마 채우지 못하지만(或不盈) 만물을 '고루 뚜렷하게' 하고 도의

작용은 항상 무궁무진하다고 볼 수 있다.

연혜사만물지종(淵兮似萬物之宗)은 그 깊음이 심오하여 잘 알 수가 없지만, 만물을 생육화성하여 마치 만물의 근본인 종주(宗主) 같다고 풀이할 수 있다.

挫其銳	그 날칼옴(도) 무디고
解其紛	그 얼킴(도) 플리고
和其光	그 빛에 타번지고,
同其塵	그 티끌에 한데 드오라.

도는 만물의 예리한 끝을 꺾고, 만물의 분쟁을 풀다. 또한, 도는 희랍사상의 로고스(이성, 진리, 길, 도, 이법, 자연의 이치 등의 뜻이 있음)가 성육(成育, incarnation)하여 인간 세상에 참여하는 것 같이 도(道)의 사람은 햇볕에 살갖이 검붉게 타 번져 씨알(백성)과 구분되지 않고 더러움과 티끌 속에 섞인다고 다석은 본 것이다. 화기광 동기진(和其光 同其塵)을 줄여서 화광동진(和光同塵)이라고 하는데, <도덕경> 56장에서 화기광 동기진을 노자는 다시 언급한다.

湛兮似或存	맑안ㅎ이 아마 있지루
吾不知誰之子	나는 기 누구 아둘인 줄 몰라
象帝之先	하웋님 계가 먼저 그려짐

심혜사혹존(湛兮似或存), 도는 소리 없이 깊이 숨어 보이지 않으나 만물을 생육 화성함으로써 태고(太古) 때부터 영원히 있는 것 같다는 것을 다석은 맑안하여 아마도 있다고 풀이하였다.

오불지수지자(吾不知誰之子)는 나는 도가 누구의 자식인지 모르겠다는 뜻인데, 다석은 '나는 기 누구 아들인 줄 몰라'라고 풀이하였다. 상제지선(象帝之先)은 천제(天帝)보다 앞에 있으며 천제의 으뜸가는 시조(始祖)인 것 같다는 뜻인데, 다석은 '하웅님보다도 앞서 있는 것으로 그려진다(象)'고 풀이하였다.

<도덕경> 4장은 이러한 도(道)를 정의하고 있다는 관점에서 보면 아래와 같이 의역할 수 있다.

도의 본체는 공허하다.
그러나 그 작용은 항상 무궁무진하다.
도는 심오하여 잘 알 수가 없다.
그러나 만물을 생육화성하여
마치 만물의 근본인 종주(宗主) 같다.
도는 만물의 예리한 끝을 꺾고,
만물의 분쟁을 풀고,
빛에 살갗이 타 번져 백성들과 구분이 안 되고,
만물의 티끌과 더러움에 함께 섞인다.
도는 소리 없이 깊이 숨어 보이지 않으나
만물을 생육화성함으로써
태고 때부터 영원히 있는 것 같다.
나는 도가 누구의 자식인지 모르겠다.
그러나 천제(天帝)보다도 앞에 있으며
천제의 으뜸가는 시조(始祖)인 것 같다.

늙은이 5월

하늘 땅이 어질지 않은가(天地不仁),

잘몬을 가지고 꼴개를 삼으니(以萬物爲芻狗),

다스리는 이 어질지 않은가(聖人不仁),

씨알을 가지고 꼴개를 삼으니(以百姓爲芻狗),

하늘 땅 새는 그 또 플무(나) 같고나(天地之間, 其猶槖籥乎).

븨였는데 쭉으러들지 않고(虛而不屈),

움지겨서 움질움질 나오건(動而愈出),

많은 말이 (히가 단) 맥히니(多言數窮),

ㄱㅜ직힘만 같지 못(不如守中).

꼴개: 짚으로 만든 개 모양으로, 무당이 제 지낼 때 쓰고는 길에 버린다.

百姓: 다석은 백성을 '씨알'이라고 하였다.

플무: 풀무, 대장간에 바람 일으키는 도구.

가온(ㄱ): 한가운데를 말하는데 시간과 공간과 인간의 초월 점, 곧 도(道)다.

芻: 꼴 추, 추구는 꼴개.

槖: 풀무 탁.

籥: 관 약, 입으로 부는 기운을 받아 소리를 내는 피리 일종의 악기.

풀어 씀

텅 빈 허공(빔)과 마음

늙은이 5월은 도의 작용에 대해서 말하고 있다. 도의 작용에는 크게 두 가지가 있다. 정(靜)과 동(動), 또는 텅 빔(虛)과 움직임(動)이다. 절대세계의 초현상 의식과 상대세계의 현상화 의식을 말한다. 다시 말하여 없음(無)과 있음(有), 빔(虛)과 망상(動), 공(空)과 색(色)의 관계라고 볼 수도 있다.

절대본체는 무한 허공(虛空, 빔), 빈 그릇으로 표현할 수 있는 형상(form)이며, 늘 변하는 무상(無常)의 현상세계의 의식은 공간이라는 유형의 그릇 안에 담겨 있는 삼라만상으로서 질료(matter)라고 할 수 있다. 성리학에서는 무극과 태극의 관계, 불교에서는 법신불(法身佛, Dharmakaya)과 보신불(報身佛)의 관계, 역학에서는 불역(不易, the unchangable)과 변역(變易, the changable)의 관계, 그리스도교에서는 신성(神性, Godhead)과 삼위일체로 나타나는 하느님(God)과의 관계로 생각해 볼 수 있다.

'없음'의 차원에서는 절대본체를 무극(無極), 법신불(法身佛, Dharma-kaya), 불역(不易), 신성(神性, Godhead)으로 부른다. 그러나 '있음' 관점에서는 무극은 태극(太極)으로, 법신불은 보신불(報身佛)로, 불역은 변역으로, 신성은 삼위일체(三位一體) 하느님으로 표현한다.

모든 세계는 하나이면서 상대세계와 절대세계로 각각 불린다. 있음의 세계, 상대세계인 우주는 온갖 가능성의 체계이다. 가능성의 세계에 인간은 존재한다. 늘 변하고 있는 상대세계의 인간은 순수하지도 않고 악한 것도 아니다. 인간은 마음공부와 수행을 통해 무한히 발전할 수 있는 가능성의 존재이다. 그래서 인간은 너그럽지도 아니하고 인색한 것도 아니라고 <도덕경>은 말한다. 인간은 수신을 통해 너그럽기도 인색하기도 한 것이다. 마음을 비우고 내려놓아야 인간은 순수하고 선한 존재가 될 수 있다.

天地不仁	하늘 땅이 어질지 않은가,
以萬物爲芻狗	잘몬을 가지고 꼴개를 삼으니
聖人不仁	다스리는 이 어질지 않은가,
以百姓爲芻狗	씨알을 가지고 꼴개를 삼으니

하늘과 땅은 어질지만은 않은 것이다. 하늘과 땅 이전에 있음(有)과 없음(無)을 합한 유일불이(唯一不二)한 하느님이 계시다. 다석은 있음의 차원에서는 보이지 않으나, 없음의 차원에서는 영(靈)으로 존재하는 한웋님을 '없이 계신 하느님'이라고 하였다. 있다고 하자니 없고, 없다고 하자니 존재한다. 있음과 없음을 초월하는 유일불이한 하느님을 다석은 '없이 계신 하느님'이라 하였다. 유무(有無)를 넘어 계시는 하느님은 스스로 그러함에 맡길 뿐이다. 그래서 함이 없어 인위적이지 않다. 그래서 만물은 스스로 서로 다스리며 질서를 유지한다. 그렇기 때문에 하늘이 어질지 않다고 말한 것이다.

인자하다고 하면 반드시 인위적으로 만들어 세우고 베풀며 변화시키는 존재로 묘사하게 된다. 그러면 은총을 주고 잘못을 했을 때는 징벌하고 심판하는 존재로 둔갑하여 유일불이한 궁극적 존재의 본래의 진실한 모습을 잃어버리게 된다.

다석이 순수 우리말로 풀이한 "하늘 땅이 어질지 않은가, 잘몬을 가지고 꼴개를 삼으니"를 "하늘과 땅이 어질다. 세상 만물을 가지고 제사 지내는 꼴개 즉, 제물로 삼으니"라고 하늘과 땅을 긍정적으로 해석할 필요가 있다고 의견을 낸 고창옛글읽기모임의 회원도 있었다. 특히 우리말 '어질다'는 말은 '어지럽히다'는 말과 같은 의미로 쓰는 말이라는 주장과 함께 어질다는 흐트러진 상태를 다시 새롭게 정리하는 뜻도 있다는 해석을 붙이기도 하였다.

聖人不仁　　다스리는 이 어질지 않은가,
以百姓爲芻狗　씨알을 가지고 꼴개를 삼으니

　다석은 성인(聖人)을 '씻어난 이'라고 풀이했는데, 여기에서는 단순히 '다스리는 이'로 해석하였다. 다시 보니 '다스리는 이'가 (왜) 어질지 않은가? 씨알을 꼴개(풀강아지)로 여기기에.

天地之間 其猶橐籥乎　하늘 땅 새는, 그 또 플무(나) 같고나
虛而不屈 動而愈出　　비였는데 쭉으러들지 않고 움지겨서 움질움질 나오건

　하늘과 땅 사이는 풀무와 피리와 같구나. 비었으되 스스로 쭈그러들지 않고 쓰면 쓸수록 더욱 나온다. 낭(橐)은 가죽 풀무로 바람을 일으켜 쇠를 주물하는 기구이고, 약(籥)은 입으로 부는 기운으로 소리를 내는 피리와 같은 악기이다.

多言數窮 不如守中　많은 말이 (히가단) 맥히니 근ㅜ직힘만 같지 못.

　말이 많으면 자주 막히게 되므로 근(가온) 지키는 것만 못하다. 다석은 가운데 중(中)을 하늘과 땅 사이에서 인간이 하늘과 소통하고 마음이 하늘로 열린

상태로 가온 찌기(군)라고 하였다. 텅 빈 허공처럼 마음도 비우고 비워야 가온 찌기를 할 수 있다고 여겼다.

　텅 빈(空) 절대 허공은 전혀 변함이 없는 절대계이다. 그러나 이 세상은 움직일수록 더욱 더 움직임이 나오는 상대계이다. 이 상대계에서는 말을 많이 하면 道(참나)를 잃어버리게 된다. 성인(聖人)도 순수 가능성의 존재이다. 그 가능성은 어떤 의식, 동기, 사상도 가지고 있지 않다. 의식, 동기, 사상이 순수하지 않고 오염되면 어진 성인이라도 씨알을 꼴개처럼 다스린다. 마음이 순수하지 않으면 도(道)에서 멀리 떨어진 생활을 하게 되는 것이 인간의 삶이다. 그러므로 다스리고 말하는 것보다 오히려 침묵을 지키는 것이 더 낫다.

　하늘과 땅은 어질지만은 않다.
　온갖 것을 꼴개로 삼으니
　거룩한 사람은 어질지만은 않다.
　씨알을 가지고 꼴개로 여기니
　하늘과 땅은 풀무와 같다.
　비웠으나 쭈그러들지 않고
　움직여 움질움질 바람이 나온다.
　말이 많으면 막히니
　가온 지킴만 못하네.

늙은이 6월

골검은 죽지 않ㅇ(谷神不死),
이 일러 감흔 않(是謂玄牝).
감흔 않의 입(玄牝之門).
이 일러 하늘 땅 뿌리(是謂天地根).
소믈소믈 그럴 듯 있ㅇ(綿綿若存),
쓰는 데 힘들지 않음(브즈런을 않브려)(用之不勤).

다석의 제자, 박영호가 다시 새긴 글

하느님은 죽지 않는다.
이를 하늘 어머님이라 한다.
하늘 어머님의 입
이를 일러 하늘 땅(우주)의 뿌리라 한다.
한결같이 계시니
쓰는 데도 애쓰지 않는다.

풀어 씀

'골검'은 곡신(谷神), 천도(天道)의 별칭이다. 박영호에 의하면 '곡신'은 '얼나' 인 도(道)를 이름한 여러 가지 가운데 하나라고 한다. '골 곡(谷)' 자는 입을 중심으로 얼굴을 상형한 글자이면서 요도를 중심으로 여자의 음부를 상형한 글자이다(박영호, <노자와 도덕>, 67쪽). 소낙비가 쏟아질 때는 하늘도 골짜기(谷)이다. 입구는 만물이 쏟아져 나오는 '중묘지문(衆妙之門)'이다. 거기서 음양으로 이루어진 만물이 쏟아져 나온다고 박영호은 해석한다. 형이하(形而下, below shape)의 골(谷)이 아니라 우주가 생성되고 말씀이 나오는 형이상(形而上, above shape)의 골(谷)이기에 '신(神)'자를 붙여 곡신(谷神)이라 한 것이다. 우주가 얼골(靈谷)이고, 얼골이 사람의 얼이 어린 '얼굴'이 되었다고 다석은 말하였다. 다석은 곡신을 순우리말로 '골검'이라고 하였다.

'골'은 골짜기, '검'은 신(神)의 순우리말이다. '감한'은 거물 현(玄) 자의 순우리말이다. <도덕경> 1월 풀이에서 설명했듯이 거물 현(玄) 자는 '검은색(black)'이 아니라 어스름한(dark) 색을 말한다. <대학>, <중용>, <논어>, <맹자>를 경학(經學)이라고 말하는 반면에, 좀 신비하고 묘한 책이라 할 수 있는 <노자>, <장자>, <주역>의 고전에 의거하여 사상을 전개하는 것을 현학(玄學)이라고 한다.

아래의 글은 대전의 김흥한 목사의 도덕경 6장 해설이다.

노자는 남성(男性)에 대해서는 말하지 않았다. 여성만 말했다. 산에 대해서도 말하지 않았다. 계곡만 말했다. 불을 말하지 않았다. 물만 이야기했다. 아버지를 말하지 않았다. 어머니만 이야기했다. 그냥 말한 것이 아니다. 곡(谷)은 곡신

(谷神)으로 여성(女性)은 현묘(玄妙)함으로 표현했다. <노자>에서 남성은 죽은 것이요, 여성은 살아 있는 것이다. 남성은 일시적인 존재요, 여성은 영원한 존재다. 남성은 말초적인 것이요, 여성은 근원적인 것이다. 남성은 유한한 존재요, 여성은 무한한 존재다. 노자야말로 인류 최고의 페미니스트다.

谷神不死(곡신불사)	계곡의 신은 결코 죽지 않는다
是謂玄牝(시위현빈)	그것은 신비한 암컷
玄牝之門(현빈지문)	암컷의 문은
是謂天地根(시위천지근)	하늘과 땅의 근원
綿綿若存(면면약존)	끊임없이 존재하는 것
用之不勤(용지불근)	써도 써도 다할 줄을 모른다

谷神不死	골검은 죽지 않으
是謂玄牝	이 일러 감흔 앓

곡신(谷神)은 골짜기를 말하는데, 도(道)는 비어 있음을 상징적으로 나타나는 말이다. 음(陰)을 의미하는 골짜기는 비어 있어 상대적으로 산을 높이 드러나게 하고 '비어 있음(虛)'에 도는 죽지 않는다는 의미에서 골검은 죽지 않는다는 것이다. 그리스도교의 하느님은 영원하다는 말과 통한다고 본다. 불교에서 말하는 불생불멸(不生不滅)이라는 뜻으로 '태어나지 않았으니 죽지도 않는다'는 말이다. 도가 허(虛)이기에 죽지 않는다는거나 하느님은 영원하다는 말이나 불생불멸한다는 것은 서로 통하고 울림을 주는 말이다. 그러므로 골검은 죽지 않는다는 말은 '신령한 비어 있음'을 나타나기 위한 상징적인 말이다.

다석은 현빈(玄牝)을 순우리말로 '감한 않'이라 표현하였다. '감한 않'은 음(陰)인 암컷으로 만물을 생성하고 키우는 신비하고 신령한 어머니이다. 말은 그런 뜻인데, 아버지를 양인 하늘로 음인 어머니를 땅으로 여겼다. 신령한 어머니인 땅은 모든 것을 받아들이고 기르고 보존한다. 그러므로 신령한 어머니는 모든 것을 받아들이는 철저한 수동성을 뜻한다. 어머니인 땅은 모든 것을 받아들이니 모든 것을 내놓을 수 있는 것이다. 그래서 이어서 문(門)이라는 말이 나온다.

玄牝之門	감흔 않의 입
是謂天地根	이 일러 하늘 땅 뿌리
綿綿若存	소믈소믈 그럴듯 있ㅇ

하늘 땅의 문이라고 하는데, 이 문은 모든 것을 낳는 것의 암컷의 문이다. 암

컷의 문은 낳고 생산하는 문이다. 곡신(谷神)에서 곡(谷) 자는 여자의 음부를 말하는 글자이기도 하다.

'소믈소믈'은 물이 새 나오는 모양, 실이 이어져 나오는 모양을 말하는 의태어이다. 노자는 골짜기를 보고 만물의 시조 하느님을 생각하였는데, 주교이며 신비가인 독일의 마이스터 에크하르트(Meister Eckhart)는 땅바닥을 보고 하느님을 생각하였다. "하느님은 단순한 지면(地面)이고 고요한 황야이며 단순한 침묵이다." 간디는 자서전에서 말하였다. "내가 이룩하고자 하는 것은 '참나(True Self)'를 깨달아 하느님의 얼굴을 마주 보는 것이다."

用之不勤 쓰는데 힘들지 않음(브즈런을 않브려)

도는 모든 일이 스스로 되도록 하고 억지로 하거나 인위적으로 하지 않아 아무리 해도 고단하지 않고 힘들지 않다. 저절로 되기 때문에 부지런을 떨 필요가 없고 그저 놓아두면 되기에 힘들지도 않은 것이다. 감산(憨山)은 풀이하기를 "도의 체(體)는 지극히 비어 있어서(至虛) 무심으로 쓰임에 응한다(無心而應用)"고 하였다.

나는 사서오경이나 <도덕경>을 전공한 사람은 아니다. <도덕경>을 읽고 또 보면서 도는 하느님의 속성을 말하고, 하느님께서 하시는 일을 표현하는 것으로 느껴질 때가 많아졌다. 그리스도교 신비주의자들(mystics)이 하느님과 하나가 되는 체험을 하면서 표현하는 말들이 <도덕경>에 많이 발견된다. 신비주의자들은 하느님은 거룩하고 신비한 존재인데, 그 무엇이라고 말로 표현할 수 없다고 말한다. 기꺼이 표현하라면 '어마어마한 거룩한 그 무엇'이라고 밖에 말할 수 없다. 하느님이 말로 표현하기 불가한 존재라는 말은 나에게는 '도가도 비상도, 명가명 비상명(道可道 非常道, 名可名 非常名)'의 울림으로 다가온다. 이러한 관점에서 <도덕경>을 읽기 이전에 해석하기 어렵고 힘들었던 말들도 이제는 이해가 쉽게 된다. 그리고 하느님의 존재를 느끼고 보게 된다. 그래서 <도덕경>을 원문 그대로 해석하기보다는 나 나름대로 이해한 것을 가지고 다석의 《늙은이》를 풀이해 보는 것이다.

계곡의 신은 죽지 않아
이 일러 신비한 어머니
곡신은 신비한 어머니의 입
이 일러 하늘과 땅의 근원이라 한다.
있다 없다 소믈소믈 그럴 듯 있어
부지런을 안 부려 쓰는 데 힘들지 않아.

늙은이 7월

하늘은 길고 땅은 오래(天長地久),

하늘 땅이 길고 오랠 나위(있는 건)(天地所以能長且久者),

저로(만) 살지 않아서야(以其不自生),

므로 길이 살 수 있거니(故能長生),

이래서 씻어난 이(是以聖人)

몸을 뒤(에 뒀는데) 그 몸이 먼저고(後其身而身先),

몸 밖에 (섰었는데) 그 몸이 (계) 있(外其身而身存).

그 저만 (앎이) 없(으)므로(로) 아닌가(非以其無私邪),

므로 그 저(꺼지)를 이룰 나위(건)(故能成其私).

풀어 씀

'나위'는 할 수 있는 능(能)의 순우리말이다. '더할 나위 없이'라는 말에 나위를 살려낸 말로 나보다 위라는 뜻이다(向上).

　　天長地久　　　하늘은 길고 땅은 오래

하늘은 왜 길다(長)고 하고, 땅은 오래라고 풀이할까?

천지인(天地人) 사상에서 하늘(天)은 원(圓)으로, 땅(地)은 네모(方)로, 사람(人)은 세모(角)로 우리 조상들은 표시하였다. 하늘은 우주 허공으로서 끝없이 나아가기 때문에 길다. 계속해서 가면 다시 제자리로 온다. 하늘은 둥글기 때문이다. 우주 허공은 둥글어 끝없이 나아가기 때문에 영원히 길다고 할 수 있다. 길 또한 끝없이 가는 선이고 길이기에 길은 도(道)이기도 하다. 하늘은 공간적인 의미에서 길다고 표현한 반면에 땅은 시간적인 뜻이 있는 오래(久)라는 표현을 하고 있다. 땅은 방(方)으로 쌓이고 또 쌓인다. 먼지도 쌓이고 낙엽, 흙도 오래 쌓여 두텁다. 모든 것을 수용하고 포용하는 것이기에 땅은 낳고 기를 수 있는 것이다. 낳고 기를 수 있기에 땅을 어머니라고 상징적인 의미로 말한다. '오래'라는 우리말은 들고 나가는 문(門)을 말한다. 모든 생명이 어머니인 땅에서 들고 나가고 나고 다시 돌아온다. <도덕경> 1장에서는 신비한 감암(玄)을 중묘지문(衆妙之門)이라 하였고, 다석은 중묘지문을 '뭇 야묾의 문(오래)이오라'라고 풀이하였다.

중국 진나라의 승려 승조(僧肇, 384~414)는 하늘 땅과 내가 한 몸이라고 하였다. "하늘과 내가 한 뿌리이며 만물과 내가 한몸이다"(벽암록 40칙), 씻어나고 닦아난 성인들이 하는 말이다. 장자 또한 만물과 나는 하나라고 하였다. "하늘 땅과 나는 함께 났다. 만물과 나는 하나라 생각한다"(<장자> 제물편).

하늘은 길고 땅은 오래
하늘과 땅이 길고 오래 있는 것은
그 생을 자기의 것으로 삼지 않기 때문에
그래서 길이 살 수 있는 것이다.
이래서 씻어난 이

그 몸을 앞세우지 않아

오히려 추대를 받고

몸을 도외시하므로

오히려 거기에 존재한다.

성인에게는 사욕이 없기에 그렇게 되는 것은 아닐까?

그러므로 저를 능히 큰나(大我)로 이룰 수 있다.

늙은이 8월

썩 잘은 물과 같고나(上善若水).

물은 잘몬에게 잘 좋게 흐고 다투질 않으니(水善利萬物而不爭),

뭇사람 시려흐는데로 지냄(處衆人之所惡).

므로 거의 길 (이로다)(故幾於道),

있기는 땅에 잘(居善地),

속은 깊기 잘(心善淵),

주기는 어질기 잘(與善仁),

말은 믿브게 잘(言善信),

바로잡을데 잘 다시리고(政善治),

일은 (더홀나위 없이) 잘(事善能),

움지기는데 때 잘 (마지)(動善時),

그저 다투질 않기로만 흐니(夫唯不爭),

므로 허믈 없오라(故無尤).

'믿부게'는 믿을 신(信)자를 순우리말로 풀이하였다. 미쁘게, 믿음직하게 라는 뜻이다.

'바로잡음'은 정(政) 자를 순우리말로 풀이하였다.

'더할 나위 없이'는 능(能) 자를 풀이하였다. '나위'로만 풀이한 곳도 있다.

上善若水　　썩 잘은 물과 같고나

다석은 선(善) 자를 '잘'이라 풀이하였다. '잘'은 잘하다는 말이다. 善은 '착할 선' 자이기도 하다. '착하다'라는 말에는 '안착하다'는 뜻도 있다. 잘 착하다는 말은 잘 착근(着根)하여 씨앗이 잘 자란 것을 말한다. 그러므로 '착하다'는 말은 선하다는 말이기도 하지만, 씨앗이 잘 붙어서(着) 자라나는 것을 뜻한다.

상선(上善)을 '웃 잘'이라고 풀이하였는데, '넘치게 잘한 것'을 말한다. 예를 들면, '벼가 웃자랐다'고 말할 때, '벼가 위로 자랐다'는 말로서 '넘치게 자랐다'는 뜻이기도 하다. 그러므로 상선약수(上善若水)는 '아주 잘하는 것은 물과 같이 하는 것'이라는 뜻이다. 왜냐하면, 물은 만물을 이롭게 하면서 다투지 않고 뭇사람들이 싫어하는 곳에 머물기 때문이다(水善利萬物而不爭 處衆人之所惡). 물의 성질처럼 사람이 살아가면 거의 도(道)에 이른 것이라고 말할 수 있다(故幾於道).

물의 성질은 만물을 이롭게 하면서 다투지 않고 뭇 사람이 싫어하는 곳에 머무는 성향에 더하여 아래의 일곱 가지를 합하면 물의 여덟 가지 성향이 있다.

居善地	있기는 땅에 잘
心善淵	속은 깊기 잘
與善仁	주기는 어질기 잘
言善信	말은 믿브게 잘
政善治	바로잡을데 잘 다시리고
事善能	일은 (더홀나위없이) 잘
動善時	움지기는데 때 잘(마지)

여덟 가지 덕을 가진 물은 다투지 않아 또한 허물이 없다.

夫唯不爭	그저 다투질 않기로만 후니
故無尤	므로 허믈 없오라.

무우(無尤)는 '허물(尤)이 없다'는 뜻이다. 여기에서 '허물이 없다'는 말이나 '헛물이 없다'는 같은 뜻으로 볼 수도 있다. '헛물이 없다'는 '헛된 물이 없다'는 말이다. 그러므로 헛물이나 허물은 같은 말에서 나온 것으로 볼 수 있다.

<서역기(西域記)>에 적혀있는 물의 여덟 가지 덕은 가볍고(輕), 맑고(淸), 차고(冷), 연하고(軟), 맛있고(美), 냄새 없고(不臭) 마실 때 알맞고(調適) 마신 후 탈이 없는 것(無患)이다. 명나라의 서헌충(徐獻忠)도 『수품전질(水品全秩)』에서 물의 여덟 가지 덕(八功德水)을 말한다. "여덟 가지의 공덕이 있는 물은 종산(鍾山)의 영곡사(靈谷寺)에 있다. 첫째로 맑고, 둘째는 차갑고, 셋째는 향기롭고, 넷째는 부드럽고(柔), 다섯째는 달고, 여섯째는 깨끗하고, 일곱째는 목이 메지 않고(不噎), 여덟째는 숙병을 제거한다(除痾)."

산과 들을 다니고 냇가에 발을 담그며 둑쌓기를 하다 보면 물의 성질을 알 수 있다.

1. 물은 낮은 곳으로 흐른다(謙遜).
2. 물은 기다린다. 도량을 쌓으면 물은 둑을 넘을 때까지 기다린다(忍耐).
3. 자신은 더러워지면서 남을 깨끗게 한다(犧牲).
4. 고집하지 않는다. 둥그런 그릇에 담으면 둥그렇게, 네모난 모양에 담으면 네모 모양, 세모난 그릇에 담으면 세모가 된다(無形, 無固執).
5. 물은 스며들어 수목이 결실케 한다(實果).
6. 물은 맑게 한다(淸潔).
7. 물은 장애물을 만나면 돌아간다(緩慢).
8. 물은 부드럽다(柔順).

물은 있는 곳보다 낮은 곳으로 향하고 동료를 기다려 함께 흐른다. 계곡물이 모여 냇물이 되고, 냇물이 모여 강물이 되고, 강물이 모여 바다가 된다. 물은 만물의 근원이 되고, 어마어마한 힘과 에너지를 낸다. 강이 범람할 때, 강둑을 무너뜨리고, 논과 밭, 마을도 초토화시킨다. 바람이 불면 큰 파도가 되어 산도, 섬도 삼킨다. 이러한 큰 힘을 가지는 것은 물이 인내, 겸손, 희생, 무형(無形), 무고집(無固執), 완만한 성질을 가졌기 때문이다. 사람도 물과 같이 기다리고 인내하고 자기를 고집하지 않고 겸손하면 남과 다투지 않고 남을 이롭게 하며 모든 것을 베풀어 배부르게 할 수 있다.

현재 우리들이 쉽게 이해하기 위해 <도덕경> 8장을 아래와 같이 의역해 본다.

가장 좋은 삶을 살려면 물의 성질에 따라 살아야,

만물을 이롭게 하면서도 공과를 다투지 아니하고,

뭇사람이 싫어하는 곳, 낮은 곳에 머문다.

그러한 삶은 거의 도의 삶이다.

땅을 살피고 그 속에 잘 머무르고,

속은 깊고 조용하게 둔다.

베풀기만 하여 어질기 이를 데 없고,

믿음이 가게 말을 잘하고,

바로잡을 일이 있으면 바르게 다스리고,

모든 일을 더할 나위 없이 잘하고,

제 때에 움직여 모든 일을 적절하게 대하고,

그저 다투지 아니하니

비난받을 일이 없네.

늙은이 9월

가지고 (가득) 차는 건(持而盈之),

그마(ㄴ두)는 것만 못ᄒ며(不如其已),

(빤히히아려) 바야(ᄒ는) 날칼옴은(揣而銳之),

길게 볼 수가 없으오라(不可長保),

(누런) 쇠와 (환ᄒᆞᆫ) 구슬을 집에 그득히 두고는(金玉滿堂),

직히는 수가 없으며(莫之能守),

가멸고 높돼서 젠척ᄒ게 되면(富貴而驕),

제절로 그 허믈을 흘리미로(自遺其咎),

일을 이루고 이름이 나게 돼선(功成名)

몸을 빼, 믈러나는 것이(遂身退),

하늘 (마련대로) 가는 길(이옵)(天之道).

다석의 제자, 박영호가 다시 새긴 글

가지고 채우겠다는 건

그만두는 것만 못하며

헤아려보는 날카로움은

길게 지니지 못한다.

금(은)과 구슬(보석)이 집에 가득하고는

지킬 수가 없으며

가멸고(부하고) 높다고 제일인 척하면

스스로 허물을 (누리에) 끼친다.

일을 이루어 이름나면

마침내 몸이 물러남이

하느님께로 가는 길이다.

揣: 헤아릴 췌(揣), 잴 췌.

咎: 허물 구.

가멸다: 재산이 많다. 부유하다는 순우리말.

누리: 세상(世上)의 순우리말. 온 세상은 '온누리'이다.

풀어 씀

늙은이 9월은 세상 사람들이 추구하는 돈과 권력, 명예가 하느님 앞에서는 영원한 가지가 되지 않는다는 것을 일깨운다. 인간이 만든 것 가운데 가장 치사하고 끔찍한 것이 권력이요, 가장 더러운 것이 돈이다. 돈이 무소불위의 힘을 발휘하면 인간의 도는 무너지고, 사람은 돈의 노예가 되는 천박한 자본주의가 자리 잡게 된다. 동서고금에 권력과 금력을 가졌다고 으스대다가 나라를 그르치고 자신을 망친 사람이 한둘이 아니다. 권불십년 화무십일홍(權不十年 花無十日紅)이라는 말이 있다. 어떤 권력도 오래가지 못하고, 어떠한 아름다운 여색도 일시적이라는 것을 일깨우는 말이다. "권력을 잡은 놈들은 제 계집의 허영심을 만족시키자는 것이다. 사내가 출세하면 그 계집의 걸음걸이가 달라진다는 것이다"(다석어록).

금은보화를 많이 소유하고, 희귀품을 가졌다 해도 행복한 것은 아니다. "금이나 백금 따위를 귀히 여김은 그 물질 자체가 귀해서가 아니다. 그저 남보다 많이 갖는다는 경쟁심 때문에 왜 귀한지도 모르고 덮어놓고 귀하다고 한다"(다석어록). 부귀영화를 누리며 입신양명하는 것도 결국 헛되고 헛되다. 온갖 부귀영화를 누린 솔로몬도 하느님을 섬기는 것 이외의 "모든 것은 헛되고 헛되고 헛되다"(전도서)고 하였다.

무엇을 이루겠다고 집착하는 것, 그리고 어떤 물건을 꼭 손에 쥐고 싶은 애착심은 사람의 마음을 구속하고 부자연스럽게 만든다. 권력, 돈과 명예는 영원한 것이 되지 못하니 무엇을 이루고자 하는 집착심, 물건을 갖고자 하는 애착심을 내려놓으라고 <도덕경>은 말한다. 그리하면 자연과 더불어 사는 무위(無爲)의 삶, 자유의 길이 열린다. 하늘과 소통하고 하느님이 마련한 길을 걷게 되어 하늘과 땅, 사람이 하나가 된다(天地人而合一). 또한, 돈을 혼자 움켜쥐지 않고 나누어 쓰면, 돈은 사랑의 가치로 변하고, 권력을 독점하지 않고 공유하고 나누어 쓰면 권력은 평화의 가치로 변한다. 명예를 나누어 쓰면 추하게 보이던 명예도 자유의 가치로 변한다. 돈과 권력, 명예가 사랑과 평화, 자유의 가치로 변화하는 것도 무위의 삶을 통해서 가능하다.

이 세상에 나와 '얼나'를 깨달아 하느님의 아들이 된 예수는 길이 되고 진리가 되고 생명이 되었다. "아버지, 때가 왔습니다. 아들의 영광을 드러내 주시어 아들이 아버지의 영광을 드러내게 하여 주십시오"(요한 17:1).

가지고 채운 것을 자랑하는 일은
그만두는 것만 못하며

날카롭게 주장하는 것은 길게 가지 않아
집 안에 가득 찬 금은보화는 지켜낼 수가 없으며
재물이 많고 지위가 높다고 교만하면
스스로 허물을 남기게 된다.
일을 이루고 이름을 얻었으면
몸을 뒤로 빼고 물러나는 것이
하늘의 길이다.

늙은이 10월

(여섯) 빛넋을 실고 하나를 (품) 안은 것의(載營魄抱一),

(브러) 떠러짐이 없는 수여(能無離乎),

김은 오로지고 (아주) 브드럽기에(專氣致柔),

이기 (같을) 수여(能如嬰兒乎),

치우고 씻어내여 감안히 보기에(滌除玄覽),

트집 없을 수여(能無疵乎),

씨알 사랑 나라 다싫의(愛民治國),

(내가 혼다) 훔 없을 수여(能無爲乎)

하늘 굵을 열고 닫는데(天門開闔),

(숳 않되고) 않될 수여(能爲雌乎),

밝고 희여 네갈래로 사모친데(明白四達),

(내) 앎(이란 게) 없을 수여(能無知乎),

낳고 치오라(生之畜之),

낳되 갖이질 않고(生而不有),

흐되 절 믿거라 않고(爲而不恃),

길다고 어룬 (노릇을) 않오니(長而不宰),

이 일러 감ㅇ흔 속알(是謂玄德).

다석의 제자, 박영호가 다시 새긴 글

(몸에) 맘을 싣고 (맘에) 하나(얼)를 품어

떨어지게 할 수 없음이여.

(얼에) 바친 맘은 아주 부드럽기에

능히 갓난아기 같음이여.

치우고 씻어내어 하느님이 보기에

능히 흠(허물) 없으리라.

씨알 사랑 나라 다스림에

능히 (내가) 함 없음이여.

하늘 문을 열고 닫음에

능히 암 됨이여.

네 갈래로 환히 밝히는데

능히 아는 체가 없음이여.

낳고 기르나

낳되 차지하질 않으며

생각하되 기대지 않으며

어른이라 맘대로 않으니

이를 하늘 속알이라 이른다.

여섯 빛낯: 눈, 귀, 코, 혀, 살 뜻에 의한 의식(意識).

수: 능(能)의 옮김, ~ 할 수 있다.

김: 영기(靈氣).

치며: 축(畜)의 풀이, 기르다.

雌: 암컷 자, 암새 자.

속알: 덕(德), 속알머리에서 살린 말.

영백(靈魄): 지각하는 의식, 맘.

滌: 씻을 척.

疵: 흠 자.

闔: 닫을 함.

풀어 씀

다석은 순우리말을 즐겨 사용하였고, 상상력을 발휘하여 자유자재로 한글 놀이를 하며 절묘한 표현을 만들어 쓰기도 하였다. 몸, 맘, 혼이라는 말도 다석이 즐겨 사용하는 말이다. 육체를 몸, 정신을 맘, 영혼을 혼으로 풀어쓰면서 다석은 《늙은이》 10장을 1959년 3월 29일에 풀이했다. 다석의 나이 70세이며 죽음 선언 후 4년이 지난 해였고, 몸으로는 죽고 생각으로 다시 산 날 수로는 640일째 되는 날이었다.

노자는 만물의 배후에 존재하는 생명력을 도(道)라고 보았다. 이 도는 생명의 실체이며 본질이다. 생명의 실체인 도는 천지자연으로 누가 가꾸고 돌보지 않아도 자연스럽게 그러하다. 이처럼 인간도 천지자연을 본받아 무위자연의 삶을 위해 수행하며 마음을 편안히 하고 욕심을 내지 않아야(恬淡虛無) 천성을 거스르지 않는다.

노자에 있어 도는 우주만물과 인간의 실재 본질이다. 이 도는 우주의식, 생명성, 전지전능성, 선성(善性) 등으로 다양하게 표현되기도 한다. 이 도가 우리의 본성이며 본질이기 때문에 도를 닦아(修道) 도를 통한(道通) 삶에 이르러야 한다. <도덕경> 10장은 도의 작용이 있으면서 없고, 없으면서 존재하는 있음(有)과 없음(無)이 하나인 도의 존재론적 의미를 말하고 있으며 <도덕경>의 뼈대를 구성하고 있는 장으로서, 덕의 뼈대를 이루고 있는 39장과 함께 읽을 필요가 있다.

고창옛글읽기모임에서 노자를 공부하면서 두번에 걸쳐 다석 유영모의 <늙은이 풀이>, <도덕경> 81장을 모두 마쳤다. 회원들이 돌아가면서 발제하고 질문하며 토론하는 시간을 가졌다. 특히 고창옛글읽기모임 김식 대표는 10장과 39장을 살펴보면서 서로 얼개로 짜여있다는 것을 말하였다. 경(經)이란 얼개(體系)가 있다는 말이다. 다시 말하여 경이란 씨줄 날실이란 말로 엮어 있음을 뜻한다. 산스크리트어 경이란 말은 슈트라(sutra)로 '수놓는 틀'을 말한다.

도의 존재론적 의미를 말하고 있는 <도덕경> 10장을 6개의 행간으로 살펴보면, ①載營魄抱一 能無離乎(재영백포일 능무이호) ②專氣致柔 能寧兒乎(전기치유 능영아호) ③滌除玄覽 能無疵乎(척제현람 능무자호) ④愛民治國 能無知乎(애민치국 능무지호) ⑤天門開闔 能無雌乎(천문개합 능무자호) ⑥明白四達 能無爲乎(명백사달 능무위호)로 정리할 수 있다. <도덕경> 39장도 보면 6개 부분으로 나눠볼 수 있다. 옛날에 훈ᄋ 얻은 이로(昔之得一者) ①天淸(천청) ②地寧(지녕) ③神靈(신령) ④谷盈(곡영) ⑤萬物生(만물생) ⑥侯王貞(후왕정) 등 6개의 하나됨을 알 수 있다. 따라서 도경 1~10장은 天淸, 11~24장은 地寧, 25~37장은 神靈, 덕경 38~53장은 谷盈, 54~61장은 萬物生, 62~81장은 侯王貞과 관계가 있는 것을 알 수 있다.

10장 얼과 38장 개를 서로 연관지어 구조얼개를 짜보니 ①地一(훈ᄋ)은 하늘 훈ᄋ(天一, 1장), 땅 훈ᄋ(地一, 11장), 가마 훈ᄋ(神一, 25~26장), 골 훈ᄋ(谷一,

38~39장), 물 호은(萬物一, 54장), 왕 호은(侯王一, 62장)와 맥을 같이하고 있다.

②致柔(무름)는 하늘 무름(2~3장), 땅 무름(12장), 가마 무름(27~29장), 골 무름(40~43장), 물 무름(55장), 왕 무름(63~64장)과 관련이 있다.

③玄覽(거울)은 하늘 거울(4장), 땅 거울(13~16장), 가마 거울(30장), 골 거울(44~47장), 물 거울(56장), 왕 거울(63~65장)과 뜻을 같이 한다.

④治國(다시림)은 하늘 다시림(5장), 땅 다시림(17~19장), 가마 다시림(31장), 골 다시림(48~49장), 물 다시림(57장), 왕 다시림(66~69장)을 언급하고 있다.

⑤天門(오름)은 하늘 오름(6장), 땅 오름(20~21장), 가마 오름(32장), 골 오름(50장), 물 오름(58장), 왕 오름(70~79장)을 다루고 있다.

⑥四達(지기)는 하늘 지기(7~10장), 땅 지기(22~24장), 가마 지기(33~37장), 골 지기(51~53장), 물 지기(59~61장), 왕 지기(80~81장)과 연관이 있다.

<도덕경>의 얼개를 도표로 나타내면 다음과 같다.

<도덕경>의 얼개 짜임

열/행	天清 (01~10)	地寧 (11~24)	神靈 (25~37)	谷盈 (38~53)	萬物生 (54~61)	侯王貞 (62~81)
載營魄抱一 能無離乎	01	11	25, 26	38, 39	54	62
專氣致柔 能寧兒乎	02, 03	12	27, 28, 29	40, 41, 42, 43	55	63, 64
滌除玄覽 能無疵乎	04	13. 14, 15, 16	30	44, 45, 46, 47	56	66, 67. 68, 69
愛民治國 能無知乎	05	17, 18, 19	31	48, 49	57	66, 67, 68, 69
天門開闔 能無雌乎	06	20, 21	32	50	58	70, 71, 72, 73 74, 75, 76. 77 17, 79
明白四達 能無爲乎	07, 08 09, 10	22, 23, 24	33, 34 35, 36, 37	51, 52, 53	59, 60, 91	80, 81

<고창옛글읽기모임 김식 대표의 분류>

載營魄抱一   (여섯) 빛넋을 실고 하나를 (품) 안은 것의

能無離乎   (브러) 떠러짐이 없는 수여

다석은 혼백(魂魄)을 빛넋으로 풀이하였다. 조선 중종 때의 최세진은 <훈몽자회(訓蒙字會)>에서 혼(魂)을 넉으로 백(魄)을 넋이라는 우리말로 훈을 달았다. 정신인 맘과 관련이 있는 혼(魂)은 구름을 말하는 운(云) 자와 신을 말하는 귀(鬼) 자를 합해 만든 말이다. 귀(鬼) 자는 무당(儿)이 얼굴에 가면을 쓰고 너울너울 춤(厶)을 추는 모양을 형상화한 글이다. 그러므로 '넉(魂)'은 구름처럼 자유롭게 너울거리며 하늘로 올라가는 존재라는 것이고, '넋(魄)'은 흰 백(白) 자와 귀(鬼)를 합하여 형상화한 글자이다. 흰 백(白) 자는 머리에 하얀 머리가 나 있는 모습을 형상한 글자이다. 그러므로 백(魄) 이라는 것은 땅으로 돌아가 흰 뼈에 서린 넋이라는 것이다. 제사를 지낼 때, 향을 사르는 것은 혼(魂)을 부르는(招魂) 것이고 술을 올리는 것은 넋(魄)에 바치는 것이라 할 수 있다. 혼비백산(魂飛魄散)이라는 말을 살펴보면 혼은 구름처럼 날아가는 것이고 넋은 땅으로 흩어진다는 뜻이 있는 것을 볼 수 있다.

몸을 관장하는 넋(魄)과 맘을 관장하는 넉(魂)에는 여섯 가지 감각이 있다. 불교에서 말하는 육식(六識)으로 안이비설신의(眼耳鼻舌身意) 유식(唯識) 사상을 염두에 두고 다석은 <도덕경> 10장을 풀이한 것이다. 眼耳鼻舌身意(안이비설신의)는 色聲香味觸法(색성향미촉법)과 연관되어 있어 눈(眼)은 다양한 형상(色)과 귀(耳)는 소리(聲), 코(鼻)는 냄새(香), 혀(舌)는 맛(味), 몸(身)은 촉각(觸), 뜻(意)은 법(法)과 연관되어 있다. 이 여섯 가지가 몸을 다스리는 넋(魄)과 맘을 다스리는 넉(魂)에 실어 하나로 꾸려 나누어지지 않게 한다는 것이다. 따라서 재영백(載營魄)하여 포일(抱一)하기에 능무리호(能無離乎)로 읽으면 정신의 이면성 통일을 말하

는 것으로 보인다. 우리나라 전통 단전 복식호흡이나 요가의 수행에서 먼저 몸을 바르게 하고 온갖 생각을 마음에서 흘려보내 무념무상의 경지에서 숨을 고르게 한다. 그러면 몸과 맘이 둘이 아니라 하나로 통일되는 것이다.

專氣致柔　　김을 오로지고 (아주) 브드럽기에
能如嬰兒乎　이기 (같을) 수여

위에서 말한 단전 복식호흡과 심재(心齋), 좌망(坐忘) 사상과 관계가 있는 것으로 보인다. '전기(專氣)하여 치유(致柔)하고 능여영아호(能如嬰兒乎)야'라고 읽으면 숨을 고르게 하여 부드러워지게 되어서 젖먹이처럼 될 수 있느냐는 것이다. 젖먹이가 배로 불록불록 숨을 쉬는(腹息) 것처럼, 단전호흡을 하면 숨을 부드럽게 척척 돌리게 된다. 몸을 바르게 하고 마음을 비우면 심재, 좌망의 무아(無我)의 상태에 이르고 천문(天門)이 열린다고 한다.

滌除玄覽　　치우고 씻어내여 감안히 보기에
能無疵乎　　트집 없을 수여

척제현람(滌除玄覽)하여 능무자호(能無疵乎)야. 현람(玄覽)은 신비로운 거울을 말하는데 마음이라는 거울을 말하는 것이다. 마음을 비우고 깨끗이 씻어내어 마음의 때인 감각의 흔적까지도 씻어내면 내면의 빛이 드러난다. 이것을 조광(照光)이라고 하는데, 사방을 빛으로 비춘다는 것이다. 곧 마음의 거울을 닦아 티까지도 없을 수가 있겠느냐는 뜻이다.

愛民治國　　씨알 사랑 나라 다싫의

能無爲乎　(내가 혼다) 흠 없을 수여

애민치국(愛民治國)하되 능무위호(能無爲乎)라. 씨알 사랑하고 나라 다스리는 데 사심 없이 할 수 있겠느냐? 하늘의 뜻에 따라 하는 일은 사심이라는 것이 있을 수 없다. 앞에서 마음의 거울이라고 했던 현람(玄覽)이라는 것은 하늘의 마음으로 확대해석할 수 있다. 너의 마음, 나의 마음을 구분하고 분리하는 그런 마음이 아니라 너와 나가 하나가 되는 마음이 하늘의 마음이라고 할 수 있다. 하늘의 마음은 곧 천심(天心)을 말하는 것이다. 따라서 씨알을 사랑하고 나라를 다스리는 일에 사심 없이 천심 그대로 할 수 있겠는가? 하고 묻는 말로 보여진다.

天門開闔　하늘 굵을 열고 닫는데
能爲雌乎　(숫 않되고) 암될 수여

다석은 천문(天門)을 하늘 굵(穹)으로 풀이하였다. 궁(穹)은 하늘을 뜻한다. 하늘이라는 궁(穹) 자는 구멍 혈(穴) 자 아래 활 궁(弓) 자를 쓴다. 하늘에는 우리 눈에 보이는 문이 없어 무문(無門)이다. 화살을 하늘의 한 곳을 향해 쏘는 것처럼 하늘에 들어가는 것이다. 하늘의 문은 우리가 생각하는 문을 열고 닫는 것이 아니다. 눈에 보이지 않는 마음의 문을 열고 들어가는 것이다. 하늘 궁(穹) 자는 집 궁(宮) 자와 통하고 막다를 궁(窮)과 뜻을 같이한다. 다할 궁(窮)은 극에 다다른 것이다. 하늘 끝에 막다른 것같이 노력해야 마음의 문이 열린다는 것이다. 궁(宮)은 집 안에 법칙과 질서가 있어 하나의 음률을 만드는 것이다. 여(呂) 자는 음률, 등뼈, 법칙을 뜻한다. 집안의 법칙, 조화는 보이지 않아 감추어져 있는 것과 같다. 눈에 보이지 않는 하늘에는 감추어진 것이 있다. 문이 없는 문을 열고 들어간다는 말은 마음을 깨우쳐 마음의 문을 열고 들어간다는 뜻이다. 몸을 바르게 하는 좌망(坐忘)을 통하여 모든 것을 내려놓은 심재(心齋)의 무아(無我)상태로 들어갔다 나왔다 하는 것을 천문개합(天門開闔)이라고 한다.

'숫 않되고 앓되는 것'은 공격적인 수컷의 성향보다 수동적인 암컷의 성질을 말하는 것으로, 양(陽)의 남성성보다는 음(陰)의 여성성을 말한다. 보이지 않는 여섯 가지 감각의 문을 열고 닫는 것처럼 모든 것을 받아들이고 수용하는 여성처럼 수동적인 자세로 할 수 있겠는가?

明白四達　밝고 희여 네 갈래로 사모친데
能無知乎　(내) 앎(이란 게) 없을 수여

앞에서 말했듯이 마음이 비우고 깨끗이 씻어내어 마음의 때인 감각의 흔적까지도 씻어내면 내면의 빛이 드러난다(照光). 사방을 환하게 빛으로 밝히면서 스스로 아는 바가 없을 수가 있겠는가? 라는 뜻이다. 여기에서 무지(無知)란 안다 또는 모른다고 말하는 상대적인 무지가 아니라, 안다 또는 모른다는 것을 초월하는 상태에서 아는 것을 말한다. 모든 것을 알면서도 스스로 안다고 의식하지 않는 그러한 앎이 무지(無知)의 지(知)라 할 수 있다.

生之畜之　낳고 치오라
生而不有　낳되 갖이질 않고
爲而不恃　흐되 절 믿거라 않고
長而不宰　길다고 어룬 (노릇을) 않오니
是謂玄德　이 일러 감으흔 속알.

몸과 맘과 혼은 불가불리의 관계이다. 서양의 이원적 사고로는 몸(육체)을 경시하고 혼(영혼)을 강조하는 경향이 있다. 몸은 악한 것이고 영은 고귀하고 선한 것이라 생각하였다. 그러나 혼만 중요시하거나 맘만을 강조해서도 안 된다. 건강한 몸에 건전한 맘이 담기고, 깨끗한 맘에 하나인 혼이 담긴다는 것이 다석의 가르침이다. 하느님의 형상인 '참나(眞我, true self)'는 아기처럼 부드럽고 여리다고 <도덕경> 10장은 말한다. 다석은 이러한 부드럽고 평화롭고 거룩한 하느님의 성령과 소통한 '참나'를 '얼나(靈我)'라고 하였다. 씻어내고 덕을 갈고 닦은 참사람(眞人)인 성인(聖人)은 다스림 없이 다스리며 키우고도 자기 공을 드러내지 않고, 모든 것을 환히 알면서도 아는 체하지 않는다. 가르치고 기르면서도 자기를 따르라고 하지 않는 사람이 하늘의 속알(天德)을 지닌 진인(眞人)이라고 노자는 가르친다.

덕인(德人)은 하늘 문(天門)을 열고 닫는다고 한다. 하늘 문이 어디 있겠는가? 하늘 문은 문이 없다. 마음의 문이 하늘의 문이다. 마음의 문인 무문(無門)을 열고 닫을 수 있는 사람이 진정한 성인이다.

<도덕경> 29장에 무위(無爲)의 다스림에 관한 글을 함께 읽으면 더 이해를 쉽게 할 수 있으리라 본다. "사람들은 힘이 있으면 백성을 강압적으로 다스리려고 하지만, 그렇게 해서는 다스려지지 않는다고 나는 생각한다. 세상일이란 억지로 다룰 수 없고, 움켜쥔다고 해서 쥐어지는 것도 아니다. 억지로 하면 망가지고 움켜쥐려면 없어진다. "따라서 성인은 무위로서 대하므로 망가뜨리지 않고, 움켜쥐고자 하지 않으므로 잃지도 않는다. 무릇 천하의 사물은 각양각색이다. 어떤 것은 앞서가고, 어떤 것은 뒤쫓아가며, 어떤 것은 조용히 포근하게 숨을 내쉬고, 어떤 것은 급하게 찬김을 내뿜는다. 어떤 것은 힘이 세지만, 어

떤 것은 힘이 약하다. 어떤 것은 안정되었으나 어떤 것은 위태롭다. 그러므로 성인들은 무위자연의 도를 따라 항상 과격한 짓을 하지 않고 사치를 물리치며, 교만하지 않다."

몸을 다스리는 넋과 맘을 주관하는 넉을 실어 하나로 하되
벌어져 떨어짐이 없게 할 수가 있겠는가?
기를 오로지 하여 부드럽기에
젖먹이처럼 할 수 있겠는가?
닦고 씻어내어 가만히 보아
트집 없게 할 수 있겠는가?
백성을 사랑하고 나라를 다스리되
인위적으로 하는 것이 없이 할 수 있겠는가?
하늘 문을 열고 닫는데
남자같이 힘이 아니라 여성처럼 수동적으로 할 수 있겠는가?
사방으로 환히 비춰 잘 보인다고
내가 안다고 할 수 있겠는가?
낳고 기르나 내 것이라 하지 않고
일을 하되 자신을 드러내지 않고
기르되 그 기른 것을 부리지 아니하니
이를 일컬어 신비한 덕이라 한다.

늙은이 11월

설흔 (낯) 살대가 한 (수레) 통에 몰겼으니(三十輻共一轂)

수레의 쓸 수 있음은 그 없(는 구석)이 맞아서라(當其無, 有車之用).

진흙을 비져서 그릇을 맨든데(埏埴以爲器),

그릇의 쓸 수 있음은 그 없(는 구석이) 맞아서라(當其無, 有器之用).

창을 내고 문을 뚜러서 집을 짓는데(鑿戶牖以爲室),

집의 쓸 수 있음은 그 없(는 구석)이 맞아서라(當其無, 有室之用).

므로 있(는 것)이 좀(리) 되는 건(故有之以爲利),

없(는 것)을 씀으로서라(無之以爲用).

다석의 제자, 박영호가 다시 새긴 글

서른 바큇살이 한 바퀴 통에 함께 모여

그 빔이 알맞아서 수레로 쓸 수 있다.

찰진 흙을 빚어서 그릇을 만드는데

그 빔이 알맞아서 그릇으로 쓰인다.

문이나 창을 내어서 집을 짓는데,

그 빔이 알맞아서 집으로 쓰인다.

그러므로 있는 것을 이롭게 만드는 것은

빈 것을 쓰게 되어서이다.

살대: 바큇살, 전에는 바퀴의 살을 30개로 하였다.

共一(공일): 바퀴 통을 말하는 공일곡(共一轂)에서 바퀴 곡(轂)자가 생략되었다.

鑿(착): 천착하다, 뚫다.

戶牖(호유): 호(戶)는 문(門)을, 유(牖)는 창(窓)을 말한다.

풀어 씀

三十輻共一轂	설흔(낮) 살대가 한 수레 통에 몰겼으니
當其無, 有車之用	수레의 쓸 수 있음은 그 없(는 구석)이 맞아서라.

옛 수레의 바퀴를 보면 원으로 된 바퀴가 있고 가운데 작은 바퀴 통이 있는데, 바깥쪽의 큰 원통과 안쪽의 작은 원통이 30개의 살로 서로 연결되어 있고 작은 수레 통 가운데는 축을 끼울 수 있도록 텅 비어 있는 구조이다.

이 바퀴 통의 구조를 보고 '비어 있음' 자체가 쓸모 있음을 설명하고 있는데, 바로 공(空), 무(無), 허(虛)의 작용을 얘기하고 있다.

埏埴以爲器	진흙을 비져서 그릇을 맨든데
當其無, 有器之用	그릇의 쓸 수 있음은 그 없(는 구석)이 맞아서라
鑿戶牖以爲室	창을 내고 문을 뚜러서 집을 짓는데
當其無, 有室之用	집의 쓸 수 있음은 그 없(는 구석)이 맞아서라

진흙을 이겨서 그릇을 만드는데, 그릇의 쓸모 있음은 안이 비어 있기 때문이다. 그릇 안이 가득 차 있으면 그 그릇을 사용할 수가 없다. 그릇은 깨끗이 비

어 있어야 쓸 수가 있다. 문과 창을 뚫어서 방을 만드는 것도 방이 비어 있어야 쓸모가 있다. 역시 공(空)의 작용에 대하여 말하고 있다.

쓸모가 있다는 것은 그 자체가 빔(空)이기 때문이다. 사람도 마음속이 비어 (空) 있어야 쓸모가 있다는 말이다. 사람이 공(空)이라는 것은 하느님을 모시고 있다는 말과 같다. 다시 말하여 사람이 텅 비어 있으면 하느님으로 가득 찼다 는 말이다. 이와 반대로 사람이 무엇인가로 가득 차 있다면 결국 '나'로 차 있 다는 것이다. 예수께서 나를 버리고 나를 죽이라고 한 말은 나를 비우라고 하 신 말씀이다.

| 故有之以爲利 | 므로 있(는 것)이 좀(利) 되는 건 |
| 無之以爲用 | 없(는 것)을 씀으로서라. |

형태가 있는 것은 이로운 재료가 되고 형태가 없는 것, 즉 비어 있는 것은 모 든 쓸모의 바탕이 되는 것이다. 여기에서 '있음(有)'과 '없음(無)'의 상관관계를 말하고 있다. 수레바퀴나 그릇이나 방은 저마다 모양새가 다르나 모두 공(空) 을 지니고 있다. 모양은 각각 다르나 모두가 비어 있다는 점에서는 하나이다. 모양이 다른 것은 다양성을 말하고 모두 비어 있다는 것은 동일성을 말하고 있다. 그러므로 여기에서는 다양성의 동일성을 말한다고 볼 수 있다. '있음'은 이롭게 하는 도구가 되고 '없음'은 '있음'을 쓸모 있게 하는 바탕이 된다는 것 이다.

사람들은 존재 즉, '있음'을 익숙하게 의식하나, '없음', 빔(空)에 대하여는 의 식하지 않고 살아간다. 평소에는 공기의 필요성을 잊고 사는 것과 같이 '없음', '빔'의 중요성을 잊고 살고 있다. 노자는 11장에서 '있음'이 있기 위해서 '없음'

이 있어야 한다는 것을 수레, 그릇, 집 등의 세 가지 예를 들어 설명하였다. '있음', 곧 존재로서 이롭게 쓰이는 것은 그것들이 마련한 빈자리(空間)인, '없음'이 있기 때문이라는 것이다. <도덕경> 11장은 '없음'에 대하여 잘 설명하고 있다. 절대무(絶對無)를 가르치기 위해 상대무(相對無)를 일깨운다.

다석은 존재와 비존재, 유(有)와 무(無)를 '있', '없'이라고 풀이하였다. 또는 '있음', '없음'으로 쓰기도 하였다. 허(虛)를 '빔'으로 허공(虛空)을 '빈탕', '우주'로 풀이하였다. 유형(有形)과 무형(無形), 공(空)과 색(色)의 중요성을 말하기 위해 다석은 칠판에 꽃 한 송이를 그려 놓고 말하였다. "이렇게 꽃 한 송이를 그려 놓으면 사람들은 꽃만 보려고 하는데, 나는 꽃을 보라는 것이 아니라 꽃 밖의 '빔'(空)을 보라고 그린 것이다." 상대세계가 바로 눈에 보이는 이 꽃 한 송이다. 사람들은 꽃인 색(色), 즉 '있음'에만 관심을 두고 보는데, 하느님은 거꾸로 '없음', 즉 빔'(虛空)을 보라고 '있음'을 낸 것이라고 다석은 말하였다. '있음'을 낳고 유(有)를 안고 있는 '없음', 즉 무(無)를 볼 줄 아는 사람이 지혜로운 사람이라고 하였다.

"있다는 것도 참으로 있는 것이 아니고, 없다는 것도 참으로 없는 것이 아니다. 생사(生死)에 빠진 미혹과 환상에 서 있느니 없느니 야단이다. 있느니 없느니를 바로 아는 사람은 없다. 다만 우리 감각이 있다, 없다 하는 것뿐이다. 있다, 없다 하는 것은 마음인데, 이것이 영원한 것인가 하면 그렇지 않다. 맘은 생사에 제한을 받는다. 그러므로 참 아는 것이 아니다"라고 다석은 말하였다. 허공 쪽에서 보면 전체는 없다. 전체 쪽에서 보면 전체와 허공이 있다. 그러므로 참으로 '있음'은 없고, '없음'인 허공만 있다. 그러므로 허공인 무(無)가 참이다. 유영모는 이를 본무(本無)라고 하였고, 본무가 곧, 하느님이라고 하였다.

또한, 불교사상에서 색(色)은 '있음'요, 공(空)은 '없음'이다. 반야심경(般若心經)에서는 "색이 공과 다르지 않고, 공이 색과 다르지 않다. 색이 곧 공이요, 공이 곧 색이다(色不異空 空不異色 色卽是空 空卽是色)"라고 말한다. 이 말은 '있음'과 '없음'이 다르지 않고, '있음'이 '없음'이요, '없음'이 '있음'이라는 것이다. 반야심경의 논리나 유영모의 '있음'과 '없음'의 사상은 같은 내용을 말하고 있다.

'없음'을 체득한 장자는 말하였다. "누가 능히 없음(無)으로 머리를 삼고, 삶(生)으로 등뼈를 삼고, 죽음(死)으로 꼬리뼈를 삼으랴. 죽고, 살고, 있고, 없음이 하나인 것을 누가 알랴"(<장자> 대종사 편).

30개의 바퀴 살대가 한 수레 통에 모여
수레로 쓸 수 있음은 살대 모인 곳에 없는 구석이 있어서다.
진흙을 빚어서 그릇을 만드는데
그릇의 쓸 수 있음은 없는 구석이 있어서다.
문을 내고 창을 뚫어 집을 짓는데
집의 쓸 수 있음은 그 없는 구석이 있어서다.
그러므로 있는 것이 이로움의 바탕이 되는 것은
없음을 쓰기 때문이다.

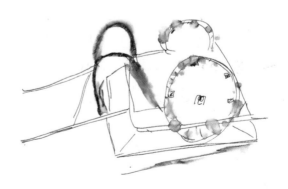

늙은이 12월

다섯 빛갈이 사람 눈을 멀게(五色令人目盲),

다섯 소리가 사람 귀를 먹게(五音令人耳聾),

다섯 맛이 사람 입(맛)을 틀리게(五味令人口爽),

몰려 달리는 흐는 산양질이 사람 ㅁㅁ을 미치게(馳騁田獵令人心發狂),

흔찮은 쓸몬이 사람을 못되게 가게 흐오라(難得之貨令人行妨).

이래서 씻어난 이는(是以聖人)

배(왼통) 때문이지 눈(굿) 때믄이 아니오라(爲腹不爲目),

이를 집고 저를 버리오라(故去彼取此).

다섯 빛갈(五色): 청(靑), 적(赤), 황(黃), 백(白), 흑(黑)을 보통 오색이라 한다. 여기에서는 인
　　　　공적이고 잡다한 울긋불긋한 색깔을 말한다.

다섯 소리(五音): 궁(宮), 상(商), 각(角), 치(徵), 우(羽)를 오음이라고 한다. 여기에서는 인공적
　　　　이고 잡다한 소리를 말한다.

다섯 맛(五味): 신맛(酸), 쓴맛(苦), 단맛(甘), 매운맛(辛), 짠맛(鹹)을 말한다. 여러 가지 잡다
　　　　한 인공적인 맛을 말한다.

굿: 點, 부분.

爽: 어길 상.

馳: 달릴 치.

騁: 달릴 빙.

풀어 씀

사람들이 현상세계의 아름다운 빛에 눈이 팔려있으면 현상 너머 있는 얼의
세계를 보지 못하게 된다. 눈에 보이는 외모와 겉모습에 눈이 팔리면 사물의
본질이나 깊이를 볼 수 없게 된다. 그저 화려하고 달콤하고 즐거운 것을 쫓으
면 마음의 세계와는 멀어져 사물의 본질이나 실재의 얼의 세계를 보지 못한다.
더 나아가 몸이 지닌 인위적인 감각의 맛에 빠지면, 맛있는 것을 찾아 이곳저
곳을 다니기 때문에 진리와는 동떨어진 생활을 하게 된다.

빛이 다섯, 소리도 다섯, 맛도 다섯 가지이다. 다섯(五)이라는 숫자는 '모두',
'다'를 뜻한다. 음(音)도 오음(五音), 재래시장도 오일장(五日場), 신체의 손가락
도 다섯 개다. 다섯 개는 다 된 것이다. 오(五)가 막히면 틀리고 상하게 된다. 오
는 막혀있지만 넘어가야 한다. 다섯에 하나씩 더하여 6, 7, 8, 9로 넘어간다.

"사람은 몸사람(肉滯)으로는 호기심으로 살맛(肉味)을 찾아다니는 동물이다.
그래서 몸의 근본은 악(惡)과 친하려고 한다. 그러므로 미물색사(味物色事), 곧
사물의 맛과 깔에 들러붙어서는 안 된다. 그런데 평생을 미물색사에 머물고 있
는 이가 대부분이다"(다석어록). 반야심경에 지혜를 얻는 사람에게는 눈, 귀, 코,
혀, 몸, 뜻도 없고, 빛깔, 소리, 냄새, 맛, 촉감, 인식도 없다(無眼耳鼻舌身意 色聲
香味觸法)고 하였다. '몸의 나'에서 '맘의 나'에게로 그리고 현상계의 감각 세계
를 초월한 '얼의 나'로 솟아난 사람(솟나)이 지혜를 얻은 씻어난 이(聖人)이다.

세상의 감미롭고 인위적인 소리를 즐기면 존재의 깊이에서 나오는 소리를
듣지 못하게 된다. "인간은 신비로운 존재이다. 인생은 자기 존재가 언제나 문
제가 되는 동물이다. 이것이 다른 동물과 다른 점이다. 사람은 자기 존재를 문

제 삼음으로써 자기 속에서 존재(하느님)의 소리를 들을 수 있기 때문이다. 공자는 60세에 귀가 순해졌다고 하였다. 나이가 예순이면 존재(하느님)의 소리가 들린다. 존재의 소리를 듣고 말할 수 있는 것이 인생의 특징이다"(다석어록)라고 다석은 말하였다.

'다섯 맛이 사람 입맛을 틀리게(五味令人口爽)'. '틀리게'는 '틀리다'에서 나온 말로서 '틀이 어긋났다'는 말이다. 틀이 어긋나고 조직이 깨지면 다른 면들이 드러나 다름이 나타난다. 다르다는 것은 틀리다고 생각하여 틀리게 된 것이다.

노자는 멋대로 말을 몰아 달리며 사냥하는 것과 얻기 어려운 귀중품과 사치품에 대한 애착심을 경계하였다. 사냥은 살기(殺氣)를 내어 마음을 미치게 하고, 귀중품은 사람을 타락시키기 때문이다.

우리말 '미치다'는 말은 '어디에 닿다', '끝으로 가다'라는 뜻이 있다. 토끼, 사슴, 노루 등 짐승을 잡으려고 쫓아가는 상태가 되면 마음이 들뜨고 눈에 살기가 돌아 결국 광기가 생기게 된다. 어느 선을 넘게 되면 지나치게 된다. 관중들도 흥분하고 지랄발광하게 되는데 이러한 현상은 검투장이나 스포츠에서 흔히 볼 수 있다. 어떤 오락이나 취미도 지나치면 중독현상이 나타나고, 그것이 주는 감각에 빠지다 보면 선을 넘어 미치게 되는 것이다.

그러므로 무위(無爲)의 도를 깨닫고 '씻어난 사람(聖人)'은 생명을 유지하는 배(단전)를 실하게 하는 일만 할 뿐, 화려한 빛을 좇고 인위적이고 외형적인 감각 생활을 버린다. 앞의 11장은 공(空)의 작용을 말했다면 <도덕경> 12장은 감각의 세계에서 벗어나라고 말한다. 오관(五官)의 작용에 빠지지 말라는 것인데, 그렇다고 만사에 무감각하라는 말도 아니다. 다시 말하여 공(空)에도 빠져서도 안 되고 상(相)에 매여서도 안 되고 또 그렇다고 해서 공에 빠지지도 않고 상에 묶어지지 않는 상태에 빠져서도 안 된다는 것이다.

위복불위목(爲腹不爲目)이라는 말은 눈요기만 하지 말고 배를 채우라는 말이 아니다. 배는 단전호흡으로 도단(道丹)을 보게 하는 곳이다. 배는 내부의 기관이 연결되어 배를 중심으로 순환하게 하고 기(氣)의 작용을 원활케 하여 중심을 잡아 준다. 단전을 중심으로 호흡을 하고 숨을 돌리면 모든 기능이 활발하게 된다. 마음을 바르게 하고(操心), 단전호흡을 하는(操息) 가운데 심재(心齋), 좌망(坐忘)의 상태에 이르기도 한다.

이를 집고 저를 버리오라(故去彼取此). 씻어난 이는 많은 것을 구해 귀와 눈의 보고 듣는 즐거움을 취하려 하지 않는다. 자기의 배를 채울 정도의 양이면 족하다. 식탁에 음식이 그득해도 배를 채우면 그만이다. 나머지는 구경거리에 불과하다. 아무리 좋은 것이 있고 먹을 것이 많아도 편안히 거처하고 마음은 여유롭다. 이에 씻어난 이는 배를 채우고 눈을 위하지 않으며 탐욕과 욕심을 내려놓고 마음을 닦는다. 그러므로 저것을 버리고 이것을 취하는 것이다(故去彼取此).

다섯 빛깔이 눈을 멀게 하고
다섯 소리가 귀를 먹게 하고
다섯 맛이 입맛을 상하게 한다.
사냥질로 뛰어다니는 것이 사람 맘을 미치게 하고
얻기 힘든 보화가 사람을 그릇되게 한다.
이래서 씻어난 이는
배를 위하되 눈을 위하지 않는다.
그래서 이것을 잡고 저것을 버린다.

늙은이 13월

괴다 몰리다에 깜짝 놀람(寵辱若驚)

가장 큰 걱정이 아이 몸이아(貴大患若身)

뭣을 일러 괴다 몰리다에 깜짝 놀람이고(何謂寵辱若驚)

굄이 얕은 때믄에라(굄이 바로 높게 괴인 굄이면 놀라리)(寵爲上辱爲下).

얻어도 깜짝 잃어도 깜짝(得之若驚,失之若驚)

이 일러 괴다 몰리다에 깜짝 놀람이여(是謂寵辱若驚).

뭣을 일러 가장 큰 걱정이 아이 몸이아ㄴ고(何謂貴大患若身)

나로서 큰 걱정이 있는 것은(吾所以有大患者)

내가 몸을 가진 때믄이여(爲吾有身)

내 몸이 없는데 및으면(及吾無身)

내 므슨 걱정이 있으리(吾有何患)

므로 가장 몸을 가지고 세상 때믄에 ᄒ는 이는(故貴以身爲天下)

세상을 가져다가 부칠 만도 ᄒ고(若可寄天下)

사랑 몸을 가지고 세상 때믄에 ᄒ는 이는(愛以身爲天下)

세상을 가져다가 맽길 만도 ᄒ여(若可託天下).

다석의 제자, 박영호가 다시 새긴 글

사랑함에도 몰아세움에도 따라 놀란다.

가장 큰 근심은 여린 몸이다.

무엇을 일러 사랑하고 몰아세움에 따라 놀람인가.

사랑함은 위로함이고 몰아세움은 아래로 함이다.

얻으면 따라 놀라고 잃어도 따라 놀란다.

이 일러 사랑하고 몰아세움에 따라 놀람이다.

무엇을 일러 가장 큰 근심은 여린 몸인가.

내게 큰 걱정이 있는 까닭은

내가 몸이 있기 때문이다.

내가 몸 없음에 이르면

무슨 근심이 있으랴.

그러므로 아끼는 몸으로써

세상을 위해 일하는 이는

가히 세상을 맡길 만도 하고

사랑스러운 몸으로써 세상을 위해 일하는 이는

가히 세상을 부칠 만도 하다.

괴다: 사랑받다, 사랑하다.

몰리다: 구박받다. 질책받다.

아이: 아이고, 若(아이 약)의 풀이.

가장: 으뜸가는, 귀한.

寵: 사랑할 총, 은총 총.

풀어 씀

우리말 '괴다'는 '특별히 귀여워하고 사랑한다'는 뜻이 있다. 북한어에서는 '떠받들어 대하다'는 의미로 사용한다. 고인돌은 기울어지거나 쓰러지지 않도록 아래를 받쳐 안정시킨 것이다. 고인돌을 줄여서 말하면 '괸돌'이 된다. 의식이나 잔칫상에 쓰는 음식이나 장작, 꼴 따위를 차곡차곡 쌓아 올린다는 뜻으로 '괴다'라는 말을 쓴다. 괸돌은 아래에서 떠받들고 있는 모양이다. 따라서 우리말 '괴다'는 아래서 떠받들어 대하고, 섬기는 모습을 떠오르게 하기에 특별히 사랑받는 말과 통하는 것 같다. 또한, 우리말 '고이'라는 말은 '모양이 보기에 산뜻하고 아름다운' 뜻이 있다. 예를 들면 손수건을 고이 접다, 곱게 접다 등이 있다. 정성을 다하여 기른 딸을 '고이 기른' 딸이라고 말하며, '편안하고 순탄하게'라는 뜻에서 '간호사가 환자를 고이 눕힌다'라는 표현을 한다. 또한 '온전하고 고스란히'라는 뜻으로 '어머니의 유산을 고이 지킨다'는 말을 쓴다. 순우리말 '고이', '괴다'는 떠받들고 섬기는 모습이고 사랑을 받고 정성을 다하여 고이 돌보기에 존경받을 만한 것으로 쓰이는 것 같다.

寵爲上辱爲下　괴임이 얕은 때문에라

대부분의 책에서는 '사랑받으면 올라가고 욕을 먹으면 내려간다'는 뜻으로 번역하고 있다. 다석 유영모는 총위상욕위하(寵爲上辱爲下)라는 말을 '괴임이 얕은 때믄에라'고 번역하였다. 그리고 이어 곁들어서, '괴임이 바로 높게 괴인 괴임이면 놀라리'라고 써놓았다. '괴임이 바로 높게 괴인 괴임이면 놀라겠는가?'라는 뜻이다.

得之若驚, 失之若驚　　얻어도 깜짝 잃어도 깜짝

是謂寵辱若驚　　　　　이 일러 괴다 몰리다에 깜짝 놀람이여.

상을 받아도 놀라고, 못한다고 꾸중을 듣고 욕을 먹으면 들떠 날뛰는 꼴이
니 큰 탈을 제 몸처럼 귀하게 여긴다는 말이다. 요즘 같은 치열한 경쟁 사회에
서 상을 받으면 밤잠을 못 자고 흥분하고 욕을 먹으면 더 흥분하고 야단이다.
그래서 명예와 불명예에 대하여 흥분한다고 말하는 것이다. 사람들이 제 몸을
귀하게 여기기 때문에 사랑을 받으면 신이 나서 좋아하고 욕을 먹으면 화가 나
서 날뛰는 것이라고 말하는 것이다.

何謂貴大患若身　　　뭣을 일러 가장 큰 걱정이 아이 몸이아ㄴ고

여기에서 다석은 귀할 귀(貴)를 '가장'이라고 번역했고, 같을 약(若) 자를 '아
~, 아이!, 아이고'의 뜻으로 감탄사로 풀이하였다. 귀할 귀(貴) 자는 사랑(愛)과
연관이 있어 '貴'를 '가장'으로 번역하였다. '어째서 가장 큰 병을 제 몸처럼 귀
하게 여긴다고 말하는가?'

자아확립을 하지 못하고 노예와 같은 생활을 해온 백성들은 호되게 몰아세
우면 군림하는 지배자 앞에서는 움츠러들고 무슨 말에도 놀란다. 기존의 지배
자와는 전혀 다르게 백성을 사랑하고 낮은 자세로 섬겨도 노예근성에 젖어 있
는 사람은 의아하게 생각하고 마냥 놀라기만 한다.

사람을 섬기고 사랑하는 것은 아래서 위로 섬기는 것으로 수평적인 권위라
한다면, 몰아세우고 군림하는 것은 위에서 아래로 대하는 것이기에 수직적인
권위라 할 수 있다. 섬기며 사랑하는 수평적인 권위는 마음을 내려놓고 자기를

비운 사람에게 해당된다. 세상의 걱정과 근심의 원인은 몸에 집착하느냐 하지 않느냐 따라 달려 있다. 나를 내려놓고 마음을 비우면, 무아(無我)의 상태에 이르게 되어 어떠한 것에도 집착하지 않게 된다. 그러한 성인에게는 어떠한 근심, 걱정도 없다. 이러한 성인은 백성을 부치고 명령을 해도 인위적으로 다스리는 법이 없다. 다스리지 않아도 다스려지지 않는 것이 없다. 무위(無爲)로서 모든 것을 대하기 때문이다.

사랑받아도, 몰아세움에도 깜짝 놀라니
가장 큰 걱정이 아이고, 어린 몸이야.
어째서 사랑받음에도, 몰아세움에도 깜짝 놀라는가?
사랑을 받으면 올라가고 몰리면 내려가는데
얻어도 놀라고 잃어도 놀라기에
그래서 사랑을 받거나 몰려도 깜짝 놀란다고 말하는 것이다.
어째서 제 몸처럼 귀하게 여기는 것이 큰 걱정인가?
내게 큰 걱정이 있는 까닭은 몸이 있다고 생각하기 때문이다.
내 몸이 없다고 생각하면 내 무슨 걱정이 있겠는가?
그러므로 제 몸 귀하게 여기는 것과 세상을 귀하게 여기는 것이 같은 사람에게
세상을 맡길 만하고
제 몸 사랑하는 것과 세상을 사랑하는 것이 동일한 사람에게
세상을 맡길 만하다.

늙은이 14월

보아 못보니 이르자면 뭠(視之不見, 名曰夷).

들어 못들으니 이르자면 뭠(聽之不聞, 名曰希).

쥐어 못스리금 이르자면 뭠(搏之不得, 名曰微).

이 셋이란 땋아서 될 게 아니오라(此三者, 不可致詰).

므로 왼통으로 한아 됨이여(故混而爲一).

그 우이래 횟금도 않고(其上不皦),

그 아레래 어슴프레도 않으오라(其下不昧).

줄줄 닿았으나 이름 못흐겠으니(繩繩不可名),

다시 없몬으로 도라금이여(復歸於無物),

이 일러 없꼴의 꼴, 없몬의 거림(是謂無狀之狀, 無物之象),

이 일러 황감 (얼덜)(是謂惚恍).

맞아 그 머리 못 보고(迎之不見其首),

따라 그 궁등이 못 보오(隨之不見其後),

옛 가는 길 잡아 (근이) 서(執古之道),

이제 가는 있을 끌음이(以御今之有),

옛 비롯을 아는 나워니(能知古始),뀔

이 일러 길날(길벼리, 길줄)(是謂道紀).

뭠, 뭤, 뭠: 무엇의 줄임을 변형시킨 조어(造語). 다석은 이(夷)를 '뭠'으로, 희(希)를 '뭤'로, 미

　　(微)를 '뭠'으로 풀이하였다.

홣감: 황홀함, 환히 아찔함.

어(御): 거느림, 다스림.

길날: 도(道)의 기강.

교(皦): 흴교, 희끔하다.

승승(繩繩): 끝없이 이어지다.

풀어 씀

　〈도덕경〉 14장에서 말하는 도의 속성은 그리스도교의 동방의 영성이나 서방신학의 아파타틱 영성(apophatic spirituality, 부정의 영성)에서 말하는 하느님의 본질과 다름 아니다. 하느님과 하나가 되는 신비체험을 한 영성가들은 하느님을 무어라고 설명할 수 없다고(ineffable) 말한다. 표현하자면 '형상 없는 형상(formless Form)', '상상할 수 없는 그 무엇'(imageless Image)', '움직임이 없는 움직임', '모든 것을 움직이게 하는 원동자(unmoving Mover)', '크다고 하는 것보다 더 큰 무엇' 등으로 하느님을 설명하였다.

　우파니샤드에서도 절대자를 무엇이라고 표현할 수 없으나, 말하자면 단지 '그것'이라고 말한다. 신비주의자들이 '그것'은 비어 있으면서 충만하다고 말한다. 이러한 설명은 '정적이면서 역동적인 모습'이라고 말한 '이사 우파니샤드'의 시적 묘사와 같은 표현이다. "일자(一者), 자신은 결코 움직이지 않지만 생각보다도 빠르다. … 비록 고요하게 있지만, 뛰어가는 모든 것을 앞지른다. … 그것은 활발하지만 고요하다"(이사 우파니샤드 4, 5). '그것은 활발하지만 고요하다'

는 말에서, 역동적이며 동시에 정적이고, 움직이지만 움직임이 없다는 역설은 일자(一者)의 본성을 보여준다.

<도덕경> 14장에서 도의 특성을 구체적으로 설명한다. 영원한 도(道)로서 궁극적 존재는 무색(無色), 무성(無聲)과 무형(無形)으로 설명된다. 반야심경에서 진리는 형상도 느낌도, 인식도, 충동도, 의식도 없다고 표현한 것과 서로 통한다. 무색, 무성과 무형의 하느님을 다석 유영모는 '무언', '무얼', '무얻'으로 해석했다. 말로 무어라고 표현할 수 없어 '그것'이라고 표현한 우파니샤드의 '그것'과 다를 바가 없다.

눈으로 보아도 보이지 않으므로 '뭔 것을 보았어?'라는 뜻에서 이(夷)를 뭥으로, 귀로 들어도 들을 수 없으므로 '뭘 들었어?'라는 점에서 희(希)를 뭥으로, 손으로 만져도 만질 수 없으므로 '뭘 만졌어?'라는 의미에서 미(微)를 뭥으로 풀이하였다. 대부분의 <도덕경> 해석에서는 원문 그대로 이(夷), 희(希), 미(微)라 해설하고 있으나, 다석은 순우리말로 독특하게 풀이하였다.

此三者, 不可致詰　이 셋이란 땇아서 될 게 아니오라.

이(夷), 희(希), 미(微) 이 셋을 따져서 의미가 없다는 관점에서 '물을 힐(詰)'을 '따진다' 뜻으로 순우리말 '땇아서'로 풀이하였다.

是謂惚恍　　이 일러 황감(얼덜)

다석일지 1959년 3월 30일에 풀이할 때는 홀황(惚恍)을 '환컴 얼떨덜'로 풀이

하였으나 다석일지 4권에서 늙은이 풀이를 다시 정리하면서 '홠감 얼덜'로 고치셨다. 홀황은 황홀할 홀(惚) 자와 황홀할 황(慌) 자로 되어 있다. 홀황이나 황홀이나 몰아지경(ecstasy)의 상태를 말한다. '환컴'에서 환은 아주 큰 빛을 말한다. 환한 빛이 어둠 속에서 번쩍하면 환하다가 적막에 휩싸여 얼떨떨하게 된다. 이 말을 다석은 4권에서는 '홠감 얼덜'로 표기하였다. 다석은 얼덜을 설명한 일이 있다. "위로 올라가려고 하는 것을 얼이라고 하고 아래로 떨어지려는 것을 덜이라고 생각한다. '얼떨결'이란 말이 있지만 얼은 영(靈)이고 덜은 마(魔)라고 생각한다. 믿는 사람들은 영(靈)이라고 하면 성령을 생각하고 믿지 않는 사람들은 영이라고 하면 영특한 것을 생각한다. 보통 사람의 힘으로 알 수 없는 것을 알고 싶어하는 사람일수록 영한 사람을 찾게 된다. 그래서 귀신 집인 무당을 찾는 사람도 많다. 대학 나온 똑똑한 사람도 이런 데 흥미를 가지는 이가 많다. 이것은 덜된 사람으로서 이는 얼에 통한 사람이 아니라 덜에 씌운 사람이다."

以御今之有　　　이제 가는 있을 펄음이

거느릴 어(御) 자는 '다스리다', '거느리다', '길들이다', '어거하다' 등의 뜻이 있다. 다석은 어(御) 자를 '이끌음', '걸음', '거느림'의 뜻이 있는 '펄음'으로 풀이하였다. 그러므로 이어금지유(以御今之有)는 도가 오늘의 현상세계를 주재하고 있다고 해석할 수 있다.

이와 같은 관점으로 <도덕경> 14장을 아래와 같이 내 나름대로 해석해 보았다.

눈으로 보아도 보이지 않으므로 뭜(夷, 형상 없음)이라 하고,
귀로 들어도 들을 수 없으므로 뭜(希, 소리 없음)이라 하고,

손으로 쳐도 칠 수가 없으므로 뮗(微, 실체 없음)이라 한다.

도는 이 셋으로는 구명할 수 없는 것이며,

이들 셋을 합쳐 하나로 한 것이다.

도는 위에서 밝게 나타나지 않지만

아래에서는 어둡지 않고,

한정 없이 퍼지고 작용하여 무어라 말할 수가 없다.

그러나 도는 결국 다시 무(無)의 상태로 복귀한다.

그러므로 도를 형상 없는 형상이기에

도는 황홀한 것이다.

도는 앞에서 마주 보아도 그 머리나 시작을 볼 수가 없고, 뒤쫓아 보아도 꼬리나 끝을 볼 수가 없다.

도는 예로부터 모든 진리를 파악해가지고

오늘의 현상세계를 주재하고 있다.

도는 우주의 근원을 알고 있으므로

모든 도리의 근본이라고 한다.

늙은이 15월

옛 고 잘된 선비(스뵈)는(古之善爲士者),

묘 야믈(게) 곱뚤렸음이여(微妙玄通),

(그) 깊이(ㄹ) 모르겠어라(深不可識).

그저 오직 모르겠으니(夫唯不可識),

므로 억지로 꼴 짓자면(故强爲之容),

코끼리가 겨울에 내를 건너는 거(나) 같댈까(豫焉若冬涉川).

개가 넷켠을 두릿두릿하는 거(나) 같댈가(猶兮若畏四隣),

엄천 흔이 손님(이나) 같고(儼兮其若容),

환 흔이 어름이 풀릴 듯(이나) 같음이여(渙兮若氷之將釋)

도탑기는 등걸 같(敦兮其若樸).

텅븨이기는 그 골 같(曠兮其若谷).

왼통(스럽)기는 그 흐리(터븐)ㅁ 같(混兮其若濁).

누가 흐리어서 고요히 천천히 맑힐 수 있으며(孰能濁以靜之徐淸),

누가 편안히 오래도록 움직기여 살릴 수 있는가(孰能安以久動之徐生).

이 길을 봐 고이는 (가득) 차려 않으오라(保此道者, 不欲盈).

그 차지 않으므로만(夫唯不盈).

므로 묵을 수(있어서)요, 새로 이루는 게 아니어라(故能蔽不新成).

뭘: 무엇, 알 수 없는.

微: 음미할 미.

감: 검을 현(玄)의 순우리말로 옮김, 검은, 여기서는 道를 뜻한다. 검을 현(玄)은 흑색이 아니라 신비를 나타내는 어스름한 색을 말한다고 <도덕경> 6장 해설에서 이미 설명하였다.

엄전하다: 정숙하다, 점잖다.

豫: 코끼리가 머뭇거릴 예.

猶: 개가 머뭇거릴 유.

蔽: 덮을 폐, 덮다, 포괄하다, 가려 막고 방비하다, 묵다.

풀어 씀

<도덕경> 15장은 깨달은 사람, 하늘과 소통한 사람이 어떤 사람인가를 말하고 있다.

노자는 말한다. 하늘과 함께 하는 선한 사람에 대하여 언급하고 있다. "옛날에 선한 사람은 신묘하다. 하느님께로 뚫린 깊이를 알지 못하겠어라(古之善爲士者 微妙玄通 深不可識)." 신비하여 하느님께 통하는 그 깊이를 모르겠다는 말은 <도덕경> 14장 풀이에서 설명했듯이 하느님과 하나가 되는 체험을 한, 즉 신인합일(神人合一)의 경지에 이른 신비주의자들이 말하는 것과 서로 통한다. 하느님의 세계는 거룩하고 신비하여 말로 어떻게 표현할 수 없다고 말하는 것과 같은 내용이다.

더 나아가 노자는 착한 분(善士)의 일곱 가지 모습을 말하고 있다. 삼가기(豫), 두려워하기(猶), 공손하고 의젓하기(儼), 어질고 너그럽기(渙), 토탑하기(敦), 비우기(曠), 섞여 하나 되기(混) 등이다. <대학(大學)> 삼강령에서도 "큰 가르침은 명덕을 밝히는 데 있고 백성을 친애함(새롭게 함)에 있으며 지극히 선한

데 이르는 데 있다(大學之道 明明德 在新民 在止於至善)"고 말하듯이, 선한 사람은 백성과 친하여 섞이며 하나 되는 데 있다. 하늘로 뚫려 하느님과 함께하는 사람은 겸허하고 어질며 너그럽고 하늘을 경외하며 산다.

그러한 선한 사람이 되기 위해서는 욕심을 채우지 않고 마음을 비워야 한다. <도덕경>은 빈 골에 햇빛이 쏟아지듯 비우라고 한다. 참으로 이렇게 함이란 하나하나의 마음이 쌓여 묵히어(蔽) 오는 것이지 새로 이룬 것이 아니라고 노자는 말한다.

옛날에 잘된 선비들은 미묘현통하여
그 깊이를 알 수 없어라.
그 깊이를 알 수 없기에
상상으로 모습을 그려보면
겨울 냇가를 조심스럽게 건너는 것 같고
개가 사방을 두리번두리번 살피는 것 같고
의젓한 손님 같고
환하게 빛나니 얼음이 녹으려는 것 같고
도탑기는 나뭇등걸과 같고
텅 비어 있기는 그 골짜기 같고
어둑하여 흐릿함과 같다.
누가 흐린 것과 어울리면서 고요히 머물러 맑게 해줄 수 있으며
누가 가만히 있으면서 천천히 움직여 그것을 생겨나게 하겠느냐?
이 길을 지닌 자는 가득 차려고 하지 않는다.
스스로 차려 않고
묵혀 있어서 새로 이루는 게 아니어라.

늙은이 16월

가장 븨워 아주(致虛極),

고요 직혀 도탑(守靜篤),

잘몬이 나란히 니는데(萬物竝作),

나로서는 그 돌아금을 봄(吾以觀其復),

그저 몬이 쑥쑥 나(오나)(夫物芸芸),

따로 (다) 그 뿌리로 돌아ㄱ오라(各歸其根).

뿌리로 돌아ㄱ서 고요ᄒ다 ᄒ고(歸根曰靜),

고요ᄒ야서 목숨 돌렸다 ᄒ고(是謂復命),

목숨 돌려서 늘이라고 하고(復命曰常),

늘 아는 거ㄹ 밝다 ᄒ오라(知常曰明).

늘 모르면 함부로 짓 (ᄒ)다가 언짢음(不知常, 妄作凶).

늘 알아 (받아) 드림받(知常容),

들임받에서 번듯(容乃公),

번듯에서 임금(公乃王),

임금에서 하늘(王乃天),

하늘에서 길(天乃道),

길에서 오램(道乃久).

몸 빠져, 나 죽지 안ᄒ(沒身不殆).

아주: 끝까지(致).

虛極: 허극, 허극은 무극(無極)과 같은 개념으로 절대자를 뜻한다.

靜篤: 정독, 고요하며 도타운 태고의 심연과 같은 것, 절대자를 일컫는다.

잘몬: 잘은 만(萬)을, 몬은 물건을 뜻한다. 잘몬은 만물을 뜻하는 순우리말.

竝: 다(皆) 병, 나란히 서는 것을 말한다.

芸: 촘촘할 운(多貌).

殆: 죽을 태, 위태할 태.

풀어 씀

마음을 내려놓고 자기를 비우고 또 비우면 무한히 빈탕한 데인 허극(虛極)에 이른다. 허극은 무극(無極)과 같은 개념이다. 같은 하나이나 초현상적인 상태에 이르면 현상적인 태극(太極)을 무극이라고 부른다. 그러나 초현상적인 무극이 현상세계 의식 안으로 들어오는 이때는 무극을 태극이라고 한다. 같은 하나가 처해 있는 상황에 따라 무극이라고 말하고 태극이라고 말하기도 한다. 비우고 비워 빈탕한 데인 태공(太空)에 이르면 큰 허공인 허극이며 무극인 곳에 이른다. 태허의 고요, 심원에 이르면 우리의 영혼은 허극인 절대자 속으로 빠져들어 간다. 태고의 적막(寂寞)에 이른 것이다. 적막은 니르바나(nirvana)를 뜻한다. 열반(涅槃)은 니르바나의 음역이다. 니르(nir)는 '없음' 또는 '끄다', '소멸하다'라는 뜻이다. 바나(vana)는 '소리', 또는 '불'을 뜻한다. 그러므로 니르바나는 마음속에 일어나는 욕망의 불, 번뇌의 불을 완전히 꺼 고요에 이른 상태이거나, 소리가 없는 적막의 허극에 이른 것을 말한다. 다시 말하여 니르바나는 허극이나 무극이라고 할 수 있고, 모든 것의 근원이 되는 절대자라고도 할 수 있다.

절대자인 허극, 무극, 즉 태고의 심원에서 모든 것이 시작된다. <도덕경> 16장은 태고에서 시작하여 태어나고 성장하며 늘 변하는 세상을 보면서 다시 생명의 뿌리이며 근원인 태고의 세계로 돌아가는 것을 보고 관조하면서 느낀 것을 표현하였다.

온갖 것이 나란히 일어나 자라고 변하는데, 나는 그 시작의 근원으로 돌아가 심연의 세계를 본다. 그저 만물이 무성하고 빽빽하나 제각기 밑동인 근원과 하나로 연결되어 있어 성장, 변화, 쇠퇴를 거치면서 다시 왔던 곳으로 돌아간다. 근원은 심연으로 고요하기만 하다. 고요하여 거듭 목숨을 돌렸다 하여 늘(영생)이라 한다. 늘(영생)을 알면 밝게 깨달은 것이다. 영생을 모르는 것은 이미 죽은 목숨이다. 영생을 깨달아 받아들이면 올바르게 되고, 올바르면 최고에 이르고, 최고에 이르면 하느님과 하나가 된다. 하느님과 하나가 되는 길에 이르면 영원하다. 니르바나에 이른 것이다. 다른 말로 표현하자면, 하느님의 형상인 참나(얼나)를 찾으면 영원한 생명을 얻은 것이라는 뜻이다. 우리 몸은 죽어도 하느님의 형상인 얼나(참나)는 죽지 않고 영생한다.

"불역(不易)은 늘 바뀌지 않습니다. 이것이 '정(正)'입니다. 하지만 우리는 지금 변역(變易)의 꾀를 도모합니다. 변역의 길을 통과할 때는 우리 앞에 '정'으로 나서도 죄다 변역입니다. 그러면 우리의 목적에는 반(反)하게 됩니다. 우리가 흔히 많이 하는 것은 서로가 싫지 않은 교역(交易)입니다. 남에게서 무엇을 받으면, 그만큼은 나도 보내야겠다는 생각을 으레 하기 마련입니다. 이것이 교역입니다"(다석강의, 273쪽).

항상 변하고 순간순간 쉼 없이 변화는 세계를 상대세계라 하고, 변하지 않는 세계를 절대세계라고 한다. 변하지 않는 영원한 세계는 하느님의 세계이다. 역(易)에서는 변하지 않는 역(易), 즉 불역(不易, the unchangable)을 말한다. 불역은 불변의 세계, 절대의 세계를 말한다. 변하는 역(易)을 변역(變易, the changable)이라고 한다. 변역은 생성과 소멸, 끊임없는 변화의 과정 중에 있는 세계를 말한다. 항상 변하는 변역의 과정 속에는 교역(交易, the exchangable)이라는 역(易)이 있다. 교역(交易)이란 필요한 것을 서로 교환하는 것을 말한다. 내가 필요해서 서로 바꾸는 것이다. 그러나 현대 자본사회에서는 이러한 교역의 정신은 사라지고 이윤을 추구하는 데에만 힘쓰고 있다. 남이 죽든, 남에게 피해를 주든 상관하지 않는다. 나만 돈을 벌면 된다고 생각하기에 인정사정 봐주지 않는다. 교역의 근본정신이 깨진 것이다.

영원한 세계, 절대세계, 불변 자체인 불역이 생성과 변화의 과정 속에 있는 상대세계, 변역의 세계에 들어와 바른 변화를 하는 것이 교역이다. 서로 필요한 것을 나누고 서로를 돕도록 하는 것이다. 바른 교역을 하도록 하는 것이 성령께서 하는 일이다. 이러한 관계 속에 있어야 올바른 변화라 할 수 있다. 하느님의 세계가 인간의 세계에 들어와 바른 자리매김을 하는 일이 성령께서 하는 일이다. 그러므로 진정한 변화는 나 자신을 매일 새롭게 하여 성령께서 내 안에 거할 때 가능하다. 성령께서 내 안에서 활동할 때, 새로운 존재가 된다. 이러한 관계 속에서 인간의 세계는 하느님의 세계와 하나가 될 수 있다. 내가 바르게 변하면 하느님과 바른 교역 관계에 놓이게 된다.

<팔괘와 유전자코드> 도표는 태극과 DNA, 양의(兩儀)와 피리미딘, 퓨린 그리고 사상(四象)과 씨토신, 티민, 구아닌, 아데닌의 관계, 팔괘(八卦)와 염기의 연속성과 불연속성 관계가 비슷함을 말하고 있다. 연속성은 +, 숫자로는 1로

팔괘와 유전자코드

태극	양의			사상			팔괘	
태극	형태	형태유형	음양	염기	결합유형	사상코드	위치유형(1) Sense(+)	위치유형(0) Non sense(-)
	피리미딘	0	음(--)	C 시토신	0	00 태음(⚏)	001C 간(☶)	000 C̄ 태음(☷)
				T(U) 티민	1	01 소양(⚎)	011U 태음(☴)	010 Ū 태음(☵)
	퓨린	1	양(—)	G 구아닌	0	10 소음(⚍)	101G 태음(☲)	100 Ḡ 태음(☳)
				A 아데닌	1	10 태양(⚌)	111A 태음(☰)	110 Ā 태음(☱)

불연속성은 -, 숫자로는 0으로 표시하였다. 역(易)에서는 연속성은 양(陽), 불연속성은 음(陰)으로 생각할 수 있으며 음양의 생성과 변화의 과정에 있어서 변역하기도 하고 교역하기도 한다. 0과 1은 이진법의 숫자이다. 음양은 숫자로는 0과 1로 표시되지만, 대립과 갈등 관계가 있는 이진법을 넘어 조화와 상생, 화합의 작용을 한다.

　팔괘에서 산을 말하는 간(☶)괘를 이진법으로 표시해보면, 괘는 먼저 맨 밑에서 위로 올라가면서 그리기 때문에 음음양이 된다. 이것을 숫자로 표시하면 001이 된다. 바람을 말하는 손(☴)은 음양양의 순서가 된다. 숫자로 바꾸면 011이 된다. 그래서 팔괘를 이진법을로 표기하면, 001(간艮) 011(손巽) 101(이離) 111(건乾) 000(곤坤) 010(감坎) 100(진辰) 110(태兌)이 된다.

　비우고 또 비워 하늘에 이르고
　고요히 하여 도탑하게 땅을 돋우고
　만물이 나란히 번성하는데

나는 근원으로 돌아감을 본다.

그저 만물이 쑥쑥 나오나

각기 그 뿌리로 돌아가는구나.

뿌리로 돌아가서 고요하다고 하고

고요함을 일컬어 존재의 목숨으로 돌아감이라 하고

존재의 생명으로 돌아가는 것을 늘이라고 하고

존재의 실재를 아는 것을 깨달은 밝음이라 한다.

실재를 모르면 재앙을 일으키고

실재를 알면 모든 것을 받아들인다.

받아들인 대로 번듯

번듯한 대로 임금

임금대로 하늘

하늘대로 길

길대로 영원함이니

몸은 죽어도 나는 죽지 않는다.

늙은이 17월

맨 우에는 가진 줄을 몰랐어고(太上下知有之),

그 담에는 친자워 기리고(其次親而譽之),

그 담에는 두려워 흐고(其次畏之),

그 담에는 없우이까지(其次侮之),

믿음 모자란데 못 믿음 있오라(信不足焉, 有不信焉).

(옛말이) 오히려도 그 높은 말슴(悠兮其貴言),

일 이루고 흠 드뎠는데 (맞엤는데)(功成事遂),

씨알들이 다 이르기를 우리 다 제절로로다(百姓皆謂我自然).

친자워: 친(親)하게 느껴.

드뎠는데: 발로 디딤, 실천함.

悠: 멀 유.

풀어 씀

우리 사회는 남북으로 갈라진 것도 부족하여 좌우 동서남북으로 나뉘고 분열되어 집권세력 따로 씨알(백성)들 따로 논다. 무엇 하나 통하는 것이 없다. 편을 가르고 이념 싸움을 부추긴다. 씨알들끼리 서로 물고 뜯어야 다스리기 쉬운가 보다. 듣고 싶은 것만 듣고, 보고 싶은 것만 본다. 좋은 의견을 내어도 듣지 않는다. 쇠귀에 경 읽기, 그야말로 마이동풍(馬耳東風)이다. 소통 부재, 불통이다. 정부의 정책이나 발표를 믿을 수 없다고 오래전부터 들어왔다. 오히려 반대로 생각하는 것이 옳다고 말하는 사람도 있다.

정치란 씨알들이 편안하게 살 수 있도록 잘 돌보고 섬기는 것이다. 싸우는 씨알들을 화해시키고 서로 도우며 살게 하는 것이다. 막힌 곳은 뚫어 물처럼 자연스럽게 흐르게 하는 것이고, 곪아 썩은 곳은 도려내어 새살이 돋아나게 하는 것이다. 부패의 싹은 잘라내고 정의를 밝게 드러내는 것이다.

그런데 지위가 있고 세력을 가진 자들은 자신의 조직을 돌보고 자기 식구만 감싸는 데 여념이 없다. 약자 위에 군림하여 공포를 조장하고 자기 몫을 챙기는 데 혈안이 되어 있다. 정치가 가진 자를 위하고 법이 부자, 기득권 세력을 보호하면 곳곳에서 원성이 높아진다. 지금 우리 사회는 <춘향가>에서 고발하는 백성의 원성을 그대로 듣는 것 같다. "금잔에 담긴 향기로운 술은 백성의 피요, 옥쟁반에 담긴 맛있는 안주는 백성의 기름이라. 촛대에 촛물 흐를 때 백성의 눈물 떨어지고, 노랫소리 높은 곳에 백성의 원망 소리 높더라(金樽美酒 千人血 玉盤佳肴 萬姓膏 燭淚落時 民淚落 歌聲高處 怨聲高)."

<도덕경> 17장에서 노자는 훌륭한 정치가의 덕목을 말하고 있다.

최고의 정치는 다스리지 않는 경지로, 백성들이 다스린다는 것을 전혀 알지 못하게 하는 것이다. 다시 말하여 누가 지도자인지 몰라도 씨알들이 자율적으로 일하고 편하게 살도록 하는 것이 진정한 다스림이다. 그다음의 정치는 군림하지 않고 덕으로 다스리는 경지로, 지도자를 친구로 느끼고 백성들이 그를 좋아하고 사랑하는 다스림이다. 그다음의 나쁜 정치는 법대로 다스려 씨알들이 겁을 내고 마지못해 따르게 하는 다스림이다. 마지막으로 가장 나쁜 다스림은 포학하여 백성들로부터 미움을 받고 욕을 먹는 것이다.

지도자가 성실하지 않고 믿음직하지 않으면 씨알로부터 신임을 얻지 못한다. 그러므로 훌륭한 지도자는 씨알들이 편안하게 하며 함부로 호령하거나 법령을 내리지 않는다. 그러면서 모든 일이 잘 이루어져도 자기의 공으로 내세우지 않는다. 씨알들은 말하기를 우리 스스로 하는 것이라고 한다.

맨 위 지도자가 있는 줄을 몰랐었고
그다음에는 가까이 여겨 받들고
그다음에는 두려워하고
그다음 지도자는 업수이 여긴다.
성실함이 부족하면 사람들의 신뢰를 얻지 못하니
삼가 조심하여 신뢰를 높이고
공을 이루고 일 마쳤는데
씨알들이 이르기를 저절로 그리되었다고 한다.

늙은이 18월

큰 길 내버리자(大道廢)

어짊, 옳음 뵈져났고(有仁義),

앎, 슬기 나오자(慧智出)

큰 거짓 뵈져났고(有大僞),

(애비 아들 아우 언니 지아비 지어미) 여섯 사이 틀리자(六親不和)

따르는 아들, 사랑하는 애비 뵈져났고(有孝慈),

나라 집이 어둡어지럽자(國家昏亂)

속곧섬기 뵈져났오라(有忠臣).

뵈져났고: 비어져 나왔다.

속곧섬기: 속이 곧이 신하(섬기), 곧 충신.

108

풀어 씀

상대적인 가치와 존재는 비교하는 대상이 있어 크고 작음, 좋고 나쁨, 깨끗하고 더러움의 구분이 생긴다. 앞서 2장에서 설명한 것같이 초월의 세계는 '하나'의 세계이다. 있음(有)과 없음(無)이 서로 같이 나타나는 것이요(相生), 혼돈(難)과 고요(易)가 서로 만들어지는 것이요(相成), 길고(長) 짧은(短) 것이 같은 모양이요(相形), 높고(高) 낮음(下)이 같은 위치요(相傾), 소리(音)와 노래(聲)가 서로 조화를 이루는 것이요(相和), 앞(前)과 뒤(後)가 같은 자리(相隨)이다.

초월세계의 큰 뜻, 한 마음이 '하나'이나 이 '하나'가 균열이 생기는 상대세계로 들어오면, '하나'인 큰 도(道)가 어짊과 옳음으로 드러나서 사물의 인식이 생김에 따라 앎과 슬기, 지식이 나타난다. 그리하여 어질고 악하고, 옳고 그름을 판단하게 된다. 또한, 자식과 아버지, 형제간 그리고 부부 사이에 존경과 따름, 사랑과 자애의 차이가 생기자 효도하는 아이가 구분되고 자비를 베푸는 어버이도 구분이 된다. 더 나아가 나라가 어지럽고 혼란하게 되자 나라에 충성하는 사람과 덜 충성하는 사람이 생기게 된다. 이렇게 사람들은 있음과 없음, 혼돈과 고요, 선한 것과 악한 것, 아름다움과 추함, 길고 짧은 것, 높고 낮음, 앞과 뒤, 소리와 노래를 비교하고 분별하여 판단하고 이것저것을 따지고 나누고 구분한다.

자연 이치상으로 '없음(無)'이 상대화하여 '있음'(有)이 되었으므로 '있음'은 조만간 본래의 자리인 '없음'으로 돌아간다. 이것을 상대 존재의 복귀어무극(復歸於無極)이라고 한다. 그런데 하나의 세계로 돌아가는데 물질과 정신이 다르다. '있음'이 '없음'으로 돌아가는 물질은 '하나'로 자연스럽게 돌아가나(復通爲一),

정신은 하나로 돌아가는 데는(道通爲一) 사람의 노력이 필요하다. '없음'인 하나에까지 도달하는 사람은 극히 드물다고 다석은 말하였다.

"우리는 하나로 시작해서 마침내는 하나로 돌아가는 생각을 어쩔 수 없이 하게 된다. 또 그렇게 되어야 하겠다고 강박한 요구가 우리에게 있다. 이런 강박관념은 신경증에 걸린 사람보다는 건전한 사람이 앞선다. 대 종교가나 대 사상가가 믿는다는 것이나 말하는 것은 다 '하나'를 구하고 믿고 말하는 것이다. 성인이나 부처나 도를 얻어 안다는 것은 다 이 '하나'다. 사람이란 이처럼 '하나'를 구해 마지않게 생긴 존재다"(다석어록).

사람은 수행과 수신을 통해 마음을 비우고 '제나'를 죽여야 '참나'로 사는 것이다. 완전히 '제나'가 없어야 '참나'이다. 성서에 "살고자 하는 자는 죽고, 죽고자 하는 자는 산다"는 말씀은 제나가 죽어야 얼원한 얼 생명인 '참나'인 '얼나'로 산다는 말이다. 그래서 다석은 말하였다. "자신의 '제나'를 부정하고 죽여서 하느님께 바치고 하느님으로부터 '얼나'를 받아야 한다. '얼나'는 나지 않고 죽지 않는 영원한 생명이다"(다석어록). 상대와 절대개념의 문제를 극복하고 마음의 균형을 이룬 성인(聖人)만이 주관과 객관, 너와 나가 하나인 상태에 이르러 영원한 '얼나'로 사는 것이다.

큰 도를 내버리자 어짊과 옳음이 드러나고
앎과 슬기가 나오자 큰 거짓이 보여진다.
애비, 아들, 아우, 언니, 지아비, 지어미 여섯 사이 틀어지자
효자와 사랑의 아비가 보이고
나라가 어지러워지자 충신이 보이게 된다.

늙은이 19월

(내) 그륵(다리) 을 끊고 (내) 앎(ㄴ다리)ㅁ을 버리면(絶聖棄智),

씨알의 좋이 온곱절일 거고(民利百倍),

(우리) 어지(다)ㅁ을 끊고 (우리) 옳(달ㅁ)음을 버리면(絶仁棄義),

씨알이 다시 따름과 사랑으로 도라올거고(民復孝慈),

(저마다 남을 뛰어넘으려는) 공교를 끊고 (저마다 저만이라도) 리롭자를 버리면(絶

巧棄利),

훔침질이 (있을 수) 없을 것을(盜賊無有),

이 셋(가진)은 써서 월로 삼기로는 모자라오다(此三者以爲文不足).

므로 붙인데가 있게 ᄒᆞ야서(故令有所屬),

바탕을 보고 등걸을 (픔) 안고(見素抱樸),

나 나를 조고만치, 싶음도 조그만치 (ᄒᆞ게 됐으면)(少私寡欲).

온: 우리말의 백.

월: 글월의 월.

붙인: 소속된, 나온 곳을 아는.

등걸: 樸. 등나무, 여기서는 道.

풀어 씀

위선과 가짜

인의 도덕을 버리는 것, 절인기의(絕仁棄義)는 공자와 맹자 사상을 반대한 것이고, 기교나 명리를 버리는 것, 절교기이(絕巧棄利)는 묵자(墨子)의 사상을 반대한 것으로 해석하는 사람도 있다. 그렇게 말하면 절성기지(絕聖棄智)는 노장의 사상을 반대한 것이라 보아야 한다. 노장이 거룩함(聖)과 지혜(智)를 높이 생각하고 살았기 때문이다.

그런데, 이와 같이 해석하면 이상하지 않은가? 그래서 <도덕경> 19장이 해석하기에 난해하다고 한다. 잘못하면 정반대로 해석하게 되는 오역이 되기 때문이다. 잘못하면 노자가 자기 사상을 반대한다는 말로 해석하게 된다.

그래서 요사이 우리 사회에 만연되고 있는 위선과 가짜에 대하여 생각하니 '거룩한 척'하고 혹세무민(惑世誣民)하는 종교인들 그리고 '아는 척'하고 곡학아세(曲學阿世)하는 학자들이 떠오른다. 모두 다 위선자들이다. 예수님도 '위선'을 가장 싫어했고 위선자를 혹독할 정도로 비판하였다.

위선자들은 자신에게 이익이 된다면 신기하리만큼 자기 자신과 남을 속이는 법이다. 기득권자와 지배자들의 신념이라는 것은 단지 그들의 이해관계를 지키기 위해 있는 것으로 계급감정과 같은 것이다. 이러한 생각을 가진 자들이 집권하면 반드시 자신들의 이익을 옹호할 법률을 제정한다. 법을 만들 때는 온갖 그럴듯한 구실을 붙이고 명분을 든다. 집권자의 감언이설을 듣지만, 그들이 얼마나 우리 사회의 복지를 위해 일하고 있는가는 긴급명령과 권력으로 위협하며 세금을 거둬들이고 사람들의 피땀을 짜내고 있는 것만 봐도 알 수 있다. 그럴듯한 구실과 명분을 붙여 자신을 포장하고 머릿속은 온갖 욕망과 더러운 생각으로 가득 차 있으면서 점잖은 척한다. 그들은 거짓되고 가소로운 짓을 일삼는 위선자들이다.

이러한 관점에서 <도덕경> 19장을 보면, 첫 구절은 "거룩한 체를 끊고 아는 체하는 것을 버리면, 씨알들이 백배나 좋아진다(絶聖棄智 民利百倍)"라고 해석할 수 있다. 공맹을 반대하는 해석으로 되기 쉬운 두 번째 구절, 절의기의 민복효자(絶仁棄義 民復孝慈)는 "어진 것처럼 흉내 내고 옳은 척하는 것을 버리면, 씨알이 다시 윗사람을 섬기고 윗사람은 아래 사람을 사랑하게 된다"로 해석된다. 세 번째 구절, 절교기이 도적무유(絶巧棄利 盜賊無有)는 "잔재주를 끊고 제 이익 추구하는 마음을 버리면, 훔치는 도둑이 있을 수 없게 된다"로 해석된다.

그러나 이 세 가지(絶聖棄智, 絶仁棄義, 絶巧棄利) 말로는 부족하다. 씨알이 스스로 하게끔 타일러야 하고, 마음을 비워 소박한 것을 보고 얼(등걸)을 품어 자기(제나)를 비우고 욕심은 작게 하여야 한다.

거룩한 체하지 않고 아는 체하는 것을 버리면,
씨알들이 백배나 좋아한다.
어진 것처럼 흉내 내고 옳은 척하는 것을 버리면,
씨알이 다시 윗사람을 섬기고
윗사람은 아래 사람을 사랑하게 된다.
잔재주를 끊고 제 이익 추구하는 마음을 버리면,

훔치는 도둑이 있을 수 없게 된다.

이 세 가지는 겉을 꾸미는 것에 지나지 않으므로

여기에 보탤 것이 있으니

바탕의 순진함을 드러내고 타고난 본성을 지키며

자기 본위의 자랑하는 것과 하고자 하는 것을 버리는 것이다.

늙은이 20월

(써먹기부터 ᄒ련) 배움을 끊으면 근심이 없을것이오라(絶學無憂),

(브르는데) 녜 ᄒ거와 녜예 (길게) ᄒ거의(唯之與阿),

서로 다름이 얼만ᄒ고(相去幾何),

착ᄒ담과 모질담과의(善之與惡),

서로 떠러짐은 어떨고(相去何若),

남의 두려워 ᄒ는 건 꼭 두려야지(人之所畏, 不可不畏),

거칠다가는 그 못 맞일 것이 매로(荒兮其未央哉),

뭇사람의 희희흠이란(衆人熙熙),

소 잡고 잔치나 ᄒ는 듯이(如享太牢),

봄에 높은 대에나 오른 듯 ᄒ고나(如春登臺),

나 홀로 멍ᄒ이 그 (아모) 금새 없음이(我獨泊兮其未兆),

(갓난)이기의 (손) 잡을 줄도 모름 같고나(如嬰兒之未孩).

둥둥 떠 도라갈 데가 없음 같음이여(儽儽兮若無所歸),

뭇사람은 다 남았는데(衆人皆有餘),

나 홀로 잃은 꼴 같고나(而我獨若遺).

나 어리석은 사람의 ᄆ이여(我愚人之心也哉).

멍멍ᄒ이(沌沌兮),

이새사람들이 말숙말숙(俗人昭昭),

나 혼자 흐릿터믄(我獨昏昏),

이새사람들이 또렷또렷(俗人察察),

나 혼자 꿍꿍(我獨悶悶).

훌쩍 그믐 같고(澹兮其若海),

괴괴 근칠 바 없음 같히(飂兮若無止).

뭇사람은 다 씀이 있는데(衆人皆有以),

나 혼자 드렵게 굳다(而我獨頑似鄙).

나 홀로 남보다 달라서(我獨異於人),

어머니 먹기를 높이노라(而貴食母).

금새: 싹수.

굳다: 완고하다.

높이노라: 귀하게 알다.

熙: 기뻐할 희. 희희(熙熙)는 화목한 모양을 뜻한다.

牢: 소 뢰. 태뢰(太牢)는 성대한 잔치를 말한다.

혼혼(昏昏): 어리석은.

海: 다석은 그믐 회(晦)로 새겼다.

儽: 게으를 내.

飂: 높이 부는 바람 요.

풀어 씀

모두 배우고 익히고 돈 모아 명예를 사는 데 바쁘다. 주위를 바라보면 권력과 돈과 명예를 얻기 위해 부단히 노력하는 것을 흔히 볼 수 있다. 예로부터 사람들은 입신양명을 위해 수단과 방법을 가리지 않고 바쁘게 움직인다.

특히 돈이 무한한 힘을 발휘하는 천민자본주의 사회에서는 능력 있는 사람이 살기 좋은 세상이다. 그러나 이 세상은 진리의 향기 있는 사람이 살기에는 숨이 막히고 살기 정말 힘든 사회이다. 이와 반대로 향기 내는 사람은 산속에서 고요히 머물기 좋은데, 능력 있는 사람이 산속에 살기에는 힘든 법이다.

향원(鄕原)이라는 말은 사람들로부터 신망을 얻기 위하여 여론에 영합하는 사람을 말한다. 덕이 있다고 칭송을 받기는 하지만, 실제로는 그렇지 못하는 겉과 속이 다른 사람을 말한다. 공자는 이러한 향원을 미워하였다. 맹자는 향원을 사이비 군자(似而非 君子)라고 하였다. 더 나아가 향원을 덕을 해치는 도둑이라고까지 말할 정도로 비판적이었다. 겉으로는 비난하려 해도 특별히 비난할 것이 없고, 공격하려 해도 구실이 없으나 속은 엉큼하여 권력에 아첨하고 더러운 세상에 합류한다. 또한, 자신의 이익을 도모하는 데 매우 밝다. 집 안에서는 충심과 신의가 있는 척하고, 밖에 나가 행동할 땐 청렴결백한 척한다. 그래서 스스로도 옳다고 생각하고 사람들도 다 좋아하지만, 그들과 함께 올바른 일을 도모하거나 도반(道伴)으로 깨달음의 길을 가기는 어렵다. "그럴듯하게 말 잘하는 것을 미워함은 향원이 정의를 혼란시킬까 두려워서이고 그러한 사람을 미워하는 것은 그들이 덕을 혼란시킬까 두려워서이다"(<맹자> 진심편).

왜 공부하고 돈을 버는가? 섬길 줄 모르고 백성을 받들 줄 모르는 권력, 나누지 않고 쌓아 두기만 하는 부, 헌신과 십자가가 없는 값싼 은총, 성찰 없는 이기적인 신앙, 지혜 없는 지식, 베풀 줄 모르는 사랑은 모두 사이비이다. 속으로는 탐욕과 거짓으로 가득 차 있으면서 겉으로는 거룩한 척, 점잖은 척하는 사람들을 가리켜 위선이라고 한다. 위선자들은 이(利)에 밝고, 마시고 놀고 즐기기 좋아한다. 어떤 권력의 줄에 서야 하는지 재빠르게 판단할 줄 알며, 힘 있는 사람을 친구로 두고, 재물을 모으는 데는 귀재들이다.

그러나 노자는 말한다. 나는 세상에 아무것도 모르는 어린애 같구나. 세상 사람들은 명쾌하고 또릿또릿한데 나 혼자 흐리멍덩하구나. 사람들은 쓸쓸이가 있는데 나 홀로 세상에 서툴구나. 나는 참으로 세상에 쓸모없는 바보다. 그런데 하늘의 생명을 먹는 정신적 삶은 높아 타의 추종을 불허한다. 노자는 입신양명의 세상이 헛되고 헛되다는 것을 알고, 하늘의 얼과 통하고 합일(合一)하는 기쁨이 얼마나 큰지를 <도덕경> 20장에서 잘 설명하고 있다. 세상 열락을 뒤로 하고 정신세계의 기쁨에 취한 선인(仙人)들이 이구동성으로 하는 말씀이다. 도를 깨달은 후의 선사들이 크게 외치는 게송(偈頌), 서양의 그리스도교 신비주의자들이 말하는 신인합일(神人合一)의 황홀함, 노자의 신선(神仙) 경지의 노래함은 서로 통한다고 말할 수 있다.

써먹기부터 하려는 배움을 끊으면
근심이 없을 것이오라
부르는데 '녜' 하는 것과 '녜~'하고 길게 한 것의
서로 다름이 얼마나 있겠는가?
착함과 모지름과의
서로 떠러짐은 얼마나 되겠는가?
남의 두려워하는 것을 나도 두려워하랴?
거칠기가 끝이 없구나!
뭇사람의 희희락락함이란

소 잡고 큰 잔치를 베풀고

봄에 높은 데에나 오르는 것 같은데

나 홀로 멍하니 아무 틈새 없음이

갓난애기의 손 잡을 줄도 모름 같고나

둥둥 떠 돌아갈 데가 없음 같음이여

뭇사람은 다 넉넉한데

나 홀로 잃은 꼴 같고나.

나 어리석은 사람의 마음이여

멍멍하구나

세상 사람들은 말숙말숙하고

나 혼자 흐릿터믄

세상 사람들은 또렷또렷

나 혼자 끙끙

고요하기가 잔잔한 바다와 같고

끝없이 흐르되 그치는 바가 없음 같아

뭇사람은 다 쓰임새가 있는데

나 혼자 완고하여 쓰일 곳이 없다.

나 홀로 세상 사람과 달라서

어머니에게서 얻어먹고 자라는 것을

귀하게 여기노라.

늙은이 21월

다 큰 속알의 얼골은(孔德之容)

오직 길, 밭삭 따름(惟道是從).

길의 몬 됨이 오직 환, 오직 컴(道之爲物, 惟恍惟惚).

컴흐고 환흔데 그 근듸 그림이 있(恍兮惚兮, 其中有象).

환흐고 컴흔데 그 근듸 몬이 있(惚兮恍兮, 其中有物).

아득앗득 그 근듸 알짬이 있(窈兮冥兮, 其中有精).

그 알짬이 아주 참. 그 근듸 믿음이 있(其精甚眞, 其中有信).

옜브터 이젯겆 그 이름이 (떠나)가지를 안히서(自古及今, 其名不去).

뭇 비롯 (뭇 아름답)을 보아 보내오라(以閱衆甫).

내 뭘 가지고 뭇 비롯의 그림을 알가 흔다면(吾何以知衆甫之狀哉),

이로 써(以此).

몬: 물질의 순우리말.

알짬: 정기(精氣)의 순우리말, 정(精)은 정기, 힘을 뜻한다.

뭇 비롯: 여러 창조물.

閱: 재낼 열, 볼 열.

甫: 비롯 보, 무리 보.

풀어 씀

다석이 순우리말로 번역한 '다 큰 속알'은 선(仙)의 경지에 이른 성인, 종교
체험 현상으로 말하자면 하느님 영과 하나가 된 사람, 즉 신인합일(神人合一,
union with God)을 이룬 사람을 말한다. 불교에서는 깨달은 사람, 노장사상에
서는 신선(神仙), 우리 고유의 한 사상에서는 천지인(天地人)의 합일(合一)을 이
룬 사람이다. 계시종교인 유대교, 그리스도교, 이슬람교에서도 같거나 비슷한
체험을 말하고 있다. 이슬람교의 신비주의인 수피즘(Sufism), 유대교에서는 카
발라(Kabbalah) 전통에서 신인합일을 말한다. 그리스도교의 전통에서는 『무
지의 구름(unknowing cloud)』의 저자를 비롯한 관상기도를 하는 신비주의자
들이 높은 영성체험의 단계에서 신인합일(神人合一)을 언급한다.

신인합일의 신비체험을 한 사람들이 이구동성으로 그 현상을 말로 표현할 수
없다고 하는데, <도덕경> 21장은 그 현상을 어렴풋이 표현하고 있다.

합리적인 사고와 이성을 존중하는 무신론자인 과학자와 전통과 신앙을 존
중하는 유신론자인 과학자가 '신이 있다, 없다'라는 논쟁을 하였다. 그동안 알
게 된 지식과 경험, 논리를 동원하여 반박에 반박, 끝없는 말꼬리를 잡고 늘
어지는 논쟁을 하고 있다. 허나, 둘 중의 누구도 상대방을 설득하지 못하고
있다. 그들의 주장은 팽팽하게 끝없는 평행선을 그린다. 한 사람은 『만들어
진 신』이라는 책을 써서 세기적인 논쟁을 불러일으킨 리차드 도킨스(Richard
Dawkins)이다. 도킨스는 옥스퍼드 대학에서 '과학의 대중적 이해'를 가르치고
있는 석좌교수이며 전형적인 과학적 무신론자이다. 다른 한 유신론자는 옥스
퍼드와 케임브리지에서 각각 분자생물학과 신학으로 박사학위를 받은 알리스

터 맥그라스(Alister McGrath)이다. 두 사람의 논쟁을 읽으면서 먼저 든 생각은 "달걀이 먼저냐 닭이 먼저냐" 싸움하는 것처럼이나 무의미하다는 것이었다.

이럴 때 다석 유영모는 어떠한 말을 했을까? 더 나아가 예수님은 어떠한 대답을 했을까요? 무신론자가 예수님께 "정말로 신이 있소?"라고 물었다면 예수님은 이렇게 대답했을 법도 하다. "완전히 정확한 말을 바란다면 난 대답을 안하겠소." 대답을 하지 않은 것이 궁금한 제자들이 나중에 예수님께 "왜 그때대답을 안 하셨어요?" 물었다면, 예수님은 "대답할 수 없는 질문이었으니까"라고 말했으리라. 그렇다면 제자들은 "그럼 예수님도 확실한 유신론자가 아니시군요"라고 반문했겠죠. 예수님 말씀하시기를, "아니고말고. 무신론자는 아무 말도 할 수 없는 것을 부정하는 실수를 하지." 그 말이 새겨지도록 좀 있다가 덧붙여 말하기를 "또 유신론자는 그런 것을 긍정하는 실수를 하고."

다석에게 신에 관한 질문을 하였다면 긍정도 부정도 하지 않았을 것이다. '없이 계신 하느님'이라는 말이 바로 그러한 표현이다.

유영모는 15세에 교회에 처음 나가기 시작하였으나 몇 년이 지나서 서양 선교사들이 가르치는 신앙이 문제가 있다고 생각하여 교회에 나가지 않았다. 교회에 나가지 않았지만, 다석은 늘 하느님을 생각하고 예수님을 진리의 스승이요 책선지인(責善之人)으로 여기고 살았다. 다석은 53세에 크게 깨닫고 하늘의 소리를 노래하였다. 그리스도교 믿음의 세계에 들어간 지 38년이 되던 해이다.

다석은 1959년 5월 22일 일지에서 하나를 '흔ᄋ'와 '하나'로 구분한다. '흔ᄋ'는 절대하나인 본친(本親)으로, '하나'는 '많은 나'인 다아(多我)로 설명한다. 다석은 '흔ᄋ'인 대아(大我)에서 시작한 소아(小我)가 다시 '흔ᄋ'로 돌아가는 귀일

(歸一) 현상을 온몸으로 보고 알게 되었다. 나라는 존재는 생명의 근원인 하늘의 원기(元氣)에서 나왔고, 다시 본래 온 곳으로 돌아간다. 시작과 마침은 '하나'에서 비롯되고 '하나'에서 마치는 우주의 순환질서 속에 바로 서 있는 자신을 본 것이다.

'ᄒᆞᆫ'이며 '하나'이신 하느님은 '있음(有)'과 '없음(無)'을 초월하여 계신다. '있다, 없다'는 논리에 참여하는 것은 본디 없다는 데서 내가 나와서 참여하고 '있다'는 것을 인정하는 것이라고 다석은 말한다(다석강의, 926쪽). 여기에서 있다, 없다는 것은 상대적 유(有)도 아니고 상대적 무(無)도 아닌 것을 논하는 것이다. '불이(不二)' 즉, '무이(無二)'라고 할 수 있다. '무이'는 다시 말하여, '즉무(卽無)'이다. 아무것도 없다는 뜻이다. 무(無)이므로 하나인 것이다. 이와 같은 다석의 사유와 논리전개는 마치 반야심경(般若心經)을 듣는 것 같다.

다석은 하느님을 '아ᄇᆞ', '압ᄋᆞ'라는 말을 쓰면서 '없이 계신 엄ᄋᆞ' 즉, 어머니라는 말을 사용하기도 하였다. 여성신학에 의해 사용된 '어머니 하느님'에 앞서 이미 다석은 남녀의 성적 구별을 넘어 '없이 계신 엄ᄋᆞ'라는 말을 사용하였다(다석일지 1959. 6. 25).

> 없이 계신 엄ᄋᆞ - 압ᄋᆞ
> 하나 알아 있다 간데 ᄒᆞᆫ일 알아 ᄒᆞᆫᄋᆞ이다.
> 났다 들믄 새삼 없나 없ᄒᆞᆫᄋᆞᆷ 근ᄋᆞ돌이
> 있없이 업시 계신듸 참찾 아ᄇᆞ 도라듬.

'없이 계신 엄ᄋᆞ - 압ᄋᆞ'라는 한글시에서 다석은 어머니 하느님이라는 말을 쓴다. 그리고 이 시에서 흰ᄋ에 이른 사람이 하느님의 아들이라고 말한다. 하나인 소아(小我)가 있다가 가는 곳을 안다. 소아가 '없나(無我)'에 이르면 흔 일을 깨달아 대아(인 흰ᄋ와 하나가 된다. 세상에 나왔다가 하나로 들어가면 새로 태어난 '없나'이다. 없는 대아인 흰ᄋ를 안 사람이 가온찍기(ᄀ))를 한 하느님의 아들이다. 아들은 있으면서 없이 계신 데에 계신 아버지를 찾아 귀일(歸一)하는 것이다.

1959년 6월 16일부터 25일까지 일지에서 '없이 계신 아부(잎)'라는 제목으로 하느님에 대하여 생각을 정리한다.

없이 계신 아부(잎)
있이 없을 없앨 수는 도모지들 없을거니.
부스러진 것으로서 왼통을랑 없앨 수 없.
이저게 없흰ᄋ람은 아니랄 수 없어라.

'있(有)'이 '없(無)'을 없앨 수는 없다. 없을 없이해 보아야 영원히 없이다. '없'이 없어졌다고 해서 '있'이 될 수는 없다. 부스러진 것들이 전체를 없이 할 수도 없다. 이것저것이 '없는 흰ᄋ'라고 아니 할 수가 없다. '없흰ᄋ'는 '없이 있는 흰ᄋ'를 줄인 말이고, '없흰ᄋ'는 큰 하나(大我)이고 그 안에 모든 것이 포함되어 있다.

없이 계신 하느님은 유무(有無, 있음과 없음)를 넘어 계시고, 동시에 있음과 없음을 모두 품는다. 또한 '있음(固有)'과 '없음(虛無)'이 하나가 되어 神(신)이 된다(固有虛無一合神). 그리고 '없는 흰ᄋ'인 하느님과 '하나'인 인간의 나가 합동하여 '참 하나'가 된다(神人合同也一眞, 다석일지 1957.4.23). 신앙이란 다름 아닌 신인합일(神人合一)을 이루는 그 '하나를 믿는 것(信一)'이다.

　'없이 계신 하느님'이라는 말을 반야 자체라는 말에 대비해 보자. "반야 자체는 실재가 있으나 유(有, 있음)는 아니고, 비어 있으나 무(無, 없음)는 아니다." '반야'라는 말 대신에 '하느님'이라는 말로 대치해보자. "하느님 자체는 실재가 있으나 '있음'은 아니고, 하느님은 영(靈)이기에 비어 있으나 '없음'은 아니다." 하느님은 현상적으로 나타나는 존재가 아니므로 없다고 할 수 있으나, 없다고 말하자니 영으로 존재한다. 하느님은 영으로 존재하나 현상적으로는 존재하지 않는다. 초현상적인 면에서 하느님은 영으로 존재하나 현상적인 면에서 있음(有)이라고 말할 수 없다. 다시 말하여 하느님은 있다고 할 수 있으나 영이시니 눈에 보이지 않는다. 눈에 보이지 않는다고 없다 하자니, 하느님은 영(靈)으로 존재한다. 그러므로 하느님은 없다고 할 수 없다. 이러한 속성을 가진 하느님은 없으면서 있고, 있으면서 없다. 그래서 다석은 하느님을 "없이 계신 님"이라고 표현하였다.

　없이 계신 분이라는 관점에서 <도덕경> 21장을 아래와 같이 번역할 수 있다.

성인들은 길인 오직 도(道)에 의지하여 사는데,
도라는 것은 있는 듯 없는 듯 황홀하기만 하다.
어스름하면서도 황홀한 그 속에 형상이 있고,
환하면서도 어스름한 가운데 그 무언가가 있다.
고요하고 아득히 깊은데 그 가운데 정기가 있고,
그 힘이 아주 참되고 그 가운데 믿음이 있다.
예부터 지금까지 도라는 그 이름이 떠나지 않고
뭇 생명을 내며 통솔한다.
내 어째서 이 모든 것들의 실상을 알 수 있으랴?
바로 도를 통해서만이 알 수 있다.

늙은이 22월

구브려서 성흐고, 구펴서 곧고(曲則全, 枉則直),

움푹히서 차고, 묵어서 새롭고(窪則盈, 弊則新),

적어서 얻고, 많아서 홀려(놓지) 오라(少則得, 多則惑).

이래서 씻어난 이는(是以聖人)

한아를 품어 세상 본(보기)이 되오라(抱一爲天下式).

제 (뵈지) 않으므로 밝고(不自見, 故明),

제 (옳다) 않으므로 나타나고(不自是, 故彰),

제 보라지 않으므로 (치사흐다간 없어지는) 공(이 그대로)있고(不自伐, 故有功)

제 자랑 않으므로 가르오라(不自矜, 故長).

그저 오직 다투질 않오라(夫唯不爭).

므로 셰상 더브러 다툴 수가 없오라(故天下莫能與之爭).

옛부터 이른 바 구브려서 성흐다ㄴ(古之所謂曲則全者),

어찌 헛말일가(豈虛言哉).

참말로 성히 (돼서) 도라ㄱ지이다(誠全而歸之).

풀어 씀

<장자> 달생편(達生篇)에 재경(梓慶)이라는 사람이 나무를 깎아 거(鐻)라는 북을 올려놓는 도구를 만들었다는 '재경삭목위거(梓慶削木爲鐻)'라는 말이 있다. 기구를 만든 재경의 솜씨를 보고 사람들이 놀라며 신기(神技)에 가깝다고 칭찬하였다.

그러한 재주를 가긴 재경을 보고 노(魯)나라 제후가 물었다.

"너는 무슨 기술로 이렇게 만들었느냐?"

재경은 말하기를,

"저는 단지 목수에 불과한데, 무슨 기술이 있다고 합니까? 그러나 한 가지 있습니다. 제가 거(鐻)를 만들 때는 일찍이 기운을 소모함이 없이 반드시 재계(齋戒)하여 마음을 평온하게 갖습니다. 이렇게 3일을 재계(齋戒)하면, 포상(褒賞)과 작록(爵祿)에 대한 생각이 없어지고, 5일 동안 재계하면 비방이나 명예나 교묘하고 졸렬함을 생각하지 않게 되며, 7일 동안 몸과 마음을 삼가면 문득 제게 사지(四肢)가 있고 형체가 있는 것도 잊게 됩니다. 이런 때가 되면 조정의 권세에 대한 생각도 없어지고, 교묘한 기술에만 전일(專一)해져 마음을 어지럽히는 외부의 어떠한 유혹도 완전히 사라집니다. 그런 뒤에 산속으로 들어가 나무의 결을 살펴 형태가 최고인 것을 찾아낸 뒤 마음속으로 만들어 낼 기구를 생각해 봅니다. 마음속으로 형태가 떠오르면 그때, 나무에 손을 댑니다. 그렇지 못할 경우에는 그만둡니다. 이렇게 만들면 나무의 천성과 저의 천성이 하나가 됩니다. 그렇게 해서 물건이 만들어집니다."

일반적으로 아직 숙련이 덜 된 목수는 반듯하고 겉모양이 보기 좋은 재목을 선택한다. 그러한 목수는 겉보기에 좋고 곧은 재목이 많지 않으면 불평한다.

그러나 대목수는 나무의 외모를 보기보다는 나뭇결을 본다. 재목이 어떤 모양이든, 그 모양에 상관하지 않고 그 재목이 필요한 부분에 적절하게 사용한다. 모양새와 쓰임새에 따라 재목을 사용하므로 하나도 낭비하지 않는다. 적재적소에 재료를 사용하기 때문에 버릴 것이 없다. 그러나 아직 숙련되지 않은 일반 목수는 곧고 반듯한 것만 선호하기 때문에 좋은 목재라도 많은 부분을 버린다. 일반 목수는 재목이 각이 지도록 힘으로 대패질을 하려 하기 때문에 힘이 들고 땀을 많이 흘린다. 그러나 대목수는 나뭇결을 보고 껍질을 벗기고 나무의 모양을 그대로 살려 목재를 다듬기 때문에 힘을 들이지 않고 일을 수월하게 한다. 천천히 느리게 일을 해도 여유 있게 일을 마친다.

일반 목수는 겉보기에 보기 좋고 멋있는 집을 짓기 위해 온 힘을 다한다. 근육의 힘으로 집을 짓기 때문에 이내 곧 지치게 된다. 그러나 대목수는 눈에 보이는 집보다 마음의 집을 짓기 때문에 힘을 들이지 않고도 집을 쉬이 짓는다. 나무의 성질과 대목수의 천성이 일치되어 모든 일이 저절로 되는 것 같다. 심재(心齋)의 경지에 이른 재경의 솜씨처럼 대목수는 마음의 움직임과 재목의 성질이 하나가 되어 신기(神技)에 이른 상태라고 말할 수 있다.

어떠한 영향에도 마음의 흔들림이 전혀 없이 고요해진 상태를 심재(心齋)라한다. 일하는 사람의 천성과 나무의 성질이 하나가 되는 재경은 심재의 상태에 다다른 것이다. 마음을 비워 심재에 이른 사람은 자연의 순리에 거슬리는 것이 없이 모든 것으로부터 자유로울 수 있다. 자유인은 마침내 사물의 세계와 하나가 되어 자기 자신을 망각하는 경지, 좌망(坐忘)에 이른다. 자기의 아집과 고집, 허상과 편견을 놓아 버릴 때 우리의 마음은 고요에 이른다. 공자가 말한 인생 칠십 불유거(不踰矩)가 이러한 경지에 있는 사람이다. '인생 칠십이 종심소욕 불유구'(人生 七十而 從心所慾不踰矩)라고 하였다. 마음이 바라는 대로 몸이 움직여도 법에 접촉되는 일이 없다.

　<도덕경> 22장은 심재, 좌망의 상태에서 사물을 보고 판단하는 씻어난 이(聖
人)의 격물치지(格物致知) 자세를 말하고 있다. 모난 부분이 정을 맞는다는 말
이 있다. 성인의 삶은 물처럼 부드럽고 어떠한 형태로도 변하는 융통성이 있기
에 모난 부분이 없다.

어떠한 사건에 직면하여 강하게 대들거나

주장하지 않고 받아들이고 구부려서 성하고 곧아진다.

굽으므로 움푹해서 차고

참고 기다려서 누구의 것보다 새로워진다.

많이 가지면 잃고 놓칠 것만 있지만,

마음을 비워 가진 것이 없으면 얻는 것만 있다.

이래서 성인은 물과 같이

모든 것을 포용하여 세상이 본받을 하나의 큰 얼이 된다.

스스로 드러내지 않아 밝게 빛나고

옳다고 억지를 부리지 않으므로 더 드러난다.

자신을 드러내려고 공을 말하지 않으므로 공이 그대로 있고

자기 자랑을 하지 않기에 공이 더 드러난다.

다투지 않기에 세상과 조화하고 더불어 섞인다.

옛말에 겸손하게 구부려서 성하다는 말이 헛된 말이 아니다.

참말로 성인의 삶은 저절로 성하게 돌아간다.

늙은이 23월

뭃흔 (드름 없이 드른) 말이 제절로로다(希言自然),

나브끼는 바람이 아침을 다 않가고(故飄風不終朝),

소낙비가 히를 마치지 않으니(驟雨不終日),

누가 이쯤 하나 하늘 땅이(孰爲此者).

하늘 땅도 오래질 못ᄒ거던(天地尙不能久),

ᄒ믈며 사람으로서ᄂ가(而況於人乎),

므로 길에 좇아 보는 이론(故從事於道者),

길가는 이 길에 한가지(道者同於道),

속알이 (얼) 속에 한가지(德者同於德),

잃는 이 잃에 한가지호라(失者同於失).

길에 한가지 흔이를, 길 또한 즐거스리금(同於道者, 道亦樂得之).

속알에 한가지 흔이를, 속알 또한 즐거스리금(同於德者, 德亦樂得之).

잃에 한가지 흔이를, 잃 또한 즐거스리금(同於失者, 失亦樂得之).

믿음이 모자란데 못 믿음이 있오라(信不足焉, 有不信焉).

뭃흔 말: 무엇인지 모를, 들리지 않는 도(道)의 소리를 다석은 순우리말 뭀한 말로 표현.

풀어 씀

<도덕경> 14장에서 도(道)란 존재를 설명한 것 같이, '도'란 눈으로 보아도 보이지 않으므로 '뮌(夷)'이라 하고, 귀로 들어도 들을 수 없으므로 '뮐(希)'이라 하고, 손으로 쳐도 칠 수 없으므로 '뮛(微)'이라고 다석 유영모는 절대자를 순 우리말로 풀이하였다. 바로 무형(無色), 무성(無聲)과 무형(無形)의 존재인 하느님을 '무언', '무얼', '무엇'이라 하였다. 말로 무어라고 표현할 수 없어 '그것'이라고 표현한 우파니샤드의 사고와 서로 통하는 말이다. 이 무형의 하느님을 이길 그 어떤 힘도, 존재도 이 세상에는 없다.

소리 없는 소리, 행함 없는 행함, 다스리지 않은 다스림, 가르침 없는 가르침이라고 표현되는 말들은 '씻어난 이(聖人)'들의 자연스러운 삶의 양태로 나타난다. 외치거나 설교하거나 말하지 않아도 상대방에게 그의 생각과 사상이 전해진다. 인위적으로 행하지 않고 억지로 일을 하지 않으므로 자연스럽게 모든 것이 이루어진다. 하느님의 말씀인 희언(希言)은 '소리 없는 소리'이다. 마하트마 간디가 말한 '조용한 작은 소리'이다. 말 넘어 말, 말 없는 말을 이길 그 무엇도 없다. 폭풍, 해일과 모든 것을 삼킬 것 같은 파도 등 그 어떤 것도 말 없는 말을 이길 수 없다. 아무리 강한 힘이라도 인위적인 것은 자연을 거스르거나 이길 수는 없다. 다석은 말하였다. "말씀을 생각하는 것은 영원을 생각하는 것이다. 말씀이 곧 하느님이시다. 말씀은 우리 속에 타는 참의 불이다. 우리 맘속에 영원한 생명의 불꽃이 타고 있다. 하느님의 말씀이 타고 있다."

노자는 <도덕경> 23장에서 사람을 도자(道者), 덕자(德者), 실자(失者)로 나누었다. 도자(道者)는 하느님의 얼이다. 얼은 '거짓나'인 '제나'가 죽고 하느님의 형상인 '참나'로 거듭난 깨어 있는 영혼의 정신이다. 간디는 생각으로 얼(진리)을 잡는다 하여 사티아그라하(Satyagraha, 眞理把持)라고 하였다. 이 얼은 스스로 존재하는 하느님이다. 얼이 사람의 생각에 작용하여 빛의 말씀이 된다. 노자, 석가, 예수의 말에는 하느님의 얼이 들어 있다. 다석은 말하였다. "안 죽는 것은 하느님뿐이다. 하느님의 말씀뿐이다. 하느님의 얼 생명이기 때문이다. 하느님의 얼이 내 맘에서 말씀으로 샘솟았다"(박영호, <노자와 다석>, 194쪽).

덕자(德者)는 하느님의 얼이 사람의 의식에 붙잡혀 생각에 동화된 것이라고 다석의 제자, 박영호는 말한다. 다시 말하여 사람의 마음에 의식화된 것이 덕(德, 속알)이라는 것이다. 곧 하느님의 얼이 상대화된 것이 덕이다. 그러므로 절대 존재와 상대 존재가 만나는 지점이 이루어지는 곳이 덕(德)이라는 자리이다. 예수가 '얼로 거듭나라'는 것도, 석가가 '진리(dharma, 얼)를 깨달으라'는 것도, 공자가 '하느님이 내게 속알(德)을 낳았다'는 것도 모두 아집의 '거짓나(제나)'를 버리고 거듭난 나, '얼나'가 되라는 것이다. 마음을 닦고 덕을 쌓아 거듭나고, 진리를 깨닫고, 속알을 밝히라는 말씀이 모두 깨어 있는 얼나가 되라는 말이다.

실자(失者)는 바르게 깨닫지 못한 사람이거나 어설프게 깨달았다가 실패한 사람을 말한다. 속알(德)을 가짐으로써 육체의 본능을 제어하고 감정을 다스릴 수 있어야 이성이 작용한다. 탐욕을 내려놓고 분노를 조절하며 육체의 쾌락을 탐하는 것을 제어할 수 있는 힘은 마음을 잘 닦아 이성이 살아 있을 때 가능한 일이다.

다석은 말하였다. "몸 사람으로는 호기심에서 살맛(肉味)을 찾아다니는 짐승이다. 그래서 몸의 근본은 악과 친하려고 한다. 그러나 하느님의 얼 사람은 하느님 아버지께로 돌아가려고 한다. 사람은 분명 짐승인데 짐승의 생각을 하지 않는 것이 얼 사람으로 솟나는 우리의 길이다. 영원한 생명은 빼앗기는 것이 아니라 내가 버리는 것일 뿐이다. 육체를 버리는 것, 세상을 버리는 것이 바른 신앙에 들어가는 것이다. 모든 탐욕을 버리는 것이 세상을 버리는 것이다."

무엇이라고 들음 없이 들은 말씀은 모든 것을 스스로 이룬다.
회오리바람이 아침나절 줄곧 불 수 없고
폭우도 하루종일 올 수 없다.
누가 이같이 하는가? 하늘땅이로다.
하늘땅도 오래질 못하는데
사람은 더욱 못할 것이로다.
그러므로 도를 따르면 도와 일치하고
속알(덕)을 따르면 속알과 일치하고
버릴 것도 버릴 것과 함께한다.
도와 일치하면 도가 좋아하고
속알과 함께하면 속알 또한 기쁨을 얻는다.
'버린 이(失者)'와 같이 하는 이에 버림 또한 기쁨을 얻는다.
믿음이 모자란 데 믿지 못함이 있음이라.

늙은이 24월

발돋움이 스는 거 아니고(企者不立),

가랑버림이 가는 거 아니오라(跨者不行).

제뵘이 밝지 못ᄒ고(自見者不明),

제옳건이 나타못나고(自是者不彰),

제봐란 공 없 (이)고(自伐者無功)

제자랑 길지 않으니(自矜者不長).

길에서읜(其在道也),

그(게 먹다) 남은 밥, 군게내민살 이라ᄅ거니(曰餘食贅行),

몬이 미워(도) 홀 듯 (ᄒ오라)(物或惡之).

길가진이 지내ᄅ바 아니오라(故有道者不處).

贅(췌): 군더더기.

풀어 씀

묵상(默想)과 관상(觀想)은 다른 개념이다. 그러나 많은 사람들이 묵상과 관상을 같은 것으로 보거나 둘을 다 같이 명상(瞑想)으로 번역하기도 한다. 그러나 묵상은 영어로 meditation으로, 관상은 contemplation으로 각각 번역하였다. 영어단어를 보아도 다른 개념이라 할 수 있다.

가톨릭 사전에서 묵상을 "마음과 정신을 하느님께 몰두하여 하느님의 현존(現存) 속에서 하느님과 관계된 모든 일에 관해 생각에 잠기는 것을 말한다. 즉 묵상은 '생각만으로 드리는 기도', '정신의 기도'라 할 수 있으며, 지적(知的)인 행위와 의지가 결합되어 있다"고 정의하고 있다. 반면에 관상은 "염경기도나 일반적 묵상기도와 달리 단순 본질의 직관적 성격을 갖는 것으로 본질적인 것의 터득에서 오는 것이므로 직관의 기도라 할 수 있다. 다시 말해서 하느님과의 친교가 직접적이고 내재적인 일치로 발전한 나머지 하느님을 단순히 바라보는 것이다. 자신 안에 특별히 긴밀한 양식으로 내재하는 하느님을 본질적으로 바라보고 직접적으로 사랑하는 것"이라고 정의하고 있다. 묵상과 관상을 구분하여 설명하고 있다.

관상(觀想, contemplation)이란 함께(con)와 그리스도교에서 성전(templum)이란 말을 뜻하는 라틴어 합성어이다. 거룩한 성전은 하느님이 계시는 성소이다. 그러므로 거룩한 하느님과 함께 친교를 나누며 내재적인 일치를 바라보는 것이 관상기도이다. 한자를 풀어보면 관상이란 사물을 있는 그대로 바라보고 본질을 꿰뚫어 보는 것을 말한다. 묵상은 검을 흑(黑) 자, 개 견(犬) 자가 합쳐진 글자이다. 칠흑같이 캄캄한 밤에 5리 밖의 사물의 움직임을 알아채는 동물이 개다. 그러므로 마음을 닦고 비어내어 고요하게 머무는 수행을 하면 어느 단계에서 마음이 소소영영(昭昭靈靈)하여 의식의 흐름을 인식하게 된다. 마음의 고요는 자신이 노력하여 이룬 상태이기에 묵상기도를 능동적 기도라고 한다. 그러나 관상기도는 초월적 존재에 의해 은총이 부여되는 상태이기에 수동적 기도라 말한다. 눈을 감고 마음의 고요에 이르는 것이 묵상이라면, 눈을 뜨고 사물을 관조하여 사물의 본질을 꿰뚫는 것이 관상이다. 묵상이 머리로 깨달은 것이라면 관상은 몸으로 터득하는 것이라 할 수 있다.

머리로 깨닫는 것과 마음으로 안다. 혹은 몸으로 터득한다는 말은 무슨 차이가 있는 것일까?

어린이와 같아야 하느님나라에 갈 수 있다는 말씀을 예를 들어 설명하자면, 어린이의 마음이란 겸손하고 자기를 낮추는 마음을 의미한다. 겸손한 사람이 하느님나라에서는 제일 높은 사람이다. 그러므로 우리도 겸손을 배우지 않으면 안 된다. 대체로 이렇게 이해한다. 이러한 해석은 '어린이의 마음을 머리로 아는' 경우라고 말할 수 있다. 머리로 알고 이해하더라도, 마음 자체는 그 전과 같이 계속 교만하다면 겸손을 이해하고 아는 것은 아무 소용이 없다. 사려 깊은 사람들은 이렇게 머리로 이해한 것을 행동으로 겸손해지려고 무진 애를 쓰지만, 마음은 머리가 알고 이해하는 것을 즉각 고분고분하게 들어 주지는 않는다. 마음까지도 겸손해지려면 오랜 묵상과 수련을 거쳐야 한다.

그러면 어린이의 마음을 머리로 아는 것이 아니라 '마음으로 안다'는 것은 무슨 뜻일까?
그것은 머리와 마음속으로, 곧 인간 전체로서 깨닫는다는 뜻이다. 하느님나라에 관한 복음을 겸손하게 귀담아들으며 순순히 받아들이고 온 '몸'으로 그 나라에 들어감을 의미한다. 하느님나라에 들어간다는 것은 하늘에 계신 아버지의 아들과 딸이 되는 것이므로, 온 '몸'이 겸손해질 뿐만 아니라, 매양 천진난만한 사람이 되어 무슨 일에나 마음의 문을 열고 받아들이게 된다. 어린이의 마음을 가진다는 것은 아무 일도 하지 않는 갓난아기 같은 상태의 마음을 가진다는 뜻이 아니다. 어린이의 마음이 되려면 머리로 이해하고 집착하는 모든 것을 버리고, 편견이 없는 무(無)의 상태에 이르러야 한다는 것을 말한다. 머리로 아는 것이 아니라 온몸으로 느끼고 체험할 수 있는 상태, 무(無)의 상태에서 알고 이해하는 것을 몸으로 아는 것이라 할 수 있다. 묵상기도와 관상기도는 이러한 약간의 차이가 있는 개념이다.

<도덕경> 24장은 씻어난 이(성인)가 되는 과정의 삶의 태도를 말하고 있다. 성인이 되어가는 단계가 능동적 기도인 묵상의 단계로 비교한다면, 무위(無爲)의 성인은 수동적 기도인 관상의 단계에 이른 사람으로 말할 수 있다.

발돋움하고 서 있으면 오래 서 있지 못하고
가랑이를 마냥 벌리고 걸으면 제대로 갈 수 없다.
자기를 내세우는 이는 도리어 빛나지 않고
자기를 자랑하는 이 도리어 공적이 없어져
자기를 과신하는 이 오래가지 못한다.
길 위에 있는 사람은
그런 짓은 찌꺼기 음식 같은 것이라 군더더기로 여긴다.
사람들도 그러한 것을 싫어하고
도를 터득한 성인은 그러한 것을 하찮은 것으로 본다.

늙은이 25월

몬 있어 왼통(으로) 되니(有物混成),

하늘 땅(보다) 먼저 났오라(先天地生).

괴괴히 고요히 홀로 섰다고 곤치지 않으며(寂兮寥兮, 獨立不改),

두루 댕긴다고 나죽지 않으니(周行而不殆),

가져다가 세상 어머니ㄹ 삼을 만흐고나(可以爲天下母).

내 그 이름을 모르니 블러, 길이라 흐자(吾不知其名, 字之曰道).

억지로 흐아 이름 크다 흐자(强爲之名曰大).

크면 간다 흐자(大曰逝).

가면 멀다 흐자(逝曰遠).

멀면 도라건다 흐자(遠曰反).

므로 길 커, 하늘 커, 땅 커(故道大, 天大, 地大),

임금 또한 커(王亦大).

언저리 ㄱ듸 넷 큰(게) 있는데(域中有四大),

임금도 그 하나(에) 드오라(而王居其一焉),

사람이 법 받은 땅(人法地),

땅이 법 받은 하늘(地法天),

하늘이 법 받는 길(天法道),

길이 법 받은 제절로로다(道法自然).

풀어 씀

비록 언어로는 완전한 의미를 담을 수 없음에도 불구하고 도학자(道學者)들은 '절대 진리', '궁극적 실체', '로고스' 등을 의미하는 것으로 도(道)라는 말을 사용한다. 노자가 도(道)에 관해서 말하려고 한 것은 하느님의 맨 처음의 존재 표현, 무어라고 묘사할 수 없는 하느님의 '존재 자체'를 의미한다. 도는 무어라고 표현할 수 없으므로 노자는 도를 시적으로 묘사할 수밖에 없었다. 앞에서 언급했듯이 도(道)는 무형(無形), 무성(無聲), 무색(無色)으로 존재한다. 다른 말로 표현하자면 도는 하나의 공(空)이나 '얼'과 같은 개념이다. 그러나 도의 활동은 무궁무진하다. 이러한 도의 개념은 불교의 '니르바나' 개념이나 에크하르트의 '순수 무(無)'로서 신성(神性) 개념과 일치한다. 무어라고 묘사할 수 없는 도는 '브라만', '니르바나', '공(空)', 'YHWH'로 알려진 궁극적 실체를 의미한다.

출애굽기 3장 14절에 보듯이, 성서의 하느님은 시나이산에서 모세에게 '나는 나이다'라고 말하였다. 여기에서 '있음 자체'로서 하느님은 인간이 경험할 수 있고 영적으로 만날 수 있는 하느님의 가장 근원적인 의미이다. '있음 자체'로서 하느님의 개념은 궁극적 존재의 역동적인 모습을 강조하는 반면에, '존재 자체'로서의 하느님은 그것의 존재론적 형상을 강조한다. 다시 말하여, 궁극적 존재의 역동적인 모습은 도(道)의 역동성과 같다.

이러한 '있음 자체'로서 그리고 '존재 자체'로서 하느님의 현존은 'YHWH'와 '엘로힘' 두 가지 다른 이름을 가졌다. '…이다', '…이 되다', 또는 '있음' 등으로 해석되는 '하야(hayah)'라는 동사는 미완료형이다, 하느님의 이름인 'YHWH'와 교체해서 쓸 수 있는 'I am that I am' 또는 'I will be that I will be'는 '나는 스스로 있는 나이다', '나는 스스로 있을 나이다', '나는 스스로 되는 나이다' 등으로 해석된다. 모세에게 알려진 성서의 하느님 이름은 "나는 스스로 존재하는 나다"라고 해석될 수도 있다. 어떤 의미에서 이 말은 심오한 외침이라고 할 수 있다. 왜냐하면, 모든 종교체험과 영적이고 형이상학적 체험은 '존재 자체'로부터 나오기 때문이다.

인간의 상상력을 넘어 계시는 하느님에게 이름을 붙이는 것은 옳지 않은 일이다. 이러한 점에서, 하느님은 이름을 가질 수 없다. 다석 유영모는 출애굽기에 나오는 하느님 이름에 관한 성경 구절을 나름대로 해석하였다. "모세가 '백성에게 어떠한 신(神)이라 말하리까'라고 하자, '나는 나다'라고 하였다. '엘리'니 '여호와'니 하지 않았다. 이름 없는 것이 신이다"(다석어록, 98쪽).

<도덕경>의 서언에서 선언한 것처럼, 다석은 말하였다. "신(神)은 본디 이름이 없다. 신에 이름을 붙일 수 없다. 신에 이름을 붙이면 이미 신이 아니요, 우상이다"(다석어록, 34쪽). 이름 붙일 수 없는 존재, 이름을 알리지 않는 존재는 인간의 상상이나 개념을 넘어 존재하기 때문에 이름을 붙일 수 없다는 것이다. <도덕경> 25장은 이러한 존재 자체의 속성에 대하여 설명하고 있다.

'有物混成 先天地生(유물혼성 선천지생)'을 다석은 "몬 있어 왼통(으로) 되니, 하늘 땅보다 먼저 났오라"라고 번역하였다. 카오스라는 뜻을 가지고 있는 혼성(混成)을 다석은 온통, 왼통으로 대치시켰다. 이 말은 불교 철학 핵심 가운데 하나인 제행무상(諸行無常)과 함께 생각해보아도 좋을 것이다.

<주역(周易)>에서는 우주의 모든 것은 생성과 소멸, 변화의 과정 속에 있다고

말한다. 모든 것이 끊임없이 결합하여 생기고 변하는 현상을 제행무상(諸行無常)이라고 한다. 산스크리트어로 "사베 상카라 안니카(sabbe sankhara annica)"라는 말을 한문으로 '제행무상'이라 번역하였다. '사베(sabbe)'는 모든 것을 의미하며, '상카라(sankhara)'는 모이고 합하고 결합하는 행위에 의해 생겨난 결과, 또는 결합, 행위 작용으로 생긴 혼합물, 생성된 물질, 즉 인연에 의해 생겨난 존재를 뜻한다. 그러므로 모든 것은 '혼합물(混成)'인데 이러한 현상의 결과를 산스크리트어로 '상카라'라고 하였다. 혼합되어 결합되는 작용은 하나의 카오스(chaos), 그 자체이기도 하다. '안니카(annica)'는 변하는 것을 말한다. '니카(nica)'는 영원한 것, 변하지 않는 것을 뜻하고, 접두사 '안(an)'은 '아니다'라는 부정을 뜻한다. 그러므로 안니카는 '늘 변한다'는 뜻으로 영원한 것은 없다는 것을 의미한다.

영원한 세계, 절대세계, 불변 자체인 불역(不易)이 생성과 변화의 과정 속에 있는 상대세계, 변역(變易)의 세계에 들어와 바른 변화를 하는 것이 교역(交易)이다. 서로 필요한 것을 나누고 서로를 돕도록 하는 것이다. 이러한 관계 속에 있는 일종의 변역을 다석은 혼성(混成)으로 보고 왼통, 즉 온통으로 우주 전체의 생성 결합의 작용으로 여기고, 절대인 하느님의 자리, 즉 불역으로 본 것이다. 그러므로 다석은 <도덕경> 25장에 나오는 혼성을 온통으로 보았고, 노자는 하늘과 땅이 생기기 이전의 상태로 본 것이다.

없음 가운데 이루어지는 무언가가
하늘 땅이 나기 전부터 있었다.
그것은 소리가 없어 들을 수 없고, 형태가 없어 볼 수도 없으나
두루 어디에나 번져나가며 거치는 것이 없어

우주의 어머니라 생각해도 좋다.

나는 그 이름을 알지 못하겠다.

구지 이름을 붙이라면 도(道)라고 부를까.

억지로 이름하여 크다.

도는 크므로 어디에나 번져나가고,

어디에나 번져나가므로 안 가는 곳이 없이 멀리 가고,

멀리 가므로 결국에 되돌아오기 마련이다.

이런 까닭에 도는 크다.

하늘도 크고, 땅도 크다. 인간 또한 크다.

이 세계에는 큰 것이 네 개 있는데,

그중에는 사람도 한 몫을 차지하고 있다.

사람은 땅의 법도를 따르고,

땅은 하늘의 법도를 따르며,

하늘은 도의 법도를 따른다.

도는 자연을 따라 스스로 그렇게 된 것이다.

늙은이 26월

무검은 가뱜의 뿌리 되고(重爲輕根),

가많은 방정의 임금 되오라(靜爲躁君).

이래서 씻어난 이는(是以聖人)

히가 맞도록 가진짐 무검을 않떠나오라(終日行不離輜重).

비록 번쩍흔 구경이 있을지라도(雖有榮觀),

뚝떠솟그쳐서 의젓이 지내오라(燕處超然),

어찌 만가지를 거느리는 님으로서(奈何萬乘之主),

몸을 가지고 세상에 가뱌우랴(而以身輕天下).

가뱌면 뿌리 빠지고(輕則失本),

방정(스리) 이면 임금 떠러트리오리(躁則失君).

방정: 경망스러운 언행.

輜重(치중): 輜:짐수레 치, 나그네 짐을 말한다.

번쩍한: 눈길을 끄는.

超然(초연): 높이 뛰어난 모양.

풀어 씀

인간은 육체, 정신, 영혼으로 구성되어 있다. 다석은 순우리말로 육체는 '몸', 정신은 '몸', 영혼은 '혼' 또는 '얼'이라고 하였다. 사람은 '몸'과 '몸'과 '혼'으로 구성되어 있다고 할 수 있다. 그러므로 '나(我)'는 '몸나', '몸나', '얼나'로 나누어 생각할 수 있다. 더 나누어 말하자면, '참나(眞人, 참사람)', 깨우쳐 뚜렷이 솟아난 '솟나', 영적인 '나'인 '영나(靈我)' 등도 있다. 따라서 나의 겉모습인 '몸나'에서 수행하고 덕을 쌓아 정신적인 '몸나'로, 생각하고 곧이 생각하여 '몸나'에서 깨달은 나, '참나'의 사람으로 변하여야 한다. 그리하여 새로운 얼로 거듭난 나, '얼나(靈我)'가 되어야 한다.

다석은 말하였다. "이 몸은 내가 아니다, 참나(眞我)를 실은 수레라고나 할까, '얼나'는 보이지 않지만 있다는 것을 알아야 한다"(다석어록).

장자는 아집의 '나(ego)'는 쉬이 기뻐하다 성내고, 슬퍼하다 즐거워하고, 걱정하다 좋다 하고, 변덕 부리다 고집부리는 성질을 가진 가벼운 '나'라고 하였다. 깨어나 신중하고 진실한 '참나(眞宰, true self)'는 무거운 나다. 변덕 부리는 '제나'는 가볍고, 변함없는 '참나'는 무겁다. '참나'는 '얼나'의 다른 표현이다. 그러므로 변함없는 무거운 '얼나'가 가벼운 '제나'의 뿌리가 된다는 것이다(<장자>의 제물론 편 참조).

무거움은 가벼움의 뿌리가 되고
고요는 소란스러움의 머리가 된다.
이래서 거룩한 사람은

날이 다하도록 수레 짐에서 자리를 뜨지 않는다.

비록 눈을 현란케 하는 볼거리가 있을지라도

초연하여 의젓이 지낸다.

일만 가지를 다스리는 분으로서

어찌 세상에서 몸을 가볍게 쓰랴.

가벼우면 설자리를 잃고

방정대면 지위를 잃는 것이다.

늙은이 27월

잘 댕긴데는 바퀴 자국이 없고(善行無轍迹),

잘혼 말에는 티 뜯긴데가 없고(善言無瑕讁),

잘 거흔 셈에는 셈가지를 안 쓰고(善數不用籌策),

잘 닫은 데는 빈장, 곧장이 없어도 못 열겠고(善閉無關楗 而不可開),

잘 맨 데는 줄졸름이 없어도 못 풀겠오라(善結無繩約 而不可解),

이래서 씻어난 이는 늘 잘 사람을 건짐(是以聖人 常善求人),

므로 사람을 버리(는 일이)ㅁ 없고(故無棄人),

늘 잘 몬을 건짐(常善救物),

므로 몬을 버리(는 일이)ㅁ 없오라(故無棄物),

이 일러 푹 밝음(是謂襲明).

착흔 이는 못 착흔 이의 스승이고(故善人者, 不善人之師),

못 착흔 이는 착흔 이의 감(거리)(不善人者, 善人之資),

그 스승을 높이지 않고 그 감을 사랑치 않으면(不貴其師, 不愛其資),

비록 안대도 크게 흐림이오라(雖智大迷),

이 요묘야묘 되오라(是謂要妙)

---

1) 다른 새감: 不貴其師, 不愛其資 雖智大迷(그 스승을 높이지 않으며 그 감을 사랑치 않나니 비록 아는
   이라도 크게 망설임).

푹밝음: 襲明 거듭거듭 밝음.

요믈야믈(切要微妙): 야믈다, 요믈다, 야무락지다.

풀어 씀

다석의 늙은이 풀이 24월에서 묵상기도와 관상기도에 대하여 이미 설명한 바
가 있다. 묵상기도(默想祈禱, meditation)가 자기의 노력과 훈련이 필요하기에
능동적인 기도라고 하는 반면에 관상기도는 하느님의 은총으로 하느님과 동행
하는 기도이기에 은총이 주어지는 수동적인 기도라고 말하였다. 수덕신학이 마
음을 비우고 수행하는 자기 노력이 필요하므로 능동적인 신학이라고 한다면,
신비신학은 '하느님과 하나(union with God)'가 되는 완덕의 최고단계로 이끌어
가기에 하느님의 은총이 주어지는 수동적인 신학이라고 할 수 있다. 수동적인
단계에 이르는 신비의 기도인 관상기도를 주부적(注賦的, infused) 관상기도라
고도 한다. 하느님의 은총이 값없이 은혜로 하늘에서 소나기가 쏟아지듯이 부
어진다고 하여 주부적이라고 한다. 신비신학은 바로 하느님의 은총이 쏟아지
는 신비를 다룬다. 그러므로 영성신학은 수덕이나 신비 어느 한쪽으로 지나치
게 치우쳐서는 안 되고, 수덕과 신비가 상호보완하고 조화를 이루어야 한다.
　하느님과 일치를 이룬 신비주의자들의 삶과 소통되는 무위(無爲)의 '씻어난
이(聖人)'의 생각과 삶의 모습은 수동적이라고 말할 수 있다. 자연의 도(道)에
따라 자연질서와 하나가 되어 사는 무위의 성인의 삶은 그리스도교에서 "하느
님이 내 안에, 내가 하느님 안에 산다"고 말하는 신비주의자들의 동양적 표현
이라고 본다.

　<도덕경> 27장은 선행(善行), 선언(善言), 선수(善數), 선폐(善閉), 선결(善結) 앞

에 무위(無爲)의 성인(聖人)을 주어로 놓으면 수월하게 해석할 수 있다. 수레가 다니는 길에 흔적을 남기지 않는다거나 빗장을 하지 않았는데 문을 열지 못한 다는 표현은 마음의 길, 마음의 문을 말한다. '함이 없는 함(無爲之爲)', 즉 '하지 않았는데, 하지 않은 것이 없다' 또는 '다스리지 않는데 다스려지지 않은 것이 없다'고 하는 무위(無爲)의 삶은 그리스도교에서 말하는 '하느님과 동행하는 사람들', '그리스도를 본받아' 사는 이타적(利他的) 성인들의 삶과 서로 통한다.

　잘 댕긴 데는 바퀴 자국이 없고
　잘한 말에는 티 뜯긴 데가 없고
　잘 그흔 셈에는 셈 가지로 계산하지 않으며
　잘 닫으면 빗장, 곧장이 없어도 못 열겠고
　잘 묶은 데는 밧줄로 엮지 않았어도 풀어지지 않는다.
　이래서 씻어난 이는 늘 살 사람을 건지므로
　사람을 버리는 일이 없고
　늘 어떤 일도 잘 치르므로
　어느 하나 버리는 일이 없어
　이 일러 푹 밝음.
　착한 이는 착하지 못한 이의 스승이고
　착하지 못한 이는 착한 이의 바탕 거리
　그 스승을 높이지 않고 그 자질을 사랑치 않으면
　비록 안다고 해도 크게 흐림이라
　이를 오묘한 진리라 일컫는다.

늙은이 28월

그 숳를 알고 그 앓대로 직히니(知其雄, 守其雌),

세상 시내골 되오라(爲天下谿).

세상 시내골 되어, 늘 속알을 앓 여이니(爲天下谿, 常德不離),

다시 이기로 도라ㄱ오라(復歸於嬰兒).

그 희기 알고 그 검기로 직히니(知其白, 守其黑),

세상 본 되오라(爲天下式).

세상 본 되어 늘 속알이 틀리지 않으니(爲天下式, 常德不忒),

다시 없꼭대기로 도라ㄱ오라(復歸於無極).

그 (번쩍) 핌을 알고 그 몰려댄데 직히니(知其榮, 守其辱),

세상 골 되오라(爲天下谷).

세상 골 되어, 늘 속알 아주 넉넉ᄒ니(爲天下谷, 常德乃足),

다시 등걸로 도라ㄱ오라(復歸於樸).

등걸 흩으며는 그릇을 지으니(樸散則爲器),

다스리는 이 쓰면 맡은 어룬을 삼음(聖人用之, 則爲官長).

므로 큰 감은 썰지 않음(故大制不割).

없꼭대기: **無極**, 도(道)를 말한다. '꼭대기'는 손가락으로 꼭 갖다 대는 것을 말한다. 맨 위에 손
가락을 꼭 대는 곳이 '맨 꼭대기'이다. 맨 꼭대기는 하나이신 절대자가 있는 곳이다.

맡은 어른: 관청의 어른(官長).

갇: 자료, 제도.

撲(박): 등걸 박, '등걸'은 하나인 전체, 또는 절대자를 말한다.

풀어 씀

서양사상은 이원론에 기초해 있기에 '이것이냐 저것이냐'의 논리(the logic of either this or that)로 사물을 분별하고 판단하는 경향이 있다. 따라서 역사는 빛과 어둠, 전쟁과 평화, 선과 악의 싸움으로 이해하기에 사유하는 방법은 갈등과 대립의 관계가 지배적이다. 그러나 동양사상은 음양의 상호보완과 조화 관계에 기초하기 때문에 유기체적이고 일원론적 사고에 가깝다. 논리로는 '이 것도 저것도 모두(the logic of both this and that)'의 구조를 가지고 있다. 이 논리는 '이것도 저것도 아닌' 논리(the logic of neither this nor that)로 보완되어야 사유가 조화를 이루고 상호보완이 된다.

동양사상은 음양(陰陽), 즉 빛과 어둠이 대립이나 갈등관계가 아니다. 음(陰)은 수축하는 경향이 있고 양(陽)은 팽창하는 성향이 있다. 양(─)이 지극히 팽창하면 극점에서 둘(- -)로 나누어진다. 고무줄을 계속 잡아당기면 한계점에 이르러 고무줄은 둘로 끊어지듯이 하나(─)가 둘(- -)로 나누어진다. 이와 같이 하나인 양(陽, ─)이 팽창하면 한계점에서 음(陰, - -)으로 변한다. 다시 말하여 양이 지극히 팽창하면 한계점에서 음으로 변하고, 둘인 음(- -)이 지극히 수축하면 한계점에서 양인 하나(─)가 되는 것이다. 이러한 논리에서 보면 어둠과 빛이 반대개념이 아니라, 서로 포용하고 보완하는 관계이다. 어둠이 지극히 어두우면 새벽이 온다. 그리고 빛이 지극히 밝으면 어둠이 된다. 그러므로 빛과 어둠,

강함과 약함, 선과 악은 대립이나 갈등관계가 아니라 상호보완 관계이다.

<도덕경> 28장은 여럿이며 하나인 세계를 언급하고 있다. 모든 것이 서로 연관이 있고 원인과 결과로 이루어졌다는 연기법을 말하고 있다. 밤하늘의 달은 하나이다. 그러나 그 달은 바다, 강, 호수, 방죽, 개울에도 비친다. 그러므로 비쳐지는 달은 여럿이나 밤하늘에 떠 있는 달은 하나뿐이다. 이러한 면에서 달은 여럿이면서 하나이다.

따라서 '없음'과 '있음', 존재와 비존재, 유(有)와 무(無), 색(色)과 공(空)이 서로 다르면서 하나이다. 불교 철학의 핵심이라고 할 수 있는 '색불이공 공불이색(色不異空 空不異色), 색즉시공 공즉시색(色即是空 空即是色)'은 한마디로 '있음'과 '없음'이 다르나 다른 관점에서 보면, '있음'과 '없음'이 하나라는 말이다. 그리스도교 사상에서는 쿠사의 니콜라스가 말한 '반대의 일치(coin cidentia oppsitorum)'와 통하는 말이다. 지극히 큰 것은 아주 작은 것과 일치를 이룬다는 것이다. '개체'와 '전체'도 다른 것이 아니다. 시간을 적분하면 공간이 되고, 공간을 미분하면 시간이 되듯이, 개체를 적분하면 전체가 되고, 전체를 미분하면 개체가 된다. 하나이면서 여럿이다. 모든 것은 이와 같이 서로 연관되어 서로 영향을 주고 영향을 받고 있는 유기체이다. 따라서 하나인 하느님 안에 모든 것이 서로 연관되어 있는 것이다. 그래서 사람은 하느님께로 왔으니 결국 하나인 하느님께로 귀일(歸一)하는 것이라고 다석은 말하였다.

그러므로 성인은 억센 것을 부드러움으로 보완하고 화합시킬 줄 안다. 깨끗한 것과 더러운 것을 서로 보완하고 조화할 줄 알고, 있음과 없음을 상호보완할 수 있으므로 성인은 '맨 꼭대기'인 무극(無極)의 자리에 이를 수 있다는 것

이다. 인간이 도(道)의 법칙을 알고 그 도를 따라 살며 깨달으면 근원인 등걸에 이른다는 것이다. 다석은 '꼭대기'는 손가락으로 꼭 갖다대는 곳이라고 하였다. 맨 위쪽에 손가락을 꼭 대는 곳이 '맨 꼭대기'이다. 맨 꼭대기는 하나인 절대자가 있는 곳이다.

> 그 억셈(수컷)을 알지만 그 부드러움(암컷)을 지키니
> 세상의 시내가 되리라.
> 세상의 시내가 되어 늘 속알(德)을 지키니
> 다시 애기가 되리라.
> 그 흰 것을 알면서 그 검은 것을 지키니
> 세상의 본보기가 되리라.
> 세상의 본보기가 되어 늘 속알로 살아가니
> 다시 '없음'의 자리(無極)로 돌아가리라.
> 그 번쩍 핌을 알면서

그 욕됨의 자리에 있으니

세상의 골짜기가 되리라.

세상의 골짜기가 되어 늘 속알이 아주 넉넉하여

다시 등걸(하나인 절대자)로 돌아가리라.

하나에서 흩어져 만물이 이루어지나니

성인은 그러한 도를 써서 위대한 지도가가 된다.

그러므로 위대한 지도자는 깎고 자르지 않고 일체를 이룬다.

늙은이 29월

세상을 잡으려고 흐다간(將欲取天下而爲之),

그 못되스리금 맒 내 보오라(吾見其不得已).

세상검그릇, (사람) 못홀 거(天下神器, 不可爲也),

흐는 이 깨지고, 잡는 이 잃다(爲者敗之, 執者失之).

므로 몬은 댕기기도 따르기도(故物, 或行或隨),

호 블기도 혹 불기도(或歔或吹),

힘 셰기도 몸 마르기도(或强或羸),

싣기도 떠루기도(或挫或–),

이래서 씻어난 이는 (제) 넘을 버리고(是以聖人去甚),

(제) 늚을 버리고(去奢),

(제) 큼을 버리오라(去泰).

검 : 天.

그릇: 神器, 즉 하느님이 쓰는 도구.

歔(허): 흐느끼다.

155

풀어 씀

미쓰하라 유리의 시, '꽃보라'를 다시 음미해본다. 이 시를 음미하면 할수록 무위자연(無爲自然)의 인생이 보이고, '평화의 기도'를 노래한 프란시스의 '만물송가'를 생각하게 한다. 그리고 자연스럽게 무위사상(無爲思想)을 펼친 노자와 장자로 거슬러 올라가 그 사상에 머물게 한다.

길을 가면 산 벚나무 꽃잎 나부껴
벚꽃잎 석 장 땅에 떨어지기 전
붙잡으면 행복이 찾아 온다고
그런 이야기 듣고,
꽃보라 속에 서 있은 적 있어
붙잡으려 할수록 꽃잎 이리저리 흩날려
마침내 울고 만 어린 날
지금 길을 가면
꽃잎 머리에 어깨에 연신 내려와 쉬어
욕심나지 않게 되었단 게 아냐,
손 뻗치면 잡을 수 없다는 것 알았을 뿐.

참 인생을 달관한 사람의 마음에서 나온 '아, 하 그렇구나'하는 외침이다. '저절로'라는 말이 있다. 인위적으로 손을 쓰지 않아도 자연스럽게 되는 것을 말한다. 자연의 이치에 내 마음을 그저 가만히 얹어 놓기만 하면 인위적으로 애를 쓰지 않아도 모든 것은 저절로 되는 것이다. '꽃보라'는 아무것도 하지 않아도 저절로 되는 것을 뜻하는 무위자연을 잘 말해 주고 있다. 마음의 평정을 얻어 항상 여유롭고 가슴이 열려 있는 사람은 아무것도 하지 않으면서 하지 않는 것이 없고, 강요하지 않아도 되지 않는 것이 없다.

아씨시의 프란시스(Francis of Assisi)는 '만물송가'에서 삶과 죽음을 초월하여 노래하였다.

내 주여 만물이 다 함께 찬송하니
특별히 우리 형님 된 해님이 우리를 비춰시오니 찬송할세.
아름답고 크게 빛나오니 하느님의 뜻을 말하네.
주께서 만드신 자매 달과 별들이 찬송하네.
형님 된 바람도 찬양하네.
주께서 구름과 별과 공기로써 만물을 길러 주시네.
누나 된 물도 주를 찬송하네.
없어서는 아니 될 겸손하고 순결한 물일세.
밤에 비춰주는 형님 된 불도 찬송하네.
아름다운 불이 즐겁고 강하네.
어머니 된 땅도 주를 찬송하네.
고운 화초와 열매로 우리를 기르시네.
주를 믿고 서로 용서하는 자들이 주를 찬송하네.
오래오래 참는 자는 면류관을 받겠네.
이 몸의 죽음은 나의 누나로써 주를 찬송하네.
누구든지 그를 피할 수 없겠으나 주의 뜻을 따른 자 둘째 죽음 당치 않겠네.

'꽃보라', '만물송가'를 보면 저절로, 무위자연을 아는 높은 의식을 가진 사람들의 사심 없는 마음이 보인다.

<도덕경> 29장에서 '씻어난 이'(聖人)은 초연하여 '하지 않으면서 하지 않은 것이 없으며, 갖지 않으면서 갖지 않은 것이 없는' 무위(無爲)의 사상을 유감없이 표현한다. 세상은 하느님의 그릇이고, 사람의 몸은 하늘의 소리를 내는 악기이기에 하느님의 씀에 영기가 하늘에 풀리듯이 그저 움직이면 그릇에 맞은 크기의 훌륭한 사람이 되고, 하늘의 소리를 전달하는 선한 사람이 되는 것이다.

세상을 움켜잡으려 하다간
얻지 못하는 것임을 내 보노라.
세상은 하느님의 그릇이라 내 욕심대로 쓰지 못하고
마음대로 하다가 깨지고, 붙잡으려 하는 이 놓친다.
물건이란 떠돌아다니기도 하고 따라오기도 하고
혹 흐느껴 울기도 혹 좋은 소리를 내기도
힘이 셀 때도 있고 약할 때도 있고
싣기도 하고 떨구기도 하고
이래서 씻어난 이는 지나치지 않고
치레를 버리고
교만하지 않는다.

늙은이 30월

길을 가지고 사람 임금을 돕는 이는(以道佐人主者),

군사를 가지고 셰상을 힘세게 홀라 않오라(不以兵强天下).

그 일이 잘도 되도라오니(其事好還),

군사 치른데 가시덤블이 되거든(師之所處, 荊棘生焉)

큰 쌓음 뒤에 반듯이 언잖은 히가 듬(大軍之後, 必有凶年).

착흔 이는 열맺고뿐(善有果而已),

구태여 가지고 셸라 들지 않오라(不敢以取强).

열맺고 자랑 무(果而勿矜),

열맺고 예봐라 무(果而勿伐),

열맺고 젠가싶어 무(果而勿驕),

열맺고 무지 못스리금(果而不得已),

열맺고 셰지를 무(果而勿强),

몬이 한창 가면 늙음(物壯則老),

이 일러 길 아니니(是謂不道),

길 아니는 일직 그만(不道早已).

언짢은 해: 흉년(凶年).
荊: 가시 형.
棘: 가시나무 극.

풀어 씀

인류 역사는 약육강식, 승자독식의 정글 법칙에 의해 힘이 센 사람이 모든 것을 차지하고 사회를 좌지우지하여 왔다. 약자는 빼앗기고 압제당하며 마지 못해 굽실거리거나 노예로 살아왔다.

다석 유영모는 말하였다. "인류의 역사를 돌에 새기고 쇠에 녹여 부어 수천 년, 수만 년을 남겨 왔어도 결국 싸움하고 물어 찍은 기록들이니 자랑할 만한 것이 아무것도 없다. 인류의 역사는 죄악의 역사지 그밖에는 아무것도 아니다. 개인의 역사도 마찬가지다. 지나간 역사는 모두가 죄악뿐이요, 후회할 것뿐이 지 누가 감히 자기의 과거를 자랑할 수 있으랴. 아우구스티누스만 참회록을 쓰고 루소만 참회록을 쓸 것인가. 누구나 자기의 과거를 쓰면 다 후회요, 참회 인 것이다. 지날 과(過) 자는 본래 허물 '과' 자이다. 과거의 뱀이 허물을 벗어버 리듯 벗어버릴 것이지 영원히 보존할 것이 못 된다"(다석어록).

"전쟁은 노예제도와 마찬가지로 있을 수 없는 사회악이다"(Arnold J. Toynbee).

힘이 센 자들과 승자들은 폭력으로 약자들을 짓이겼다. 약자들은 고통과 억 울함 가운데, 아픔을 하소연할 곳이 없어 하늘을 향하여 울부짖었다. 하느님은 그 고통의 소리를 들어주시는 분이시라고 성서는 말한다. 고통과 빼앗김, 전쟁 과 억울함, 인간 말살의 참혹함 가운데 인간은 평등평화의 세계를 꿈꾸어왔다.

"그가 민족 간의 분쟁을 심판하시고 나라 사이의 분규를 조정하시리니, 나 라마다 칼을 쳐서 보습을 만들고 창을 쳐서 낫을 만들리라. 민족들은 칼을 들고 서로 싸우지 않을 것이며 다시는 군사 훈련도 하지 아니하리라"(이사 2:4).

"하느님께서 민족 사이의 분쟁을 판가름해 주시고 강대국 사이의 시비를 가려주시리라. 그리되면 나라마다 칼을 쳐서 보습을 만들고 창을 쳐서 낫을 만들리라. 나라와 나라 사이에 칼을 빼어드는 일이 없어 다시는 군사를 훈련하지 아니하리라"(미가 4:3).

"늑대가 새끼 양과 어울리고 표범이 숫염소와 함께 뒹굴며 새끼 사자와 송아지가 함께 풀을 뜯으리니 어린아이가 그들을 몰고 다니리라. 암소와 곰이 친구가 되어 그 새끼들이 함께 뒹굴고 사자가 소처럼 여물을 먹으리라. 젖먹이가 살무사의 굴에서 장난하고 젖 뗀 어린 아기가 독사의 굴에 겁 없이 손을 넣으리라"(이사야 11:6-8).

"평화는 힘으로 유지될 수 없다. 그들은 이해에 의해서 달성될 수 있을 뿐이다. 큰 힘을 가진 주권들이 있는 한 전쟁은 피할 수 없다"(Albert Einstein).

<도덕경> 30장 또한 평등평화의 세상을 말하고 있다. 무력으로 다스리지 않고 덕으로 백성을 섬기는 '씻어난 이(聖人)'의 무위(無爲)의 다스림이 곧 어린아이와 같이 순진한 사람과 독사와 같이 약삭빠르고 잔인한 사람이 함께 뒹구는 세상을 만들 수 있음을 말하고 있다.

거기에는 자랑하지 않고 교만하지 않으며, 자기의 유익을 구하거나 잇속을 챙기지 않으며, 오래 참고 양보하며, 시기 질투하지 않고 서로 섬긴다. 그러한 세상은 성인의 덕과 무위(無爲)의 다스림으로 되는 것이다.

무위(無爲)의 도를 따라 지도자를 보좌하는 사람은

무력으로 세상을 다스리도록 하지 않는다.

그가 하는 일은 항상 모든 것이 순리로 되돌아오게 한다.

군사가 있는 곳에는 가시덤불만 나고

큰 전쟁 후에는 반드시 흉년이 든다.

잘 다스리는 자는 스스로 열매를 맺게 할 뿐

구태여 힘을 잡고 휘두르려 하지 않는다.

열매를 맺었다고 자만하지 않고

열매를 맺었다고 공을 내세우지 않으며

열매를 맺었다고 방자하지 않는다.

열매를 맺되 저절로 맺게 하며

열매를 맺되 세지를 말라.

몸과 물질은 한창 가면 늙고 쇠한다.

이 일러 도에 어긋나니

도가 아니면 일찍 그만두어야.

늙은이 31월

그저 좋 칼날이란 금새아닌 그릇이라(夫佳兵者, 不祥之器).

몬이 미워 홀듯(物或惡之),

므로 길 가진 이는 그리 가지 않오라(故有道者不處).

그이 앉는 자리에는 왼쪽을 높이고(君子居則貴左),

군사를 쓰며은 옳은쪽을 높이니(用兵則貴右),

군사란 금새 아닌 그릇이오(兵者, 不祥之器).

그이의 그릇은 아니(非君子之器),

마지 못스리금 쓰오라(不得已而用之),

가많 맑안흠이 위됨(恬淡爲上).

익였어도 아름답지 않음(勝而不美).

도 아름답어 흐는 이는(而美之者),

이 곧 사람 죽임을 즐김(是樂殺人),

그저 사람 죽이기 즐기는 이는(夫樂殺人者),

세상에서 뜻을 얻을 게 못 되오라(則不可得志於天下矣).

좋일엔 왼쪽을 세고(吉事尙左),

언잖은 일엔 옳은쪽을 세건만(凶事尙右).

곁장군이 왼쪽에 가고(偏將軍居左),

웃장군이 옳은쪽으로 가니(上將軍居右),

자리위 터수로 말ᄒ으면 초상 치름으로 치름(言以喪禮處之).

사람 죽임이 뭇많아(殺人之衆),

슬픈 섧름을 가지고 울미여(以哀悲泣之),

쌀을 익이고 초상 치름을 가지고 지냄(戰勝則以喪禮處之).

금새: 값어치.

그이: 군자(君子)를 가리킴.

恬: 고요할 염, 염담(恬淡)은 마음이 평안하여 욕심이 없음을 뜻한다. 노자 사상을 염담 사상이
라고도 한다.

풀어 씀

평화(平和)라는 한자를 보면, '골고루(平)'와 '벼(禾)' 그리고 '입(口)'으로 구성되어 있다. 먹고 사는 문제를 골고루 나누면 싸움이 없고 질서가 유지된다는 의미에서 평화를 정의하고 있다. 일반적인 평화는 '먹는 문제를 해결하고 사람과 지역 간의 갈등과 분쟁을 종식하여 평화를 유지하는 것을 말한다. 좁은 의미에서의 평화는 무력갈등이 없는 평화로운 상태를 말한다.

적극적인 평화는 폭력이 없는 상태, 즉 가난, 궁핍, 공포로부터의 해방, 인권과 사회 정의의 실현이다. 넓은 의미의 평화는 적극적인 평화를 말한다. 성서에 나오는 "평화를 위하여 일하는 사람은 행복하다. 그들은 하느님의 아들이 될 것이다"(마태 5:9)라는 말씀이 이러한 평화를 의미한다고 본다. '평화를 위해 일하는 사람(peacemaker)'은 분쟁을 종식하고 가난, 궁핍, 공포로부터 해방하고 사회 정의 실현을 위해 평화를 위해 애쓰는 사람을 말한다.

더 적극적인 평화주의자(Pacifist)는 전쟁과 폭력까지도 반대한다. 이러한 의미의 평화라는 말은 '해를 끼치지 않는다'는 인도철학의 핵심사상인 아힘사(ahimsa)와 관련이 있다. 비폭력과 관계가 있는 아힘사는 도덕적 우위에서 상대를 적극적으로 설득하는 것을 말한다. 비폭력은 도덕적 우위를 보여주기 위한 간곡한 하나의 표현일 뿐이다. 아힘사를 가진 사람은 상대를 오히려 측은하게 생각한다. 간디는 영국 정부 인사들에게 굴종한 적이 없으며 화를 내지도 않았고 저주를 하지도 않았다. 오히려 차근차근 조목조목 옳고 그름을 따져 영국 관리자를 당황하게 만들었다.

<하느님 나라는 너희 가운데 있다>라는 작품을 쓴 레오 톨스토이도 평화주의자이다. 『국가는 폭력이다』라는 책에서 톨스토이는 "국가의 정상의 자리는 다른 사람보다 교활하고 뻔뻔스러우며 비양심적인 사람이 차지하고 있다"라고 지적하고 있다. 워싱턴 룰이라는 것이 있다. 미국 언론인 스톤(I. F. Stone)은 "모든 정부는 거짓말쟁이들이 움직인다. 그들의 말을 그대로 믿어선 안 된다"고 정치인들을 경계했다. 정치인들은 거짓말을 아무렇지 않게 하는 사람들이라 신뢰할 수 없다는 것이다.

노벨 평화상을 받은 슈바이처는 노자와 장자, 묵자 등 동양 사상을 알게 되었고, 그들의 사상이 무위자연과 평화사상에 근거하고 있다는 것을 알았다. 슈바이처는 평화주의자답게 말하였다. "우리는 전쟁을 반대하는 데 태만해서는 안 된다. … 우리들은 전쟁 없는 시대를 실현하기 위해서 분발하지 않으면 안 된다. 그러기 위해서 우리는 새로운 진리 정신에 의해서 더 높은 이성을 얻지 않으면 안 된다. 진리 정신은 인도주의 사상을 낳는다. 인도주의 사상에서 인간존재의 향상과 진보가 비롯된다. 모든 국민의 상호이해를 방해하는 나쁜

의미의 국가주의와 민족주의를 인도주의 사상으로 초극해야 한다"(슈바이처, 나의 생애와 사상). 이러한 평화사상의 기원은 "너의 원수까지도 사랑하라"고 하신 예수 그리스도의 가르침에 두고 있다고 할 수 있다. 기원전 8세기에 이미 이사야는 "나라마다 칼을 쳐서 보습을 만들고 창을 쳐서 낫을 만들리라. 민족들은 칼을 들고 서로 싸우지 않을 것이며 다시는 군사 훈련도 하지 아니하리라"(이사 2:4)라는 평화사상을 말하였다.

정치지도자들은 강한 군사력을 드러내고자 한다. 세계 각국은 가공할 무기를 개발하여 힘 있는 나라가 되겠다고 군사강국 정책을 펴고 있다. 그러나 진정한 평화를 가져다주는 것은 무력으로 이기는 것이 아니라 져주는 것이라고 <도덕경> 31장은 말한다.

무력이라는 것은 바람직한 것이 못 된다.
사람들은 무력을 싫어한다.
그러므로 도에 따라 사는 사람은 무력을 사용하지 않는다.
바른 지도자는 평상시에는 왼손을 사용하지만,
무력을 쓸 때는 오른손을 쓴다.
무기는 상서롭지 못한 것,
바른 지도자가 쓸 것이 못 된다.
부득이 무력을 행사할 경우에도
고요하고 맑은 마음으로 하는 것이 좋다.
싸움에서 이겼어도 이겼다고 좋아하지 않는다.
전쟁의 승리를 자랑하는 자는
살인을 즐기는 자라 하겠다.

그저 사람 죽이기를 즐기는 자는

세상에서 뜻을 얻을 수가 없다.

좋은 일에는 왼손*을 쓰고

언짢은 일에는 오른손을 사용하라.

부장군은 왼쪽에 자리하고

상장군은 오른편에 둔다.

말하자면 초상의 예의로 전쟁을 치르기 때문이다.

죽인 사람이 많으면

슬픈 설움으로 울어서 애도하고

싸움을 이기고서도 초상의 예의로 지내야 한다.

(*왼손잡이는 오른손을 말한다. 위치를 바꾸어 생각하라.)

늙은이 32월

길은 늘 이름 없오라(道常無名).

등걸이 비롯 작(게 보이)더라도(樸, 雖小).

세상이 섬기(라) 못 흐오라(天下莫能臣也).

임금들이 직힐 수(있을 거) 같으면(侯王若能守之),

잘몬이 스스로 손오듯 흐오리(萬物將自賓).

하늘 땅이 맞아서, 닯이슬을 내리고(天地相合, 以降甘露),

사람은 흐란말 없이도 스스로 고르리(民莫之令而自均),

비로소 감내 이름 있고(始制有名),

이름도 그만 두니(名亦既有),

그저 또한 그칠 줄을 알리(夫亦將知止).

근칠 줄 알아 나죽지 않잠(知止, 可以不殆).

비겨, 길의 세상에 댐은(譬道之在天下),

내골의 가람 바다에 댐과 같오라(猶川谷之於江海).

등걸: 樸. 등나무, 나무 밑동, 그루터기, 여기서는 道를 말한다.

감내다: 창제(創制)하다.

猶: 같을 유.

풀어 씀

겉모양을 다스리기 보다는 마음을 다스려야 합니다.

<도덕경>은 '다스리지 않으나 다스려지지 않은 것이 없다'라는 무위(無爲)의 다스림을 지향하고 있다. 인위적으로 통제하거나 군림하지 않고, 스스로 따르고 저절로 이루어지는 무위자연(無爲自然)의 사상을 펼친다. 중앙정부의 간섭 없이 스스로 통치하고 자율적으로 처리하는 사상이 무정부주의(anarchism)이다. 그러한 자율사회를 이룩하기 위해 폭력을 허용하는 극단적인 아나키스트를 테러리스트라고 비난하였다. 그동안 무정부주의라는 말은 많이 왜곡되었다. 무정부라는 말은 중앙정부 없이 자율적으로 움직이며 자치하는 사회를 말한다. 나는 이러한 사회를 '시민 자주민주연합'이라는 말하고 싶다. <도덕경>의 이상향은 아니지만, 그 정신에 가까이 갈 수 있는 정치체제는 시민 자주민주연합이라고 본다. 레오 톨스토이, 헨리 데이빗 소로와 같은 사람들이 꿈꾼 사회에 가장 가까운 정치제도이다.

달 밝은 보름밤, 어느 궁중에서 임금님과 많은 신하들이 어떻게 하면 이 밤을 보다 즐겁게 보낼 수 있을지에 관하여 이야기하였다.

한 신하는 달밤에 노래를 부르는 것이 즐거울 거라고 하였고, 어떤 신하는 산보하는 것이, 또 한 신하는 재미나는 이야기를 하는 것이 좋을 것 같다고 하였다. 신하들이 이것이 좋다 저것이 좋다 말하고 있는데, 유독 한 신하만은 처음부터 무엇인가 생각에 잠겨 있을 뿐 잠자코 말이 없었다. 그래서 임금은 "그대는 어째서 아무 말이 없는가?"고 물었다. "전하, 제가 아는 선생님이 동산에 와 계시는데, 전하께서 괜찮으시다면 그곳에 가보셨으면 합니다." 임금님은 그 신하를 신망하고 있던 터라 곧 그의 의견을 따르기로 하였다.

임금님과 신하들과 달 밝은 밤, 숲속 깊은 곳에 있는 선생님을 찾아갔다. 사방이 죽은 듯이 고요하여 무시무시한 생각이 들었는지 임금님이 "이렇게 음침한 곳에 선생님이 혼자 계시는가?" 하고 물었다. "아닙니다. 그곳에는 선생님과 천 명이 넘는 사람들이 함께 있습니다."

그곳에는 한 선생님이 수많은 사람들로 둘러싸여 있고 모두 조용히 앉아 있었다. 그 많은 사람이 꿈쩍도 하지 않고, 숨소리도 들리지 않을 정도로 고요하게 선생님의 말씀을 듣고 있었다. 이 광경을 본 임금님은 감동하였다. 임금님은 선생님 앞에 다가가 물어보았다. "훌륭하신 선생이여, 나는 한 나라의 왕으로서 여러 가지 법을 만들어 백성을 다스리고 있습니다. 그러나 제 명령이라면 죽는 시늉까지 하는 군대라 할지라도 어느 한순간 이렇게 조용히 있게 할 수는 도저히 없습니다. 선생께서는 어떻게 이같이 조용하게 하실 수 있습니까?"

선생께서는 조용하고 나직한 목소리로 대답하셨다. "그것은 백성들의 겉모양만을 다스리려고 하기 때문입니다. 겉모양보다는 마음을 다스려야 합니다. 사람의 근본을 이루고 있는 그 마음을 가라앉혀야 하는 것입니다."

이 말을 들은 임금님은 정신이 번쩍 들었다. 보름달처럼 조용하면서도 환한 빛이 임금님 마음속 가득히 번져왔다.

도(道)란 늘 이름이 없어
등걸(道)이 비록 작게 보이더라도
지도자가 섬기라고 명령할 수 없다.
지도자가 마음에 얼을 잘 간직하였다면
온갖 것들이 거의 스스로 따를 것이다.
하늘땅이 맞아서 단 이슬이 내리고

사람들은 시키지 않아도 스스로 반듯하리라.

비로소 마름질되어 있게 계심

이름하니 또한 이미 있음이라.

저 또한 나아가 그칠 줄 알고

그칠 줄 앎으로서 다치게 안 한다.

세상과 도를 비유하자면

큰 강과 바다로 흘러가는 골짜기와 시내 같다.

늙은이 33월

남 아는 것이 슬기, 저 아는 게 밝(知人者智, 自知者明),
남 이기는 것이 힘있, 저 이기는 게 셰임(勝人者有力, 自勝者强).
넉넉흔 줄 앎이 가멸, 억지로 흘람게 뜻있(知足者富, 强行者有志),
그 자리를 잃잖는 이 오래고(不失其所者久),
죽어도 없어지지 않는게 목숨(死而不亡者壽).

가멸: 재산이 많음.

풀어 씀

'몸'은 죽어도 '얼'은 영원히 죽지 않는다.

인간은 육체와 정신, 영혼으로 되어 있다. 순우리말로 '몸', '맘', '혼'으로 표현한다. 고요의 시간을 갖고 묵상을 하면 마음을 비울 수 있고 정신문화를 풍요롭게 할 수 있다. 정신이 맑고 깨끗하면 '맘'이 살고, 깨끗한 '맘' 속에 '혼'은 활동할 수 있다. 그러므로 건강한 '몸'에 깨끗한 '맘'을 간직할 수 있고, 깨끗한 '맘' 속에 맑은 '혼'을 간직하게 된다.

우리 눈에 보이는 '겉사람(physical body)'은 거울을 통해서 볼 수 있다. 거울

속에 비친 형상을 보고 내가 어떠한 모습을 하고 있는지 확인할 수 있다. 그러나 눈에 보이지 않는 '속사람(spiritual body)'은 어떻게 확인할 수 있을까? 속사람을 보기 위해서는 마음의 거울이 있어야 한다. 위인전이나 다른 사람의 선행이 나의 양심을 일깨우고 보게 하는 마음의 거울이 된다.

건강한 몸을 유지하기 위해서는 영양이 골고루 섞인 음식을 먹어야 한다. 영양을 많이 섭취하면 비만이 될 수도 있다. 비만이 되지 않기 위해서 절절한 운동한 해야 한다. 음식을 잘 먹고 적당한 운동을 한다고 살아 있는 몸을 가졌다고 할 수는 없다. 사람은 호흡을 해야 산다. 호흡은 맑고 신선한 공기이면 더 좋다. 그러므로 건강한 '몸'에는 음식, 운동, 호흡이 필수적이다. '맘'에도 음식, 운동, 호흡이 필요하다. '맘'의 양식은 '좋은 글'이라고 할 수 있다. 맘의 운동을 '선행의 실천'이라고 한다면, 마음을 내려놓고 마음을 닦는 명상이 '맘의 호흡'이라 할 수 있다. 맘, 특히 정신활동은 세 가지로 나누어 생각할 수 있다.

인간의 정신문화는 지적인 면과 감성적인 면, 그리고 도덕적인 면으로 크게 나누어진다. 인간의 지성, 감성, 도덕성을 발전시키면, 각 분야에서 자아확립을 한 사람의 인간미인 '멋'으로 드러난다. 인간미를 완성한 사람은 비록 남루한 옷을 걸치고 있을지라도 내면의 멋이 빛을 발하여 누구도 감히 그를 무시하지 못한다. 그 사람이 풍기는 인간의 멋은 첫째로, 인간이 지닌 지적 능력(知性, verum, 知)으로 발휘된다. 지성의 멋은 지(知)로 상아탑 최고의 지적 멋으로 나타난다. 둘째로, 인간의 감성의 능력(感性, pulchrum, 情)은 정(情)으로 아름다움이 드러난다. 예술가의 풍기는 멋 또한 아름답다. 셋째로 도덕적 능력(倫理性, bonum, 義)은 질서와 정의로움으로 의(義)를 드러낸다. 지(知)는 진(眞)으로, 의(義)는 선(善)으로. 정(情)은 미(美)로 발전하여 인간문화의 극치인 진선미(眞善

美)를 이룬다.

　인간 정신의 아름다움인 진선미와 더불어 영혼인 '얼'의 활동이 그 사람의 영
성으로 나타난다. 영성은 진선미의 종합이거나 이것과 같은 성질의 덕을 이루
는 정신적인 것은 아니다. 그리스도교 영성은 궁극적 실재와의 관계성, 초월성,
역사성, 창조적 과정으로서 하느님을 찾는 길이고 궁극적으로는 일자(一者)와
의 합일(合一, unum)을 목표로 하고 있다. 인간의 영성이란 바로 인간의 본래
적인 인간다움, 곧 '하느님의 형상(Imago Dei)'을 회복한 인간의 본래적 모습,
그 자체라고 할 수 있다.

　<도덕경> 33장은 무위(無爲)의 삶을 사는 '씻어난 이(聖人)'를 잘 보여주고 있다.

　다른 사람을 아는 것이 슬기요, 자신을 아는 게 밝음이다.
　힘이 세야 남을 이기나, 자기를 이기는 것이 더 힘이 세다.
　억지로 하려는 것은 하고자 하는 의지가 있음이요,
　자족하고 넉넉한 줄 앎이 풍요로운 것이다.
　그 자리를 잃지 않은 사람이 영원히 살고,
　그런 사람이 죽어도 없어지지 않는 '얼'이다.

늙은이 34월

큰길이 둥 (두려시)떴음이여(大道氾兮),

외게도 옳게도로다(이러케도 저러케도다)(其可左右).

잘몬이 믿거라고 나(오)는데 말라지 아니ᄒᆞ고(萬物恃之而生而不辭),

일이 이룬데 이름지어 가지지를 아니ᄒᆞ고(功成不名有),

앺여 기룬 잘몬인데 님(자가)되지 아니ᄒᆞ니(衣養萬物而不爲主),

늘 싶음이 없어라(常無欲).

작보다 (작다) 이름홀 만(可名於小),

잘몬이 도라가서 님(잔 줄) 모르겠으니(萬物歸焉, 而不爲主),

크보다 (크다) 이름홀 만(可名爲大).

이래서 씻어난 이는(是以聖人),

마침내 클라ᄒᆞ지 아니ᄒᆞ므로(以其終不自爲大),

바로 이룰 그 크로다(故能成其大).

氾: 둥둥뜰 범, 넓을 범, 泛자로도 씀.

175

풀어 씀

무소부재하신 하느님은 왼쪽으로도 오른쪽으로도 가없이 크신 분으로 "만물을 낳아 입히고 기른다(衣養萬物)"고 노자는 말하였다. 예수님도 같은 생각을 하였다. "공중의 나는 새를 보아라. 그것들은 씨를 뿌리거나 거두거나 곳간에 모아들이지 않아도 하늘에 계신 아버지께서 먹여주신다"(마태 6:26). 이러한 하느님은 잠깐 보이는 이적이나 기적 같은 것을 행하지 않고 신통변화를 부리는 잡신 노릇을 하지 않는다고 다석 유영모는 말하였다. "참 하느님은 우리가 바라고 생각하는 것 같은 신이 아니다. 참 하느님은 없는 것 같다. 없는 것 같은 것이 하느님이다. 신통괴변(神通怪變)은 하느님이 하는 것이 아니다. 하느님은 무한한 시간과 무한한 공간의 큰 늘(無限)이요, 한 늘(永遠)이다. 무수한 천체(天體)를 품고 계시는 무한 우주다"(다석어록).

마음을 내려놓고, 마음을 비워 살면 모든 것은 저절로 된다. 이러한 자연의 순리에 따라 사는 사람이 거룩한 사람이고, 씻어난 이다. 이러한 사람이 무위자연(無爲自然)의 삶을 따르는 사람이라 할 수 있다. "누구든지 자기를 높이는 사람은 낮아지고 자기를 낮추는 사람은 높아진다"(마태 23:12, 루가 14:11)라는 말씀도 같은 의미라 할 수 있다. 자기를 낮추어 자기를 들어내지 않고 자기가 이루었다고 공을 드러내지 않는 경지에 이르러야 가히 큰 사람이라고 할 수 있다. 큰 도(大道)는 이러하므로 어떤 말로 표현할 수 없다. 하느님을 무어라 말로 표현할 수 없듯이 대도(大道) 또한 이름을 붙일 수 없다. 그러나 굳이 이름 지어 말하라면 단지 '크다'라고 할 수밖에 없다.

캔터베리의 안셀무스(Anselmus, 1033~1109)도 신존재증명에서 비슷한 말을 한다. "신은 그것보다 더 큰 것을 생각할 수 없는 어떤 것이다(id quo maius cogitari nequit)." 최고로 큰 존재는 사고의 대상이자 동시에 실제로 존재해야만 한다. 왜냐하면, 신이 단지 사고의 대상으로서만 존재한다면, 우리는 사고와 실제에 동시에 존재하는 더 큰 존재를 다시 생각할 수 있기 때문이다. 그러므로 "신은 큰 것보다 더 큰 것이다"라고 안셀무스는 말한다.

큰 길이 훤히 뚫려 둥 떠 있음이여
이렇게도 저렇게도 되도다.
모든 것의 어머니라 낳기를 마다하지 아니하고
일을 이루고도 이름 지어 가지지를 아니하고
모든 것을 입히고 먹여 기르나 임자 행세 아니한다.
늘 욕심이 없어
작은 것보다 작다고 이름 지어 부를 만하다.
모든 것이 그곳으로 돌아가건만 임자 되지 않으니
크다고 이름 지어 부를 만하다.
그러므로 '씻어난 이(성인)'는
마침내 크려 하지 아니함으로써
이루기에 '크다'라고 할 만하다.

늙은이 35월

(아주) 큰 거림을 잡고 하늘 알로 가도다(執大象, 天下往).

(다른 색임) 큰 거림을 잡았으니 세상이 가도다.

가되 언잖지 아니호니(往而不害),

(편)안, 평(안), 태(평) (호도다)(安平太).

(소리)울림과 (먹음)먹이는(樂與餌),

(지나가든) 손이나 머물지(過客止).

길 가 나가는 입은 심심훈이 그 맛이 없(道之出口, 淡乎其無味).

보아서 보잘게 없(視之不足見).

들어서 들잘게 없(聽之不足聞).

(암만) 쓰더라도 그만(이란 게) 없오라(用之不足旣).

大象(대상): 대도(大道), 대법(大法)을 뜻한다.

소리울림: 음악.

먹음먹이: 음식.

풀어 씀

대상(大象)이란 대도(大道)를 말하며 눈에 보이지 않는 도의 형상이자 절대자를 의미한다. <도덕경> 14장에 무물지상(無物之象)이라는 말이 있다. 물질이 아닌 영(靈)으로 '모습 없는 모습', '형상 없는 형상', '없이 계시는 존재'가 무물지상으로서 대상이다. 또한 대상은 모든 물질을 포함키도 한다. 다석은 이러한 하느님을 "없이 계시는 하느님"이라고 정의하였다. '있음(有)'이라는 관점에서는 하느님은 영이시기에 물질로는 존재하지 않는다. '없음(無)'이다. 그러나 '없음'(無)이라는 관점에서는 하느님이 없다고 말할 수 없다. '있음'이다. 없다고 말하자니 영(靈)으로 존재하기 때문이다. 그러므로 있음이면서 없음이고, 없음이면서도 있음이다. 다석 유영모는 '있없(有無)'을 다 포함하는 말을 새로 만들어 '없이 계신 이'라 하였다. 노자가 말하는 대상도 물질이 아닌 영적 존재이면서 물질을 포함하는 존재이다.

사람이 이 세상에 온 것은 '집대상(執大象)'하자는 것이다. 집대상이란 하느님 생각을 하고 하느님 생각이라는 의식으로 꼭 잡는 것을 말한다. 하느님인 대상(大象)에 손가락을 꼭 댈 정도로 하느님을 꼭 잡는 것이다. 하느님의 계신 곳에 손가락을 꼭 대기 때문에 하느님이 계신 곳이 '꼭대기'이다. 꼭대기에 집착하는 것이므로 집대상이다. 간디에게 있어서는 집대상은 '사티아 그라하' 즉 진리파지(眞理把持)이다. 간디의 진리파지는 석가에 있어서는 다르마(Dharma, 法)를 깨달음이요, 예수에게 있어서는 성령으로 거듭나 영적인 나, '영나(靈我)'로 태어나는 것이다.

다석 유영모는 늘 하느님을 생각하고 하느님께 귀일(歸一)하는 생각으로 살았다. 생각하는 곳에 신이 있다는 말이 염재신재(念在神在)이다. 다석은 염재신재가 자신의 신관(神觀)이라고 하였다. 다른 말로 표현하자면 다석의 신관은 대상(大象)을 붙잡는 것이다. 즉, '집대상'하자는 것이다.

"사람이 생각하는 것은 신(神)이 있어서 생각하는 것이다. 신과 연락하는 것, 곧 신이 건네주는 것이 생각이라고 할 수 있다. 신이 건네주지 않으면 생각이 없다. 생각을 한다면 신과 연락이 되어야 한다. 마귀하고 연락하고 사귀면 못된 생각이 일어날 수밖에 없다. 이 사람의 신관이 염재신재이다. 생각이 있는 곳에 곧 신이 있다"(다석강의, 96~97쪽).

"사람이 생각하는 것이 신(神)이 있어서 이루어진다. 신이 내게 건네 주는 것이 거룩한 생각이다. 신이 건네주지 않으면 참 생각을 얻을 수 없다. 거룩한 참 생각은 신과의 연락에서 생겨난다. 육체의 욕망에 사로잡힌 사람은 못된 생각이 일어날 수밖에 없다. 생각하는 곳에 신이 있다고 염재신재라 한다. 그러면 생각이 신(神)인가? 나로서는 모른다"(다석어록, 22쪽).

대상(大象)은 영이시며 만물을 낳는 영원한 생명으로 "아무리 써도 다하여 그치는 일이 없다(用之不足旣)". "내가 주는 물을 마시는 사람은 영원히 목마르지 않을 것이다. 내가 주는 물은 그 사람 속에서 샘물처럼 솟아올라 영원히 살게 할 것이다"(요한 4:14)라고 말한 예수의 사상과 통한다. 장자도 같은 말을 하였다. "누가 아는가 말로 할 수 없는 말을, 말할 수도 없는 도(道)를, 만일 알 수 있을 것 같으면 이를 가리켜 하늘나라라 이른다. 쏟아 부어도 가득 차지 않고 퍼내도 마르지 않는다"(孰知不言之辯 不道之道 若有能知 此之謂天府 注焉而不滿 酌焉而不竭, <장자>, 제물론 편).

한얼(큰 얼)을 간직하고 세상으로 간다.

세상으로 가되 언짢아하지 않으니

편안하고 바르고 태평하도다.

음악과 음식은

지나가는 나그네의 발걸음을 멈추게 하네.

도를 전하는 입은 심심하니 그 맛이 없어

보아도 보잘 게 없고

들어도 들을 게 없다지만

도의 쓰임은 암만 쓰더라도 그만이라는 게 없다.

늙은이 36월

(드러) 마실라거든 반드시 꼭 베풀(내블) 거고(將欲歙之, 必固張之),

므릇ᄒ게 흐려거든 반드시 꼭 단단ᄒ게 홀 거고(將欲弱之, 必固强之),

그만치 울라거든 반드시 꼭 이르킬 거고(將欲廢之, 必固興之),

빼슬라거든 반드시 꼭 줄 거니(將欲奪之, 必固與之),

이 일러 뭥밝음(是謂微明),

브드럼이 굳셈을 이김, 므른게 센걸 이김(柔弱勝剛强),

(물)고기가 (물) 깊음을 버서나지 못(ᄒ드시)(魚不可脫於淵),

나라의 날칼온 그릇을 가져(國之利器),

남에게 보이진 못ᄒ(不可以示人).

歙: 숨들어쉴 흡.

뭥 밝음: 미명(微明)으로 미(微)는 도(道)임, 도의 빛.

풀어 씀

<도덕경> 14장에서 도(道)라는 절대자는 볼 수도 없고 만질 수도 없고, 들을 수도 없는 존재라고 하여 이(夷), 희(希), 미(微)로 표현하였다. 다석은 이(夷)를 '뭔'으로, 희(希)를 '뭘'로, 미(微)를 '뭣'으로 해석하였다. 뭔, 뭘, 뭣은 무엇의 줄임을 변형시킨 조어(造語)이다.

視之不見, 名曰夷	보아 못 보니 이르자면 뭘.
聽之不聞, 名曰希	들어 못 들으니 이르자면 뭟.
搏之不得, 名曰微	쥐어 못 쥐니 이르자면 뭘.
此三者, 不可致詰	이 셋이란 땋아서 될 게 아니라.
故混而爲一	므로 왼통으로 한아 됨이여.

인디언 인사말, '미타쿠예 오야신'은 "우리 모두는 하나로 연결되어 있다"라는 뜻이다. 서로 연결되어 있으니 다른 사물의 반응에 조심스레 반응하고 소통하며 살라고 인사하면서 늘 일깨운다. 자연을 사랑하고 뭇 생명의 영혼의 소리에 예민한 삶이라 아니할 수 없다.

노자는 생멸하고 늘 변하는 상대적 존재의 변화하는 모습은 영원불변하고 항상(恒常)된 절대 존재를 나타내는 것이라 하여 <도덕경> 36장에서 도(道)라는 절대자를 '시위미명(是謂微明)'이라고 하였다. '유약승강장(柔弱勝剛强)'은 탐욕(貪慾), 진에(瞋恚), 치정(癡情)이라는 삼독(三毒)의 문제를 극복하고 마음에 일어나는 분심을 넘어선 사람은 정신적으로 굳세고 강한 모습으로 거듭난다는 뜻이다. 물고기가 깊은 물 속에 숨어 있듯이, 사람이 깨닫기 전에는 유약한 마음속에 숨겨진 굳센 얼을 알지 못한다. 나라를 지킬 수 있는 이로운 도구는 보이지 않게 숨겨놓은 것처럼 인간의 얼 생명은 마음속 깊은 곳에 꼭꼭 숨겨져 있기 때문이다.

"세상은 서로 반대되는 것들로 가득 차 있다. 행복 뒤에는 슬픔이 있고, 슬픔 뒤에는 행복이 있다. 햇빛이 있는 곳엔 그늘이 있고, 빛이 있는 곳에 어둠이 있다. 출생이 있는 곳에 죽음이 있다. 무집착(無執着)은 이렇게 서로 반대되는 것들에 영향을 받지 않는 것이다. 이들을 이겨내는 길은 이들을 없애버리는 것이 아니라 이들을 뛰어넘어 집착으로부터 완전히 자유로운 데 있다. 행복의 열쇠가 진리를 숭상함에 있음을 알 수 있다"(간디의 날마다 한 생각에서).

온갖 영화와 부귀를 누린 솔로몬은 인생의 황혼기에 지혜를 얻고 모든 것이 헛되고 헛되다는 것을 알게 되었다. "날 때가 있으면 죽을 때가 있고 심을 때가 있으면 뽑을 때가 있다. 죽일 때가 있으면 살릴 때가 있고 허물 때가 있으면 세울 때가 있다. 울 때가 있으면 웃을 때가 있고 애곡할 때가 있으면 춤출 때가 있다. 연장을 쓸 때가 있으면 써서 안 될 때가 있고 서로 껴안을 때가 있으면 그만둘 때가 있다. 모아들일 때가 있으면 없앨 때가 있고 건사할 때가 있으면 버릴 때가 있다. 찢을 때가 있으면 기울 때가 있고 입을 열 때가 있으면 입을 다물 때가 있다. 사랑할 때가 있으면 미워할 때가 있고 싸움이 일어날 때가 있으면 평화를 누릴 때가 있다"(전도서 3:2~8). 하늘 아래 일어나는 일들이 시시때때로 변하고 그때마다 양면성과 상대성이 있다는 것을 깨닫고, 솔로몬은 결국 영원한 생명이 절대자를 아는 것 외는 모두 헛되다고 말하였다.

상대세계의 변화와 모든 것이 하나로 연결되어 서로 영향을 주고받는다는 것을 아신 예수도 대접을 받으려거든 먼저 대접하라고 말씀하셨다. "그러므로 무엇이든지 남에게 대접을 받고자 하는.대로 너희도 남을 대접하라 이것이 율법이요, 선지자니라"(마태 7:12 개역한글). 깨달은 옛 성현들도 같은 말씀을 하셨다. "남에게 은덕을 베풀어야 풍부해지고 남을 대접해야 저도 대접을 받는다"(잠언 11:25 공동번역). 부처님의 말씀도 같은 의미이다. "모든 존재들을 너 자신으로 여겨라"(법구경 10:1). 이렇게 모든 것이 서로 연결되어 있는 하나라는 사실을 아는 사람들은 이웃을 사랑하고, 뭇 생명을 자신을 대하듯 하기에 미물인 아주 작은 생명의 작은 움직임에도 예민한 것이다. 미타쿠예 오야신!

거둬들이고 싶거든 반드시 먼저 베풀어야 할 것이고,
남을 무르게 하려거든 반드시 자신을 단단하게 할 것이고,
치워버리려거든 반드시 일으켜야 할 것이다.
뺏으려거든 반드시 꼭 주어야 하느니
이 일러 보이지 않는 것이 나타남이라.
부드러움이 굳셈을 이기고, 무른 게 센 것을 이긴다.
물고기가 깊은 물 속에 숨어 있듯이
나라의 이로운 도구는 보이지 않게 숨기듯이
이게 보이지 않게 숨겨져 있으니.

늙은이 37월

길은 홈없어도 늘 아니ᄒᆞ는 게 없으니(道常無爲而無不爲),

임금들이 직힐거 같으면(侯王若能守之),

잘몬은 제대로 되리로다(萬物將自化),

되다 짓거릴랑(化而欲作),

내 이름 없는 등걸을 가지고 (투덕투덕) 누르리(吾將鎭之以無名之樸).

이름 없는 등걸 또 ᄒᆞ고져 아니ᄒᆞ리(無名之樸, 夫亦將無欲),

ᄒᆞ고져 아니ᄒᆞ야 고요ᄒᆞ고(不欲以靜),

셰상은 제대로 바르리로다(天下將自正).

되다: 화(化). 도(道)로 나아감.

짓거릴랑: 욕망에서 나오는 언행.

풀어 씀

무위(無爲)는 인위적으로 하지 않고 있는 그대로 자연스럽게 되게 하는 것이다. 자연의 이치, 순리에 따라, 즉 도(道)에 따라 살면 모든 것이 저절로 된다는 말이다. 무위 다음에 오는 무불위(無不爲)는 '하지 않아도 하지 않음이 없다'는 뜻이다. 영어로는 무위를 'non-action', 'no-doing'으로 번역한다. 현대에는 'let it be' 또는 'let it go'로 번역해야 뜻이 잘 전해지리라 본다. 1960년대 히피 문화와 자연주의 영향을 받은 서구의 청년들이 무위사상을 잘 나타내는 노래를 불렀는데 대표적인 것이 비틀즈의 '렛 잇 비'이다.

Let It Be - The Beatles

When I find myself in times of trouble

Mother Mary comes to me

Speaking words of wisdom, let it be.

And in my hour of darkness

She is standing right in front of me

Speaking words of wisdom, let it be.

Let it be, let it be.

Whisper words of wisdom, let it be.

And when the broken hearted people

Living in the world agree,

There will be an answer, let it be.

For though they may be parted

there is still a chance that they will see

There will be an answer, let it be.

Let it be, let it be.

Yeah There will be an answer, let it be.

And when the night is cloudy,

There is still a light that shines on me,

Shine on until tomorrow, let it be.

I wake up to the sound of music

Mother Mary comes to me

Speaking words of wisdom, let it be.

Let it be, let it be.

There will be an answer, let it be.

Let it be, let it be,

Whisper words of wisdom, let it be⋯.

내가 근심의 시기에 처해 있을 때 성모 마리아가 다가와 지혜로운 말씀을 해주셨어.

"그냥 그대로 둬."

캄캄한 혼돈의 암흑 시간 중에도 성모 마리아가 내 앞에 서서 지혜의 말씀을 해주셨지.

"그냥 그대로 둬."

지혜의 말씀을 속삭여 주셨어, 그냥 그대로 두라고⋯.

세상의 모든 상심한 사람들마저도
'그냥 그대로 두라'는 말에 해답이 있다는 것에 동의를 하지.
헤어진다 할지라도 (다시) 만날 기회는 있어, 그냥 그대로 두면 모든 게 풀릴
거야 그냥 그대로 둬….
그 말에 진리가 담겨 있지 '그냥 그대로….'
구름 덮인 밤일지라도 다음날이 밝을 때까지 여전히 날 밝혀줄 등불은 있어
"그냥 그대로 둬."
음악 소리에 잠을 깨보니 성모 마리아가 내게 오셔서 지혜의 말씀을 해주셨
어 '그냥 그대로 두라고….'
그 말 속에 진리가 담겨 있어, '그냥 그대로 둬' 지혜의 말을 속삭여 봐요 "렛
잇 비"라고….

후왕약능수지(侯王若能守之)라는 문장에서 '임금'이라고 해석하기보다는 현
대적인 입장에서 '지도자'라고 말하는 것이 나을 것이다. '후왕능수'라는 말은
앞에서 해설한 <도덕경> 22장에도 나온다. 지도자는 권력이나 무력으로 다스
려서는 안 되고, 무위로 다스려야 한다는 말이다. '다스리지 않으나 다스리지
않은 것이 없는 것'처럼 다스리라는 것이다.

하느님 뜻대로 사는 것이 '무위무불위(無爲無不爲)'이다. 서양의 신비주의자
는 하느님 뜻대로 산 무위(無爲)의 사람들이다. 신비주의자란 하느님의 영과
하나가 되어 하느님과 더불어 사는 사람을 가리킨다. '그리스도가 내 안에, 내
가 그리스도 안에'(갈라 2:20) 있는 것처럼 사는 사람들이다. 예수님은 "내가 하
느님 안에, 하느님이 내 안에"(요한 14:10) 있다고 하였다. 더 나가서는 내가 하
느님과 하나다(요한 17:11, 21절 참조)고 하였다. 어떤 면에서는 예수님은 사람들

이 스스로 따르고 섬기도록 한 신비주의자이자, 하느님의 뜻대로 사신 무위의 삶을 사신 분이시다.

다석 유영모는 무위의 하느님에 대하여 말하였다. "하느님은 자연을 다스리는데 보이지 않는다. 하느님은 일을 하시는데 통히 나타나지 않고 저절로 되게 하신다. 하느님은 우리가 생각하고 있는 대로 또 우리가 높인 대로 그렇게 계신 분이 아니다. 우리가 듣고 알 만한 일에 그의 존재를 나타내지 않는다"(다석어록). 예수님도 이와 같은 생각을 하신 분이다. "내 아버지께서 언제나 일하고 계시니 나도 일하는 것이다"(요한 5:17).

<도덕경>을 읽을 때마다 서방영성의 대가나 사막의 교부들의 삶과 말씀을 대하는 것 같기도 하고, 때때로 침묵 가운데 정념(靜念)에 머문 동방의 영성, 헤지키즘(hesychasm, 무념, 고요의 적막주의)을 읽고 있는 것으로 착각할 때가 많다. 제가 관상기도와 침묵기도, 선정(禪定)에 머무르는 것을 좋아하고 카타파틱 영성(kataphatic spirituality, 긍정의 영성)보다도 아파파틱 영성(apophatic spirituality, 부정의 영성)을 전공했기 때문이라고 생각되기도 한다.

도는 함 없이도 늘 아니하는 것이 없다.
지도자가 무위의 다스림을 할 것 같으면
모든 것이 저절로 되리라.
그렇게 되다가도 제나(ego)의 욕망이 일면
나 곧 없이 있는 얼로 누르리
없이 있는 얼이면 그저 모두 거의 욕심대로 하고자 아니하리.
하고자 안하여 고요하고
세상은 곧 저절로 바르게 되리라.

늙은이 38월

높오르는 속알은 속알 (기대지) 않오라(上德不德),

이래서 속알 있오라(是以有德),

얕내리는 속알은 속알 놓지 않오라(下德不失德),

이래서 속알 없오라(是以無德).

높속알은 흠없고 라흠없으며(上德無爲而無以爲)

얕속알은 흐고 라흠이 있으며(下德爲之而有以爲),

높사랑은 흐되 라흠 없으며(上仁爲之而無以爲),

높옳은 흐되 라흠이 있으며(上義爲之而有以爲),

높낸감은 흐야서 말않드르면(上禮爲之而莫之應),

팔을 끌어다 그대로 치르오라(則攘臂而仍之),

므로 길 잃은 뒤에 속알(故失道而後德),

속알 놓진 뒤에 사랑(失德而後仁),

사랑 잃은 뒤에 옳(失仁而後義),

옳 얼킨 뒤에 낸감(失義而後禮),

그저 낸감은 몸속, 몸믿의 앑흔앑흔이오, 어질어질의 머리로다(夫禮者, 忠信之薄, 而亂之首).

본데 있는 이란 길의 꽃, 어리석의 비롯(前識者, 道之華, 而愚之始),

이래서 산아이는(是以大丈夫),

그 두터운데로 가며 그 얇은데로 않가며(處其厚, 不居其薄),

그 열매를 맺지, 그 꽃 뵐라 않으오라(處其實, 不居其華),

므로 이를 집고 저를 버림(故去彼取此).

속알: 덕(德)의 순우리말.

낸감: 예의, 제도를 뜻하는 순우리말.

몸속: 다석은 충(忠)을 '맘속'이라고 함.

몸믿: 신(信)을 '맘믿'이라고 말을 만들어 표현함.

풀어 씀

<도덕경>은 총 81장으로, 상권은 1~37장까지이고, 하권은 38~81장까지로 구성돼 있다. 상권은 도경(道經)이라고 하고, 하권은 덕경(德經)이라고 한다. 도경은 도의 원리에 대하여 말하고 있고, 덕경은 도의 원리에 따른 행동이나 실천에 대하여 말하고 있다.

덕이 높으면 덕을 넘어 있으므로, 덕이 있다고 말조차 하지 않으나, 오히려 '덕이 있다'라고 말할 수 있다. 아래로 내리는 덕은 오염이 된 덕이라고 할 수 있는데, 속알을 잃지 않으려고 덕이라는 말만 내세우게 된다. 그러므로 오히려 '덕이 없다'라고 말하는 것이다.

덕이 높은 이는 일부러 속알을 드러내려고 하지 않으므로, 다른 사람에게 덕행을 하라고 강요하지 않는다. 사랑(仁)을 의도적으로 드러내지 않는 사람은 다른 사람에게 사랑을 억지로 강요하지는 않는다. 의로움(義)을 내세우는 이는 의도적으로 의로운 행위를 드러내면서, 다른 사람에게도 억지로 의로운 행동을 하도록 강요한다. 특히 자기 의로움에 빠진 사람은 자기만 옳고 남은 다 틀렸다고 말하는 경향이 있다. 또한 예(禮)를 내세우는 사람은 의도적으로 예절 행위를 드러낸다. 다른 사람들이 예를 잘 지키지 않으면, 팔을 걷어붙이고 억지로 시키기 때문에 자연스러운 도(道)를 잃고 만다.

도(道)를 잃은 후에는 덕(德)을 높이게 되고, 덕을 잃은 후에는 사랑(仁)을 중시하게 되며, 사랑을 잃은 후에는 올바름(義)을 강조하게 되고, 의(義)를 잃은 후에는 예절을 강요하게 되는 것이다.

따라서 인의예(仁義禮)라는 것은 인간들 사이의 성심과 믿음이 없어지면서 내세우는 것이다. 자꾸 이러한 것을 내세우고 강요하는 것은 인간관계가 어지러워진 것이라고 할 수 있다. 따라서 인의예는 도라는 것으로 겉치장한 껍데기일 뿐이며 어리석음의 시작인 것이다. 진실로 성숙한 사람은 드러나지 않고 도에 따라 무위(無爲)로 살지, 겉으로 얄팍하게 드러내지 않는다. 그러므로 참된 사람은 겉껍질은 버리고 내면의 본질만을 취한다.

덕경의 시작인 <도덕경> 38장에서 노자는 맨 먼저 "예절은 정성과 믿음이 사라지면서 생겨나고 사람 사이가 어지러워지는 시작이다(夫禮者, 忠信之薄, 而亂之首)"라고 말한다. 노자는 사람이 시키면 시키는 대로 하는 기계가 아니라 스스로 길을 찾는 대장부라는 점을 상기시킨다. 참된 사람(대장부)은 사회의 기준에 의해 잘 양육되고 다듬어진 깔끔한 재료가 아니라 수많은 가능성을 가진 사람으로서 스스로 알아서 일하고 일을 찾아서 하는 사람이다.

위의 덕은 덕을 드러내려고 하지 않아

덕이 있게 되고,

아래의 덕은 일부러 덕을 드러내려고 하기에

덕이 없는 것이다.

위의 덕은 나를 드러내려고 하지 않고

아래 덕은 나를 드러내려고만 한다.

윗사랑은 나를 드러내지 않고,

아래 옳음은 나를 드러내고 하는 것이니

대저 예절이란 시켜 말 안 들으면,

팔을 걷어붙이고 강요한다.

그러므로 도를 잃은 뒤에 덕을,

덕을 놓친 뒤에 사랑을,

사랑 잃은 뒤에 옳음을,

옳음 얽힌 뒤에 예절을 말한다.

그저 예절이란 성심과 믿음이 얄팍해서 생겨나고 어지러움의 시작이 된다.

겉으로 도를 화려하게 말하는 것이 어리석음의 시작임을 아나니

이래서 사나이는

그 두터운 데로 가고 얄팍한 데로 안 가며

도의 열매를 맺지, 도의 꽃 뵐라 않기에

남을 위해 자기를 버린다.

늙은이 39월

옛날에 한아 얻은 이로(昔之得一者),

하늘이 하나를 얻어서 맑게 쓰고(天得一以清),

땅이 하나를 얻어서 편안케 쓰고(地得一以寧),

신이 하나를 얻어서 령케 쓰고(神得一以靈),

골이 하나를 얻어서 참으로 쓰고(谷得一以盈),

잘몬이 하나를 얻어서 삶으로 쓰고(萬物得一以生),

임금들이 하나를 얻어서 세상고디 되니(侯王得一以爲天下貞),

그 꼭 가 대인 한아로다(其致之一也).

하늘로 맑게 씀이 없으면 아마 찌져질라(天無以清, 將恐裂).

땅으로 편안을 씀이 없으면 아마 피여 버릴라(地無以寧, 將恐發).

신으로 령홈에 씀이 없으면 아마 쉴라(神無以靈, 將恐歇).

골로 참을 씀이 없으면 아마 다홀라(谷無以盈, 將恐竭).

잘몬으로 삶을 쓸 수 없으면 아마 없어질라(萬物無以生, 將恐滅).

임금들로 고디를 씀이 없이도 높이기만 ᄒ면(侯王無以貴高).

아마 믿그러질라(將恐蹶).

므로 높임은 낮힘으로서 밑을 삼고(故貴以賤爲本),

높은 아레(로) 터 됐음이여(高以下爲基).

이래서 임금들이 제 일르기를(是以後王自謂),

외롭이, 홀옵이, 쭉정이라 홈(孤, 寡, 不穀).

이것이 그 낮힘으로서 밑 살음이냐, 아니냐(此非以賤爲本邪, 非乎),

므로 수레(생김새)를 따져 발리면 수레가 없다(는 셈)으로(故致數輿無輿), [2]

맑숙 맑숙 옥같다(不欲琭琭如玉).

데굴 데굴 돌같다 (ㅎ고) 싶지 않오라(珞珞如石).

谷(곡): 계곡을 뜻하지만, 여기서는 바다를 뜻하기도 한다. 산에만 계곡이 있는 것이 아니라 바
　　 닷속에도 수 없는 골이 있다.

고디: 줄기, 정(貞)의 순우리말.

외롭이: 외로운 이를 '외롭이'라고 다석은 함.

호롭이: 홀로 사는 이를 '호롭이'라고 함.

蹶(궐): 쓰러질 궐.

---

2) 다른 새김: 故致數輿無輿의 '輿'가 '譽'로 된 곳 있음. '따라서 자주 명예롭기를 바란다면 도리어
명예롭지 못하게 된다'로 새김.

196

풀어 씀

앞의 10장에서 <도덕경> 얼개(구조)를 39장과 짜맞추어 설명하였듯이 혼연
를 얻으면 하늘은 天淸(천청), 땅은 地寧(지녕), 신은 神靈(신령), 계곡은 谷盈(곡
영), 만물은 萬物生(만물생), 오상은 侯王貞(후왕정)을 이룬다. <도덕경> 39장에
서 노자의 주된 초점은 "지도자가 천하의 지도자가 되지 못하면 고귀한 지위
를 잃을 것이 걱정된다"는 사상에 있다. 도(道)가 아무것도 하지 않지만 하지
않는 것이 없으므로 무용의 쓰임새(無用之用)가 매우 광대함을 상기시키며 지
도자로 하여금 다스리지 않으나 다스려지지 않은 것이 없는 무위(無爲)의 다스
림을 펼 것을 노자는 강조한다. 도(道)라는 것은 본래 귀천(貴賤), 고저(高低), 미
추(美醜), 전후(前後)의 구분이 없는 것이므로 마땅히 도를 체득하고 분별심을
극복하여 자리에 연연하여 그 지위를 잃을까 전전긍긍하지 않는 지도자가 되
어야 한다. 따라서 "구슬처럼 빛나기를 도모하지 말고 돌과 같이 볼품없어야
한다"고 노자는 훈계하고 있다.

예수님도 같은 말씀을 하셨다. 예수께서는 그들을 가까이 불러놓고 "너희도
알다시피 세상에서는 통치자들이 백성을 강제로 지배하고 높은 사람들이 백성
을 권력으로 내리누른다. 그러나 너희는 그래서는 안 된다. 너희 사이에서 높
은 사람이 되고자 하는 사람은 남을 섬기는 사람이 되어야 하고 으뜸이 되고
자 하는 사람은 종이 되어야 한다. 사실은 사람의 아들도 섬김을 받으러 온 것
이 아니라 섬기러 왔고, 많은 사람을 위하여 목숨을 바쳐 몸값을 치르러 온 것
이다" 하셨다(마태 20:25~28).

바울로는 자기를 내려놓고 비움으로써 높아진다는 '비움의 신비'에 대하여

말하였다. 비움의 신학, 즉 케노시스 신학을 말하였다. 마음을 비우고 자신을 내려놓으면 커지고 높아진다는 옛 성현들의 말씀이 동서양을 막론하고 한결같이 전해오고 있다.

"그리스도 예수는 하느님과 본질이 같은 분이셨지만, 굳이 하느님과 동등한 존재가 되려 하지 않으시고 오히려 당신의 것을 다 내어놓고 종의 신분을 취하셔서 우리와 똑같은 인간이 되셨습니다. 이렇게 인간의 모습으로 나타나 당신 자신을 낮추셔서 죽기까지, 아니, 십자가에 달려서 죽기까지 순종하셨습니다. 그러므로 하느님께서도 그분을 높이 올리시고 모든 이름 위에 뛰어난 이름을 주셨습니다"(에페 2:6~9).

다석은 1959년 5월 22일 일지에서 하나를 '호ᄋ'와 '하나'로 구분한다. '호ᄋ'는 절대 하나인 본친(本親)으로, '하나'는 '많은 나'인 다아(多我)로 설명한다. 다석은 '호ᄋ'인 대아(大我)에서 시작한 소아(小我)가 다시 '호ᄋ'로 돌아가는 귀일(歸一) 현상을 온몸으로 보고 알게 되었다. 나라는 존재는 생명의 근원인 하늘의 원기(元氣)에서 나왔고, 다시 본래 온 곳으로 돌아간다. 시작과 마침은 '하나'에서 비롯되고 '하나'에서 마치는 우주의 순환질서 속에 바로 서 있는 자신을 본 것이다.

이와 같이 다석사상에 있어 '호ᄋ'는 '큰 하나(大我)'를 뜻하고, '하나'는 인간인 '나(小我)'를 말한다. 없음(無)의 관점에서는 '호ᄋ'라고 하고, 있음(有)의 관점에서는 '하나'이다. '있음(固有/有)'과 '없음(虛無/無)'을 넘어서면서 동시에 포함하므로 '호ᄋ'와 '하나'가 하나가 된다.

'호ᄋ'이며 '하나'이신 하느님은 '있음'과 '없음'을 초월하여 계신다. '있다 없다'

라는 논리에 참여하는 것은 본디 없다는 데서 내가 나와서 참여하고 '있다'는 것을 인정하는 것이라고 다석은 말한다(다석강의, 926쪽). 여기에서 있다 없다는 것은 상대적 유(有)도 아니고 상대적 무(無)도 아닌 것을 논하는 것이다. '불이(不二)' 즉, '무이(無二)'라고 할 수 있다. '무이(無二)'는 다시 말하여, '즉무(卽無)'이다. 아무것도 없다는 뜻이다. 무(無)이므로 'ᄒᆞᆫ'인 것이다.

다석은 하느님을 '아바', '압아'라는 말을 쓰면서 '없이 계신 엄아' 즉, 어머니라는 말을 사용하기도 하였다. 여성신학에 의해 사용된 '어머니 하느님'에 앞서 이미 다석은 남녀의 성적 구별을 넘어 '없이 계신 엄아'라는 말을 사용하였다 (다석일지 1959.6.25).

없이 계신 엄아 - 압아
하나 알아 있다 간데 한일 알아 한아이다.
났다 들믄 새삼 없나 없한아 암ㄴㄱ아들이
있없이 업시 계신데 참찾 아바 도라듬.

'없이 계신 엄아 - 압아'라는 한글시에서 다석은 어머니 하느님이라는 말을 쓴다. 그리고 이 시에서 'ᄒᆞᆫ'에 이른 사람이 하느님의 아들이라고 말한다. '하나'인 소아(小我)가 있다가 가는 곳을 안다. 소아가 '없나(無我)'에 이르면 한 일을 깨달아 대아(大我)인 'ᄒᆞᆫ'와 하나가 된다. 세상에 나왔다가 하나로 들어가면 새로 태어난 '없나'이다. 없는 대아인 'ᄒᆞᆫ'를 안 사람이 가온찍기(ㄴㄱ)를 한 하느님의 아들이다. 아들은 있으면서 없이 계신 데에 계신 아버지를 찾아 귀일(歸一)하는 것이다.

예부터 ᄒᆞᆫ(절대)를 얻은 것이 있었다.

하늘은 혼ㅇ를 얻어 푸르고

땅은 하나를 얻어 평안하고

사람의 마음은 하나를 얻어 신령하고

바다는 하나를 얻어 물이 가득하고

만물은 하나를 얻어서 생겨나고

지도자는 하나를 얻어 세상의 곧음 되니

각각 이렇게 된 근원을 좇으면 그 혼ㅇ에 이르는 것이다.

하늘이 푸르지 않으면 앞으로 찢어질까 두렵고

세상이 평안하지 않으면 장차 터질까 걱정되고

사람의 마음이 신령스럽지 못하면 언젠가 생기가 고갈될까 의심스럽고

바다가 가득 차지 않으면 물이 마를 게 걱정되고

만물이 나지 않으면 앞으로 만물이 멸종될 게 두렵고

지도자가 천하의 어른이 되지 못하면 고귀한 지위를 잃을 게 걱정된다.

그러므로 귀한 자리는 천한 것을 바탕으로 하고

높음은 낮은 것을 토대로 한다.

이에 지도자는 스스로 이르기를

아비 없는 자식, 남편 없는 과부, 하찮은 노예라 말한다.

이것은 바로 천한 것을 근본으로 삼는 게 아니겠는가.

따라서 수레를 이루는 부품은 헤아릴 수 있지만

수레가 수레로써 쓰이게 된 바는 알 바가 아니니

구슬처럼 빛나기를 도모하지 말 것이고

굴러다니는 돌처럼 볼품없고자 해야 한다.

늙은이 40월

돌아그는 이 길 가 움지기오(反者, 道之動).

므른 이 길 가 쓰오(弱者, 道之用).

세상의 몬이 있에 남(天下萬物生於有).

있이 없에 남(有生於無).

풀어 씀

40장에서 도(道)가 천지 만물의 근본임을 분명하게 다시 밝힌다. 그런데 도는 비어 있고 유약하고 부드러워 쓸데가 없는 것 같이 보이지만, 세상의 모든 사물의 쓰임새의 근본이 된다는 것을 다시 일깨운다. 하지만 사람들은 유용의 쓸모만 알 뿐 무용의 쓰임새가 광대한 줄은 알지 못하고 살아간다. 그러나 도의 부드러움의 성질이 곧 도의 '쓰임새'라는 것을 알아야 한다.

유영모는 모든 것은 절대자인 '하나'로 돌아간다고 말하였다. <역경(易經)>에서도 "천하의 모든 움직임은 무릇 하나에서 바르게 된다(天下之動 貞夫一者也)"고 하였다. 다석의 신앙관은 귀일(歸一)신앙이라고 해도 지나치지 않다. 다석의 귀일사상은 장재(張載, 1020~1077)의 기(氣) 사상에 영적인 개념을 더하여 해석하였다. 장재는 기(氣)의 수축과 팽창, 취산공취(聚散攻取)의 현상을 기(氣)의 자연스러운 활동으로 보았다. 기의 부정적이고 긍정적인 두 힘을 귀(鬼)와 신(神) 즉, 귀신(鬼神)의 작용으로 장횡거는 해석하였다. 기의 부정적인 힘은 귀(鬼)로 나타나고, 긍정적인 힘은 신(神)으로 나타난다.

"유교에서 귀(鬼)는 귀(歸)이다. 신(神)은 신(伸)이다. 우리 앞에 나타난 게 신(神)이고, 돌아 들어간 게 귀(鬼)다"(다석어록, 371쪽). 사물이 생겨나면 기(氣)가 점점 모여 사물이 왕성하고, 사물의 생성이 절정에 달하면 기는 점점 되돌아가 흩어진다. 모이는 것이 신(神)이니 사물이 신장하기(伸) 때문이요, 되돌아가는 것이 귀(鬼)이니 사물이 복귀하기(歸) 때문이다(至之謂神, 以其伸也; 反之爲鬼, 以其歸也, [正蒙], 動物篇). 펴는(伸) 모양이기에 음양(陰陽)의 조화를 '신(神)' 같다고 하고, 반대로 모였던 기(氣)가 그 근원으로 돌아가는(歸) 것이므로 '귀(鬼)'라고 한다. 신(神)은 펴는 것이므로 신(伸)이고, 귀(鬼)는 돌아가는 것이므로 귀(歸)이다. 그러므로 신(神)은 신(伸)이고, 귀(鬼)는 귀(歸)인 것이다. 사실, 귀신(鬼神)이라는 영적인 개념이 장재에 의해 이성적(理性的)인 개념으로 해석되었다고 다석은 보았다.

"천하만물생어유 유생어무(天下萬物生於有 有生於無)." 세상의 모든 것은 '있음'인 태극(太極)의 유(有)에서 나왔고, '있음'은 '없음'인 무극(無極)에서 나왔다는 말이다. 결국, 모든 사물은 '없음'인 무(無)에서 나온다는 것이다. 다석은 말하였다. "있다는 것도 참으로 있는 것이 아니고 없다는 것도 참으로 없는 것이 아니다. 생사(生死)에 빠진 미혹과 환상에서 있느니 없느니 야단이다. 유무(有無)를 참으로 아는 사람은 없다. 다만 우리 몸의 감각이 '있다 없다'라고 하는 것뿐이다"(다석어록).

돌아감은 도의 원리요,
부드러움은 도의 쓰임새이다.
천하의 만물은 '있음(有)'에서 나고
'있음(有)'은 '없음(無)'에서 나온다.

늙은이 41월

높오르는 선비가 길을 듣고 부질언히 가며(上士聞道, 勤而行之),

가온딩 선비는 있는둥 만둥 하고(中士聞道, 若存若亡),

얕내리는 선비는 길을 듣고 크게 웃음(下士聞道, 大笑之).

웃지 아니ᄒᆞ면 밟아서 될 길이 아님(不笑不足以爲道),

므로 세워진 말이 있기를(故建言有之),

밝은 길은 어슴프레(明道若昧),

나아간 길은 물러간 듯(進道若退),

맨 길은 비슷(夷道若類).

높오른 속알은 (텅빈) 골 같고(上德若谷),

(아주) 흰 게 몰려댐 같고(太白若辱),

넓은 속알이 모자람 같고(廣德若不足),

슨 속알이 ᄒᆞ잘 거 없는 거 같고(建德若偸),

바탕참은 벗어질 거 같고(質眞若渝),

큰 반듯한 건 모가 없고(大方無隅),

큰 그릇은 늦게 되고(大器晚成),

큰 소리는 스스름 울리고(大音希聲),

큰 거림은 꼴(뵙) 없고(大象無形),

길은 숨어 이름 없오라(道隱無名),

그저 길만이 잘 빌려주고 또 이루도다(夫唯道, 善貸且成).

세워진 말: 금언(金言).

渝(투): 구차할 투. 변할 투.

풀어 씀

진리는 일반 상식을 초월하기 때문에 어리석고 간사한 자는 참을 알지 못하고 지혜롭고 지성적인 사람이 진리의 세계에 들어갈 수 있다는 것을 41장은 말하고 있다. 어리석은 사람은 진리를 들어도 잘못을 고치기는커녕 도리어 괴이하게 여기기 때문에 참을 비웃듯 '허~!' 하고 크게 웃어 제친다는 것이다. 탐욕적이고 쾌락을 즐기는 사람은 아는 지식을 동원하여 빠른 효과를 내려고 하지만, 성인은 깊고 두텁게 수행하고 스스로 지혜를 간직한 채 때를 기다린다.

공자는 천성이 잘못된 사람에게 높은 이치를 말하지 말라고 하였다. 예수는 돼지에게 진주를 주는 꼴이라고 하여 진리를 왜곡하는 사람에게 생명의 말씀을 전하지 말라고 하였다. 석가도 같은 말을 하였다. 잘못 받아들이는 사람들에게는 스승의 허물을 말하지 말라 하였다.

요사이 양심이나 진실과는 거리가 먼 삶을 사는 사람들이 많다. 지식을 돈벌이나 자기 합리화의 수단으로 삼는 학자, 지식인, 종교인이 많다. 이들은 자신의 거룩한 직무를 삶의 방편으로 부를 축적하는 수단으로 활용하는 경향이 있다. 예부터 자기 본분에 충실하지 않은 사람, 정직하지 않고 양심대로 살지 않는 사람, 감언이설로 남의 것을 자기의 것으로 삼는 사람, 힘이 있는 사람에게 아부하는 사람들을 경계하였다. 성서는 그러한 유형의 종교인들을 거짓 예언자라고 하였다.

거짓 교육자, 종교인, 정치인, 지식인, 언론인이 날뛰고 있다. 믿고 의지할 사람, 신뢰할 수 있는 사람이 없다고 노동자와 농민은 말하고 있다. 우리 사회에 불법, 탈법, 편법이 만연되어 어려운 사람, 약자, 가난한 사람들을 위해 헌신하는 지도자를 만날 수 없기 때문이다. 사법정의는 실종되었고, 끝을 보이지 않는 부패, 무능과 무원칙이 만연되었다. 그리고 반민족적 행위와 친일적인 사고를 노골적으로 드러내고 주장하기까지 한다. 거기에다 기득권의 부패세력과 권위적이고 탐관오리 같은 지도자들은 국가재원을 약탈하고, 그 행위가 지능적이고 교활하기까지 하다. 정직한 사람은 찾아보기 힘들고 양심적인 사람은 가뭄에 콩 나기만큼이나 드물다. 한편으로는 사회를 교란시키고, 궤변과 온갖 화술로 문제의 본질을 희석시키는 지식인, 언론인과 종교인들이 이제 우리 주변에서 기세를 떨치고 있다. 지식을 파는 값싼 지식인들이 우후죽순처럼, 아니 독버섯처럼 여기저기에서 나타나고 있다. 온갖 지식을 동원하여 그럴듯한 글과 화려한 말로 사람들의 사고를 혼란케 하고 미혹시킨다. 이러한 혹세무민이야말로 민주 시민이 경계해야 할 대상이다.

왜 이렇게 되어가고 있을까? 아마도 우리들이 돈과 물질의 노예가 되었기 때문일 것이다. 사람들은 돈과 명예와 권력을 얻기 위해 부단히 노력한다. 더 많은 돈, 더 높은 권력을 탐하다 보면 양심과 공정한 규칙을 무시하고 수단과 방법을 가리지 않게 된다. 결국에는 자신이 아는 지식을 활용하여 자기 합리화와 자기변명을 하기에 이른다. 재물 앞에서는 양심도, 몸도 헌신짝처럼 버린다. 지식인, 학자, 교육자, 종교인들 가운데 오만무례하고, 덜된 인간이 많은 것도 물질의 노예가 되었기 때문이다. 마치 이리가 양의 탈을 쓴 것처럼 거짓 탈을 쓰고 있는 사람들이 많다.

지식인 가운데는 자기 분야의 전문 지식만 연구하는 학자가 있다. 그리고 지식인은 배운 지식을 어떻게 사용하느냐에 따라 지식인과 지성인으로 나누어진다. 가장 싸구려 지식인을 가리켜 사이비 지식인이라고 한다. 사이비 지식인은 주위에서 흔히 볼 수 있게 되었다. 그러한 사람 가운데 지배 계급의 사주를 받아 사상적인 배경이 되고 지배자의 권위와 직위를 확고히 해주고 찬양을 하는 사람을 어용 지식인이라고 한다. 니장(Nizan)은 이런 사람을 '집 지키는 개(dog)'라고 했고, 사르트르는 '사이비 지식인' 또는 '앞잡이'라고 하였다.

이러한 싸구려 지식인은 진정한 지성인처럼 옳지 않은 것에 대하여 "아니다"라고 말하지 않는다. 사이비 지식인은 "아니다. 하지만 … 이러한 점도 있다" 또는 "나도 잘 안다. 그래도 … 어쩔 수가 없지 않느냐?"라는 말로 그럴듯하게 자기 입장을 표현한다. 사르트르는 이러한 표현을 '기만적인 속임수'라고 하였다. 지배층의 든든한 수호자인 사이비 지식인이며 앞잡이들은 의식적으로 또는 무의식적으로 지배 이념을 합리화하고 정당화한다. 사이비 지식인들에게 자주 노출되는 일반사람들은 그 주장을 쉽게 믿어 버리게 된다. 안타깝게도 진실은 지배층과 가진자의 의도대로 감추어지고 왜곡된다. 지배자의 앞잡이 노릇하는 사이비 지식인에 의해 왜곡되면 사회는 혼탁해지고 교란된다. 속된 말로 '찌라시' 언론들이 우리 사회에서 난무하는 현상이 하나의 좋은 예라고 본다. 그런 언론들은 언론직필이라는 사명과는 관계없이 시류에 따라 또는 자신의 이익을 대변하고 사실을 왜곡한다. 그리고 대중의 판단을 흐리게 하기 위해 의도적으로 거짓된 정보를 확대하고 악의적으로 재생산하기도 한다.

이러한 사회에서 진정한 지식인이라 할 수 있는 지성인은 자기 내부와 사회의 진실을 말하고 바른 비판을 하는 사람이다. 무엇을 아느냐가 중요한 것이 아니라 어떻게 사느냐가 중요하다는 것을 행동으로 보여주는 사람이 바로 지성인이라 할 수 있다. 지배구조의 계급 간의 역학 관계와 이념 사이의 대립과 갈등을 바르게 이해하고 사회정의와 변화를 위해 진실을 말하는 사람이다. 종교인들이나 지성인들은 옳은 것은 옳고 그른 것은 그른 것이라고 말해야 한다. 좋은 게 좋은 것이 아니라 옳은 것이 좋은 것이라 하여야 한다. 사회의 빛과 소금의 역할을 해야 할 시대적 책임을 진 사람들이 바로 지성인과 종교인이기 때문이다.

공자께서 말씀하셨다. "자신이 바르면 비록 명령을 하지 않아도 명령이 실행되고 자신이 바르지 못하면 비록 명령한다 하더라도 백성이 따르지 않는다"(其身正, 不令而行; 其不正, 雖令不從. <논어> 자로 6장).

큰 학자는 진리를 들으면 힘써 실천하고
일반 학자는 진리를 듣고는 있는 둥 없는 둥 하며
학문을 파는 자는 진리를 듣고 비웃듯이 크게 웃는다.
이런 무리들이 진리를 비웃지 않으면 참이라 할 수 없을 것이다.
따라서 속담에 다음과 같은 말이 있다.
밝은 참은 어두운 듯하며
나아가는 참은 물러가는 듯하고
기꺼운 참은 비슷한 듯하다.
최고의 속알(덕)은 골짜기 같고
지극히 깨끗함은 더러운 듯하고

광대무변한 큰 속알은 모자라는 듯하고
확고부동한 속알은 하찮은 것 같고
바른 참은 요동치는 것과 같다.
크게 반듯한 것은 모난 곳이 없고
큰 그릇은 뒤늦게 이루어지고
큰 소리는 들리지 않고
큰 모양은 형상이 없다.
도는 숨겨져 있어 무어라 이름할 수 없으니
오직 도이어야 아낌없이 주고 다 이룬다.

늙은이 42월

길 나니 하나(道生一).

하나 나니 둘(一生二)

둘 나니 셋(二生三)

셋 나니 잘몬(三生萬物).

잘몬 그늘을 지고 볕을 (픔) 안음(萬物負陰而抱陽).

빈 뚫린 김으로서 고르렀음이여(沖氣以爲和).

사람의 시려홀배 오직 외롭 홀옵, 쭉정일데(人之所惡, 唯孤, 寡, 不穀)

임금들이 가지고 닐커기로 ㅎ얏으니(而王公以爲稱),

므로 몬이란 더는데 더ㅎ기도(故物, 或損之而益)

더ㅎ는데 덜기도(或益之而損).

남 가르치는 데는 나도 또 가르쳐 가리니(人之所敎, 我亦敎之)

억지 셴 놈은 그 죽음스리금을 못ㅎ리라고(强梁者, 不得其死)

내 가지고 가르침의 애빌 삼으리로다(吾將以爲敎父).

풀어 씀

우주 창조의 신화 가운데는 인간적인 그리스 신화, 동화 같은 중국 신화, 신학적인 이스라엘 신화가 있다. 다른 한편으로 우주의 원리와 법칙으로 설명하는 학설들이 있다. 신플라톤주의를 연 플로티누수(Plotinus, 204~270)의 유출설 (emanatio), 아스토텔레스(Aristoteles, 기원전 384~322)의 형상과 질료(matter) 이론, 논리적인 주돈이(周濂溪, 1017~1073)의 태극도설(太極圖說), <역경(易經)>의 사상(四象) 팔괘(八卦) 이론, 수학적인 천부경(天符經) 등의 우주론이다. 그리스의 피타고라스(Pythagoras, 기원전 570~495)는 우주의 본체가 수(數)라고 하였다. 피타고라스가 <도덕경> 42장 첫 부분의 13글자나 천부경에 나오는 숫자로 설명한 우주생성과 원리를 보았다면 감탄하였을 것이다.

<역경> 계사전(繫辭傳)에서 역과 태극, 그리고 음양의 관계에 대하여 말한다. 0, 1, 2 숫자를 사용한 이진법으로 새로운 시대를 연 디지털 문화 이전에 하나인(붙어있는) 양괘(━)와 끊어진 음괘(--)를 조합하여 양의, 사상, 팔괘, 64괘를 만들었다. 이 괘는 상황에 따라 변하여 수많은 우주의 상태를 만들어 낸다. 이미 음(--, 0의 숫자)과 양(━, 1의 숫자)이 화합하고 상호보완하여 수많은 경우를 만드는데, 마치 0, 1 두 숫자를 통하여 수많은 것을 설명하는 디지털의 이진법과 같다. 역경은 이미 두 가지 기호(━, --)를 조합하여 이미 디지털 문화를 형성한 것이다.

"이런 까닭으로 역(易)에 태극이 있으니, 이것이 양의(兩儀, ━--)를 내고, 양의(兩儀)가 사상(四象, ═══ ═══)을 내고, 사상(四象)은 팔괘(═══════════════════════)를 내니, 팔괘가 길흉을 정하고, 길흉이 큰일을 낳는다(是故易有太極 是生兩儀 兩儀生四象 四象生八卦 八卦定吉凶 吉凶生大業)"(<역경> 계사전 상, 11장).

주돈이의 태극도설(太極圖說)의 시작에서 무극 그리고 태극, 음양의 관계를 설명한다. 주돈이의 태극의 전체 개념은 대부분 <역경>에서 빌려오지만, <역경>의 팔괘 대신에 오행(五行)에 관하여 언급함으로써 역경과는 다르게 태극을 설명한다. 태극에 대한 역경과 다른 체계는 주돈이 자신의 태극 이해라 할 수 있다.

"무극(無極) 그리고 태극(太極)! 태극이 움직여 양(陽)을 낳고, 움직임이 극(極)에 달하면 다시 고요하게 된다. 고요하여 음(陰)을 낳고, 고요함이 극에 달하면 또다시 움직이게 된다. 한 번 움직였다 한 번 고요하여 서로 그 뿌리가 되니, 그러한 과정에서 음과 양이 분화된다. 이로써 우주의 두 기준이 된다(無極而太極, 太極動而生陽, 動極而靜, 靜而生陰, 靜極復動, 一動一靜, 互爲其根, 分陰分陽, 兩儀立焉)".

<도덕경> 42장에서 '도생일(道生一)'은 하나인 도가 하나를 낳았다는 것이다. '일생이(一生二)'는 전체인 하나 속에서 음양의 성질을 지닌 물체가 나왔다는 말이다. '이생삼(二生三)'은 둘(음양)이 나니 셋이라는 뜻이다. 전체인 하나와 하나 속에 있는 음양(陰陽)인 둘을 합하면 모두 셋이 된다. 하나는 절대세계인 무극(無極)을 말한다. 무극이 늘 변하는 상대세계에서는 태극이라고 하고, 태극에는 음양이 있으므로 하나가 둘을 낳는다고 말한다. 음양인 양의(兩儀, ━ ━ ━) 가 한 번 더 작용하면 세 번째로 사상(═ ═ ═ ═ ═ ═)으로 더 나가서는 팔괘(═══ ══════════)로 변하는 우주의 이치를 말하고 있다.

한 사상의 우주원리와 인간의 본질을 말하는 천부경(天符經)도 역경이나 태극도설과 같은 원리를 말하고 있다. 천부경을 다석은 순우리말로 옮겼는데, 참으로 독특하다. 아래와 같이 순우리말로 표현하였다.

"하나 비롯 없는 비롯 하나(一始無始一), 풀어 셋 가장, 못다 할 밑둥(析三極無盡本), 하늘 하나 한(天一一), 땅 하나 맞둘(地一二), 사람 하나 세웃(人一三), 하나 그득, 밑썰 되, 다함 없이 된 셋(一積十鉅無櫃化三), 하늘 맞섯(天二三), 땅 맞섯(地二三), 사람 맞섯(人二三), 한셋 맞둔, 여섯스니 일곱 여덟 아홉 생기다(大三合六生七八九). 옮기어 셋 네모로 쳐 이룬 고리, 다섯 일곱(運三四成環五七) 하나

묘하게 뻗쳤음, 잘 가고 잘 온데 갈리어 쓰이나, 꿈쩍 않는 밑둥(一妙衍萬往萬來 用變不動本), 밑둥맘, 밑둥해(本心本太陽), 뚜렷 밝아, 사람 가운데 하늘 땅 하 나(昻明人中天地一), 하나 마침 없는 마침 하나(一終無終一)."

천부경과 역경, 태극도설은 우주의 원리와 법칙을 설명하는 같은 뿌리라고 볼 수 있다. 약간의 다른 언어와 표현이 있을 뿐 같은 내용이라고 본다. 다석은 말하였다. "사람들이 무극, 태극을 자 집어 내버리고 음양만 가지고 말한다. 음양오행이 도대체 어떻게 되었단 말인가. 우리 동양 민족은 음양을 찾다가 망 할지도 모른다. 음양을 찾는 것도 음양의 근원인 태극, 무극을 찾아가는 것이 다"(다석어록).

도는 하나를 낳고
하나는 둘을 낳고
둘은 셋을 낳고
셋은 만물을 낳는다.
만물은 음을 지니고 양을 안아
환히 뚫린 빈 기(氣)로 조화를 이룬다.
사람들이 꺼리는 것은 아비 없는 자식, 과부 그리고 천한 사람이지만
지도자는 이런 사람을 자신으로 생각하니
덜어내는 듯하면 더하기도
더하는 듯하면 도리어 덜어진다.
남이 가르치는 것을 나 또한 가르치거니와
억지 쓰는 놈은 제대로 죽지 못하리니
내 장차 이를 가르침의 근본으로 삼으리라.

늙은이 43월

세상의 가장 브드럼이(天下之至柔),

세상의 가장 굳은데 달리여 뜀이여(馳騁天下之至堅),

있 없이 틈 없에 듦(無有入無間).

내 이래서 흠 없의 낡 있음을 아노니(吾是以知無爲之有益)

말(일리지) 않는 가르침과 흠 없은 낡을(不言之敎, 無爲之益)

세상 및일게 드믈리(天下希及之).

치빙(馳騁): 말을 달림.

풀어 씀

존재(存在), 비존재(非存在)에 대하여 언급할 때 대부분 서양의 철학자나 신학자는 '있음(有, 存在)'의 입장에 선다. 존재에 대한 개념은 서구사상의 중심사상이다. 철학이나 신학뿐만 아니라 전통에서 존재의 개념은 서구사상의 중심축을 이루고 있다. 그러나 동양 사상이나 인도 철학은 '없음(無, 非存在)'의 개념에 비중을 둔다. 동양의 종교적 직관과 사상 그리고 철학적 사고는 '있음(有)'의 개념보다는 '없음(無)'의 개념을 발전시켜 왔다. 또한, 서구 신학자와 철학자들은 과학적 방법에 근거한 실험과 증명에 의한 이성과 지식의 인식 방법을 통하여 진리가 무엇인가를 정의하는 경향을 보이는 반면, 동양의 철학자나 신학자들은 이성보다 직관, 과학적 증거보다는 대체로 경험에 의존하는 경향이 있다.

서양 사람은 '없음'을 잘 이해하지 못한다고 유영모는 지적한다. "서양 사람들은 사물의 원리를 매우 잘 분석하고 증명해낸다. 그러나 그들은 무(無)의 위대함을 알지 못한다. 서양인들이 무극(無極)과 태극(太極)을 잘 이해하지 못하는데, 절대적인 관점에서는 태극이 무극이며, 태극과 무극이 서로 다르지 않다는 신비를 서양 사람들은 이해해야 한다"(다석어록, 186쪽).

유영모는 사람은 단 하나밖에 없는 온통 하나가 허공(虛空)이라는 것을 이해해야 한다고 말한다. "아주 빈 것(絶對空)을 사모한다. 죽으면 어떻게 되나 아무것도 없다. 아무것도 없는 허공이어야 참이 될 수 있다. 무서운 것은 허공이다. 이것이 참이다. 이것이 한아님이다. 허공 없이 진실이고 실존이고 어디 있는가. 우주가 허공 없이 어떻게 존재할 수 있는가. 허공 없이 존재하는 것은 없다. 물건과 물건 사이, 질(質)과 질 사이, 세포와 세포 사이, 분자와 분자 사이,

원자와 원자 사이, 전자(電子)와 전자 사이, 이 모든 것의 간격은 허공의 일부이다. 허공이 있기 때문에 존재한다"(다석어록, 154, 161쪽).

없음, 허공은 아주 작은 간격인 전자 사이까지도 채운다. 그러므로 모든 사물은 허공 안에 있는 것이고, 빈 곳인 허공은 모든 것을 감싸고 있다. 그러나 우리가 꽃을 볼 때, 꽃 모양만 보지 꽃을 감싸고 있는 '없음'인 허공은 보지 않는다. "꽃이 그 테두리를 이루고 있는 것이 아니라 속에 꽃이 있고 밖으로 보면 허공이 테두리를 지어주고 있다. 만물의 테두리는 허공이 해 준 것이다. 이것이 곧 천계시(天啓示)이다"(다석어록, 1957).

하늘 아래서 지극히 부드러운 것이
천하의 가장 굳센 것을 마음대로 부리며
형상이 없는 것은 틈새 없는 데까지도 들어간다.
따라서 나는 '함이 없음(無爲)'이 값짐을 안다.
말 없는 가르침과 '함이 없음'의 값짐을
세상은 좀처럼 받아들이지 않는다.

늙은이 44월

이름과 몸이 더블데 어떤 쪽을 더 앓고(名與身孰親),

몸과 쓸몬이 더블데 어떤 쪽이 더 많을고(身與貨孰多).

얻음과 없앰을 더블데 어떤 쪽이 탈인고(得與亡孰病),

이러므로 너므도 사랑ㅎ면 반드시 씀씀이 크고(是故甚愛必大費),

많이 가므리면 반드시 두텁게 망ㅎ리(多藏必厚亡).

알아 늬근히 녁이면 몰리지 않고(知足不辱),

알아 근치면 나죽지 않으리(知止不殆).

ㅎ야서 길고 오래리(可以長久).

가므리면: 저장하면, '갈무리하다'는 '저장하다'라는 순우리말이다.

풀어 씀

돈과 명예와 권력은 인간이 추구하는 기본적인 것들이다. 사람들은 돈과 명예와 권력을 위해 공부하고 부단히 노력하여 출세하려고 한다. 그러나 자신의 유익을 위해 이것들을 이기적으로 사용하면 돈은 탐욕으로 빠지고, 권력은 진에(瞋恚)로, 명예는 치정(癡情)의 문제에 빠지게 된다. 반면에, 이것들을 정의롭게 사용하고 함께 나누면 고귀한 가치로 변한다. 돈을 나누어 쓰면 돈이 사랑으로 변한다. 권력을 나누어 더불어 다스리면 권력은 평화로 변한다. 명예를 나누면 명예는 자유라는 궁극적인 가치로 변한다.

지상의 가치인 돈, 명예, 권력이 '됨의 가치'에서 '궁극적인 가치'로 되려면, 돈과 명예와 권력을 정의롭게 나눌 때 가능하다. 돈과 명예와 권력을 정의롭게 나누면 지상의 가치인 돈과 권력과 명예가 하늘의 가치인 사랑, 평화, 자유의 가치로 변한다. 돈이 아니라 사랑, 권력이 아니라 평화, 명예가 아니라 자유로 변할 때, 사람은 행복하게 된다.

다석은 말한다. "짐승을 기를 때는 우리가 쓸 만큼 사랑하고 길러야지 그 이상 사랑할 필요가 없다. 내 몸뚱이도 짐승이다. 내 몸뚱이는 얼나를 위해 길러야지 이 몸을 지나치게 사랑하고 여기에다 전 목적을 두어서는 안 된다. 하느님의 얼나를 기르기 위한 한도 안에서 몸을 건강하게 해야지 몸을 전 목적으로 해서는 안 된다"(다석어록). 사람이 매이려 하고 재물을 모으려 하는 '매임(소속)'과 '모음(축적)'은 그만두어야 자유롭게 된다고 다석은 말하였다.

"실상은 어디다가 묶어 놓을 수도 없고 묶을 수 있는 것도 아닙니다. 그러나 사람은 몸을 어디다 매어놓았으면 하고 생각합니다. 사람은 어디 매인 데를 가져야 한다고 합니다. 이러한 생각은 할 수만 있다면 깨뜨려버렸으면 좋겠습니다. 이것이 깨져야 영생(永生)을 합니다. 그리스도교에서도 영생이라고 하면서 그리스도에게 정신을 붙들어 매어놓으려고 하는데, 실상은 어디다 매어놓는 것이 아닙니다. 매임과 모음이 아닙니다. 자꾸 모아서도 안 됩니다. 정신은 자꾸 나아가는 것입니다. 정신의 본능을 말할 것 같으면 어디까지나 자유입니다. 어디까지나 공평하고 평등합니다. 나와 남을 차별하지 않습니다"(다석강의, 243~244쪽).

장자는 "이름과 가멸이라는 것은 거룩한 사람도 잘 이기지 못한다(名實者 聖人

之所不能勝也)"고 하였다(<장자(莊子)>, 인간세 편). 우리나라 지도층 중에서 백성을 섬기고 헌신한 사람보다는 자기 지식을 활용하여 부를 축적하고 입신양명하려고 한 사람들이 부지기수다. 장관 후보 인사청문회를 볼 때, 참으로 한심하고 뻔뻔한 위인들이 많다. 한결같이 도둑놈 심보에 부정직하게 재물을 모았고 양심을 속인 사람들이 대부분이다. 높은 지위에 있으면 백성을 섬기는 것이 아니라 지위를 이용하여 자기편 봐주고 끌어주어 지역 패권주의를 만들고 있다.

우리나라 역대 대통령 중에도 노자의 "넉넉한 줄 알면 욕되지 않는다(知足不辱)"는 말을 따르지 않아 불행한 말로를 맞이한 사람들이 있다. 이승만은 하와이로 몰래 도망갔고, 박정희는 부하에게 저격을 당했다. 시민을 학살하고 무력으로 정권을 쟁탈한 전두환, 노태우는 부정 축재한 죄로 감옥에 갇히기도 하였다. 이기붕은 이름과 재물에 지나치게 집착하다가 일가족이 자결하고 그렇게 많이 모은 재산을 다 잃었다. "애착이 지나치면 소모하는 바가 커지고, 재물을 많이 갈무리하면 반드시 크게 잃기 마련이다(是故甚愛必大 多藏必厚亡)"라는 노자가 말을 귀담아듣지 않았기 때문이다.

명예와 자기 자신 가운데 어느 것을 더 사랑하는가.

자기 자신과 재물 가운데 어느 쪽이 소중한가.

탐욕을 채우는 것과 욕심을 버리는 것 가운데 어느 쪽이 더 근심거리인가.

애착이 지나치면 소모하는 바가 커지고

재물을 많이 갈무리하면 반드시 크게 잃기 마련이다.

넉넉한 줄 알면 욕되지 않고

그칠 줄 알면 위태롭지 아니하다.

이와 같아야 오랫동안 편안할 수 있다.

늙은이 45월

큰 됨은 이지러짐 같(으나)(大成若缺),

그 씨움이 묵지 아니호고(其用不弊),

큰 참 텅 빔 같(으나)(大盈若沖),

그 씨움이 다호지 아니호라(其用不窮).

큰 고디 쭈그러짐 같(大直若屈).

큰 공교 못맨듬 같(大巧若拙).

큰 말슴 떠드름 같(大辯若訥).

뛰어 추월 이기고(躁勝寒),

가랁아 더월 이기느니(靜勝熱),

맑으 가만홈이 셰상 바름 됨(淸靜爲天下正).

풀어 씀

'씻어난 이(聖人)'는 하늘을 본받아 만물의 쓰임새에 따라 자연과 하나가 되므로 남의 부림을 받지 않고, 능히 천하를 마음대로 쓴다고 <도덕경> 45장은 밝힘으로써 '말 없는 가르침'과 '함 없이 함(無爲)'의 이로움을 <도덕경> 43장에 이어 다시금 분명하게 한다. 성인은 청정함과 고요함을 귀히 여겨 세상의 바른 길로 삼는다는 것을 강조한 것이다. 결국, 말 없는 가르침, '함이 없이 함', 즉 무위(無爲)의 이로움은 그 누구도 당할 자가 없다는 것이다.

 "아주 곧음은 굽은 것 같다(大直若屈)." 예수님은 독신으로 40여 년을 살면서 동가식서가숙(東家食西家宿)하고 이곳저곳을 떠돌아다니며 진리를 외쳤다. 당시 평균 수명이 40~45이니, 지금 나이로 말하면 예수님은 60세 정도 된 나이라 할 수 있으리라. 예수님은 아픈 사람의 병을 고쳐주며 고통받는 사람에게 위로와 가난한 자들에게 기쁨을 전했다. 나쁜 일이라고는 한 일어 없다. 그러나 당시의 지배 권력자는 예수님을 신성 모독으로 십자가에 못 박았다. 예수님처럼 진리를 말하며 곧게 산 이는 없다. 그러나 그러한 예수님의 삶이 세상 사람과 지배자들의 눈에는 구부러진 듯이 보였던 것이다.

 크게 이룬 것은 일그러진 듯하지만
 그 쓰임새는 다하지 않고
 크게 충만한 것은 빈 듯하지만
 그 쓰임새는 다할 날이 없고
 크게 곧은 것은 굽은 듯하고
 큰 기교는 서투른 것 같고
 큰 말씀은 말을 더듬는 것 같다.
 떠들고 돌아다니면 추위를 이길 수 있고
 고요하게 있으면 더위를 물리칠 수 있으니
 맑고 고요함이 세상의 바른길이다.

늙은이 46월

세상에 길이 있으면(天下有道),

달리는 말을 물려다가 똥거름 치는 데 쓰고(却走馬以糞),

세상에 길이 없으면(天下無道),

쌂말이 덜에 나오니(戎馬生於郊),

죄는 ᄒ고자홀만 ᄒ단거보다 큰것이 없고(罪莫大於可欲),

화는 그만 좋달 줄 모름보다 큰것이 없고(禍莫大於不知足),

허물은 얻고잡(ᄒ고자스리금) 함보다 큰것이 없오라(咎莫大於欲得).

므로 그만 좋을 아는 그만 좋이 늘 그만 좋이여(故知足之足常足矣).[3]

却: 물리칠 각, 각주마(却走馬)는 달리는 말, 즉 파발마(擺撥馬)를 말한다.

戎: 싸움수레 융, 융마(戎馬)는 싸우는 데 쓰는 말.

---

3) 다른 새감: 발이라 아는 발이 내버려 드디는 발이여.

풀어 씀

<도덕경> 45장에서 청정하고 고요하면 '함이 없는 함(無爲)'의 유익함을 얻는다고 언급하고, 이어서 지나치게 욕심을 부리면 인위적인 삶의 폐해가 생긴다는 것을 지적한다. 따라서 46장에서는 족함을 알아 스스로 지키는 것이 마땅하다고 강조한다.

<도덕경> 30장에서 군사 치른 데 가시덤불 나고, 전쟁 후에 큰 흉년이 든다고 하여 이미 지배욕과 전쟁의 폐해를 언급하였다. 인류역사는 강자의 이익을 위해 존재하여 왔다고 해도 지나친 말이 아니다. 힘이 센 놈이 빼앗고, 차지하고 군림하려는 데서 싸움이 생기고 싸움이 커지면 나라와 나라 간의 전쟁이 된다. 한마디로 인류사는 끊임없는 살생과 정벌의 전쟁 역사였다. 매정한 약육강식의 인간사회는 정글의 동물왕국과 같아 이긴 놈이 모든 것을 갖는 승자독식의 폐해가 아직까지 이어오고 있다.

맹자는 전쟁을 일으켜 수많은 사람을 살상하는 죄는 죽어도 용서받지 못한다고 강조하며, 전쟁을 좋아하는 사람은 극형에 처해야 한다고 <맹자> 이루 상편에서 말하였다(爭地以戰 殺人盈野 爭城以戰 殺人盈城 此所謂率土地而食人肉 罪不容於死 故 善戰者服上刑).

인간의 탐욕은 끝이 없다. 물건에 대한 애착심 때문에 사람 관계가 깨지고 고통이 따른다. 욕심이 없으면 싸우지 않는다. 따라서 탈집착, 무소유의 단순한 삶은 행복하기를 원하는 사람들이 추구해야 할 이상이다. 하늘의 길을 따르는 '씻어난 이(聖人)'는 이성적이고 겸손하여 약자를 섬기고 사람을 하늘 같이 여겼다. 노자, 석가, 예수가 그러한 분이었고, 근세에는 톨스토이, 헨리 소로, 마아트마 간디, 슈바이처, 최제우 그리고 유영모가 하늘의 뜻을 실천하려고 한 사람들이다.

다석은 말하였다. "예수는 이 세상 사람에게 주는 것을 가르친 이다. 이 세상은 주라는 세상이다. 지금이라도 줄 수 있어야 한다. 떳떳지 못하게 남에게 무엇을 바라고 산다는 것은 차라리 이 세상에 안 난 것이 좋다. 우주의 아버지는 무엇을 나누어주라는 것이다. 이 세상에 산다는 것은 주는 재미이다. 그런 세상이기 때문에 기왕에 주려면 예수같이 주어야 한다"(다석어록 1956년).

세상이 도에 의해 잘 돌아가면 파발마로 논밭을 경작하고
세상이 잘못 돌아가면 군마가 전쟁터에서 새끼를 낳게까지 한다.
죄악 가운데 탐욕보다 큰 것은 없고
만족할 줄 모르는 것이 가장 큰 재앙이고
욕구를 충족하려는 것이 가장 큰 허물이니
따라서 넉넉한 것을 아는 것이 항상 흐뭇하게 한다.

늙은이 47월

지게문을 나지 않고 세상을 알며(不出戶, 知天下),

창문을 내다 않보고 하늘 길을 볼거니(不窺牖, 見天道)

그 더멀리 나갈스록(其出彌遠),

그 앎이 더 적음(其知彌少)

이래서 씻어난 이, 가지 않고 앎(是以聖人不行而知)

보지 않고 이름(不見而名)

흐지 않고 됨(不爲而成).

지게문: 집에 달린 외짝문.

窺: 엿볼 규.

牖(유): 남쪽으로 난 창.

彌: 더할 미.

풀어 씀

임마누엘 칸트는 젊은 시절부터 40대 중반까지 가정교사 생활을 하고, 이후 쾨니히스베르크에서 교수직을 맡아 죽을 때까지 자신이 사는 곳에서 100리 밖을 벗어난 적이 없으나 세계적인 철학과 사상을 말하였다. 밖을 나가지 않아도 세계를 본 것이다.

거룩한 이는 자신의 참다운 본성에 자족하기에 무위(無爲)로 만사를 이룬다. 그의 지혜와 경륜, 예지는 문밖을 나가지 않아도 환하게 아는 경지는 종교체험에서 높은 심층단계에 이른 것과 비슷하다. 자신의 경험, 이성, 지식, 의지를 내려 놓고 '무지의 구름(unknowing cloud)'을 넘어 영혼의 정화를 거친 후 절대자와 합일에 이른다. 이러한 경험을 아빌라의 데레사는 신비적 합일의 기도라고 말한다.

아빌라의 데레사(1515~1582)는 그가 경험한 영적 체험을 기록한 <영혼의 성>에서 제 1궁방에서 7궁방까지 기도의 단계로 나누어 말한다. 수덕적 단계(1~3궁방)와 신비적 단계(4~7궁방)로 크게 두 단계로 나누어 설명할 수 있다. 제 1~3궁방은 스스로 덕을 쌓아 경험하는 단계이기에 능동적 단계라 하는 반면, 제 4~7궁방은 단지 하느님의 은총에 의해 이끌어지는 단계이기에 수동적 단계라 말한다.

수덕적 단계에서 일어나는 기도에서는 구송기도, 추리 묵상기도, 능동적 거둠의 기도를 언급한다. 신비적 단계에서 이루어지는 수동적인 기도는 고요의 기도, 일치의 기도(단순한 합일), 탈혼적 합일의 기도(변모적 합일)로 나누어 데레사는 설명한다.

조신(調身), 조식(調息), 조심(調心)의 수련을 통하여 얻는 동양의 기도체험은 6가지로 나누어진다. 크게 의식, 경험의 단계와 무의식의 단계로 나누어 설명할 수 있다.

정신수련과 경험, 지식, 의식을 밝혀 얻을 수 있는 단계는 숙명명(宿命明; 전생, 금생, 내생의 숙명을 아는 능력), **천안명**(天眼明; 미래세의 일을 알고 공간적으로 우주의 모든 곳을 볼 수 있는 능력), **천이통**(天耳通; 보통 사람들이 듣지 못하는 소리를 들을 수 있는 능력), **타심통**(他心通; 다른 사람의 마음을 꿰뚫어 보는 능력), **신족통**(神足通; 자신이 생각하는 곳이면 거리 시간적 장애 없이 갈 수 있는 능력) 등이 있다. 이러한 능력은 아빌라의 데레사의 기도체험에서의 수덕적 단계와 단순합일의 기도 단계에서 나타나는 현상과 비슷하다고 볼 수 있다.

의식의 티끌까지도 다 내려놓은 무의식의 단계에서 체득되는 누진통(漏盡通: 마음의 모든 작용을 여의고, 안다는 자체까지고 여윈 후에 얻는 깨달음)은 아빌라의 데레사 기도의 단계에서 변형일치의 기도 단계에서 나타나는 현상과 비슷하다. 신비적 합일에서는 자신의 경험, 지성, 의지, 이성을 모두 내려놓고 영혼의 정화를 받은 후에 일어난다. 누진명(漏盡明)은 의식하는 자체, 인식의 작용이 없는 의식 티끌까지도 다 내려놓은 후에 소소영영(昭昭靈靈)하게 나타나는 단계로 머리로 아는 것이 아니라 마음을 깨우쳐 얻는 깨달음을 말한다. 소소영영이란 훤하고 신령스러워 잘 보인다는 뜻이다.

하느님은 눈으로 볼 수 있는 것이 아니다. 유영모는 말하였다. "생각이 문제다. 생각이 올라가는 것이 문제다. 생각이 올라가면 참이다. 말씀이 참이다. 나를 통한 성령의 운동이 말씀이다. 성령은 내 마음속에 바람처럼 불어온다. 내 생각에 하느님 아버지의 뜻을 실은 것이 말씀이다. 내 생각에 하느님의 뜻이 나타날 때 우리는 하느님을 보지 않아도 하느님 아버지라고 부르게 된다(不見而名)."

문밖을 나가지 않아도 세상일을 환히 알며
창을 내다보지 않아도 하느님을 안다.
본래 모습에서부터 점점 멀어지면
아는 것은 한층 줄어든다.
이래서 거룩한 사람은 나가지 않아도 알고
보지 않아도 있는 그대로 파악하며
아무것도 하지 않아도 저절로 이룬다.

늙은이 48월

배우길 ᄒᆞ면 날로 더ᄒᆞ고(爲學日益),

길 (가길)을 ᄒᆞ면 날로 덜흠(爲道日損).

덜고 또 덜어서 흠없음에 니름(損之又損, 以至於無爲).

흠없이 ᄒᆞ지 않음이 없으리(無爲而無不爲)

므로 세상을 집는 데는(故取天下),

늘 일 없음을 써(常以無事).

그 일이 있게스리가면(及其有事),

세상을 집고 (이러슬) 발이 못되오(不足以取天下).

풀어 씀

학문이란 지식을 쌓는 일에 마음을 두기에 분별하고 나누고 분석하는 일에 매몰되는 경향이 있다. 그러나 도를 닦는 사람들은 수행을 통하여 사사로운 감정과 분별심을 내려놓고 지식과 집착심을 버리기 때문에 날마다 덜어내게 되는 것이다. 처음에는 사사로운 감정이 내려 놓아지면 아는 지식도 분별심도 내려진다. 지식이 내려지면 기억, 의식, 의지, 경험, 이성도 놓아지고 심지어는 마음의 자랑인 지혜까지도 내려놓게 된다. 결국에 가서는 마음이란 주관과 대상이란 객관을 잊고 주관과 객관이 하나가 되는 무위의 경지에 이르게 된다. 영성체험에서는 너와 나가 없이 하나 되는 신앙의 신비 단계라고 말할 수 있으리다. 함이 없는 무위의 단계나 하느님과 하나가 되어 타자를 위한 존재로 변하는 영성의 단계는 인위적으로 하는 것이 없다.

지도자가 백성을 섬기고 사랑하면 백성은 지도자를 존경하고 따르게 된다. 다스리지 않아도 다스려지지 않는 것이 없게 된다. 따라서 참다운 지도자는 항상 무엇을 이루고자 하는 욕심 없이 백성을 섬겨 백성의 마음을 얻는다. 만일 무슨 일을 꾀하면 하고자 하는 욕심이 드러나 백성의 마음이 흔들리게 되고 백성의 마음이 흔들리게 되면 인심을 잃게 된다. 백성의 마음이 떠나면 갖가지 반란이 연달아 일어나게 된다.

그래서 <역경(易經)> 계사하전(繫辭下傳) 우(右) 제1장에서 무위(無爲)의 다스림을 최고의 다스림이라고 하고, 마치 옷깃을 살짝 들어 올리는 것 같이 다스리는 것이어야 한다(垂衣裳而天下治)고 하였다. 지도자는 세상의 변화 현상에 통달하여 씨알들을 잘 살피고 신비하게 변화시켜 씨알들로 마땅하게 하는 것이다. 그러기 위해서 궁변통구(窮變通久)하는 것이다. 즉, 역(易)은 깊이 구하고 또 구하면 변하고, 변하는 것을 이해하면 통하고, 통하므로 오래간다(易 窮卽 變 變卽通 通卽久). 그러므로 지도자는 시대의 상황변화를 잘 보고 변화에 따라 씨알들이 소통하도록 하고 마음이 편해지도록 하는 것이다. 역(易)의 변화에 따라 옷깃을 살짝 올리는 것처럼 다스리는 것을 '다스리지 않고 다스리는 것(無爲而治)'이라 한다.

<도덕경> 47장에서 밝힌 '하지 않으나 하지 않은 것이 없는' 무위(無爲)의 덕은 나날이 덜어냄으로써 지극하게 된다는 것을 48장에서는 상기시킨다.

공부를 하면 나날이 분별하는 마음이 생기고

수도를 하면 날마다 분별심은 덜어진다.

덜어내고 덜어내면 '함 없음(無爲)'에 이르니

아무것도 하는 바가 없으면서도 하지 않은 것이 없다.

그러므로 세상을 얻는 데는

하고자 하는 욕심이 없어야 하지만

이루고자 하는 욕심으로 하면

세상을 얻을 수 없다.

늙은이 49월

다스리는 이는 늘가진 몸이 없다(聖人無常心).

온씨알 몸을 가지고 몸하기에(以百姓心爲心),

잘흔이게 내 잘흐얐다 흐고(善者吾善之),

잘못흔이게 내 또 잘흐라 (려니)(不善者吾亦善之),

속알잘이로다(德善).

믿이를 내 믿거라 흐고(信者吾信之),

못믿이를 내 또 믿어라 (려니)(不信者吾亦信之),

속알믿이로다(德信).

다시리는이 셰상에서(聖人在天下),

쩝 쩝 세상 때문 그몸을 왼통흐니(歙歙焉爲天下渾心焉),

온 씨알은 다 귀와 눈을 (그리로 물 따르듯) 따르도다(百姓皆注其耳目).

다시리는 이는 다 (어린이 달래드시) 달래도다(聖人皆孩之).

歙歙(흡흡): 코막힐 흡, 삼가는 모습.

孩: 어린아이 해.

풀어 씀

성인은 말없이 가르치고, 무심(無心)으로 사람을 교화하므로 그를 따르지 않는 사람이 없다는 것을 <도덕경> 49장은 말한다. 이러한 성인은 어린이와 같은 마음이라 모든 생명과도 자연스럽게 소통한다.

어린이의 마음이란 겸손하고 자기를 낮추는 마음을 의미한다. 겸손한 사람이 하느님 나라에서는 제일 높은 사람이다. 그러므로 우리도 겸손을 배우지 않으면 안 된다. 대체로 성서 본문을 이렇게 해석한다. 이러한 해석은 어린이의 마음을 머리로 아는 것이지 온전히 이해했다고 말할 수는 없다.

머리로 알고 이해하더라도, 마음 자체는 그 전과 같이 계속 교만하다면 겸손을 이해하고 아는 것은 아무 소용이 없다. 사려 깊은 사람들은 이렇게 머리로 이해한 것을 행동으로 겸손해지려고 무진 애를 쓰지만, 마음은 머리가 알고 이해하는 것을 즉각 고분고분하게 들어 주지는 않는다. 마음까지도 겸손해지려면 오랜 묵상과 수련을 거쳐야 한다.

앞의 24장에서 설명했듯이 마음으로 안다는 것은 머리와 마음속으로, 곧 인간 전체로서 깨닫는다는 뜻이다. 하느님 나라에 관한 복음을 겸손하게 귀담아들으며 순순히 받아들이고 온 '몸'으로 그 나라에 들어감을 의미한다. 하느님 나라에 들어간다는 것은 하늘에 계신 아버지의 아들과 딸이 되는 것이므로, 온 '몸'이 겸손해질 뿐만 아니라, 매양 천진난만한 사람이 되어 무슨 일에나 마음의 문을 열고 받아들이게 된다. 어린이의 마음을 가진다는 것은 아무 일도 하지 않는 갓난아기 같은 상태의 마음을 가진다는 뜻이 아니다. 어린이의 마음이 되려면 머리로 이해하고 집착하는 모든 것을 버리고, 편견이 없는 무(無)의 상태에 이르러야 한다는 것을 말한다. 머리로 아는 것이 아니라 온몸으로 느끼고 체험할 수 있는 상태, 무(無)의 상태에서 알고 이해하는 것을 몸으로 아는 것이라 할 수 있다.

　이러한 마음의 상태를 가지면 하지 않아도 하지 않은 것이 없는 상태에 이른다. 인위적인 것이 아니라 무위(無爲)의 경지에서는 '소리 없는 소리', '가르침 없는 가르침', '다스리지 않는 다스림' 등으로 표현하기도 한다.

　'씻어난 이(聖人)'는 고집하는 마음이 추호도 없어
　백성의 마음을 얻어 자기 마음으로 삼고
　착하게 사는 이를 선하다고 하고
　착하지 않게 사는 이도 선하다고 하니
　속알(德)이 착하여 그를 선으로 이끄는 것이다.
　진실한 사람을 보고 참되다 하고
　진실하지 못한 사람을 만나도 참되다고 하니
　속알로써 그를 참됨으로 이끄는 것이다.
　씻어난 이가 이 세상에 있어서
　조심조심 세상을 위하여 온 맘을 다하니
　온 씨알(백성)이 모두 귀를 기울이고 눈길을 모으고
　씻어난 이는 모두를 어린이 대하듯 한다.

늙은이 50월

나 살고, 드러 죽음(出生入死),

열 있으면 살아가는 이들이 셋이고(生之徒十有三),

열 있으면 죽어가는 이들이 셋이고(死之徒十有三),

열 있으면 사람으로 나 움직여(人之生, 動之死地),

죽을터로 가는 이들이 또 셋이다(亦十有三).

그저 어찌면고(夫何故)

그 삶을 살기를 두텁게만 흐랴므로다(以其生生之厚),

그런데 드르니 삶잘가진 이는(蓋聞善攝生者),

뭍에 가도 물소나 범을 맞나지 아니흐고(陸行不遇兕虎),

싸우는데 드러가도 칼날을 사리지 아니흔다니(入軍不被甲兵),

뭍소가 그 뿔을 던질 데가 없고(兕無所投其角),

범이 그 발톱을 댈 데가 없고(虎無所措其爪),

잡은 게 칼날을 드리밀 데가 없다(흔다)(兵無所容其刃).

그저 어찌민고(夫何故)

그 죽을 터가 없으므로다(以其無死地).

벗: 외뿔들소 시.

풀어 씀

통계를 내서 노자가 말한 것은 아니겠지만 오랫동안 살아본 경험에 의해서 말한 것이라고 본다. 세상에 태어나서 자신의 명대로 제대로 살 만큼 산 사람이 열에 세 명이 있고, 제대로 살지 못하고 일찍 죽는 이가 열에 셋은 된다. 그리고 일부러 사지(死地)로 뛰어든 이가 열에 셋은 된다. 경제협력개발기구(OECD)의 회원국 중에 우리나라가 자살률 1위를 차지한다니 스스로 죽음을 택하거나 죽음과 같은 삶을 사는 사람들이 열에 셋은 되리라 본다.

이러한 고통의 세상살이에서 삶과 죽음의 문제를 초월하여 사는 사람이 있다. 즉, 삶과 죽음의 경계를 넘어 사는 성인은 무위(無爲)의 삶으로 아무런 욕구도 없고, 어떤 것을 분별하고 나누고 구분하는 것도 없어짐에 따라 살지도 죽지도 않는 이치를 체득했기 때문이라고 <도덕경> 50장은 밝힌다.

마음이 깨어 있으면 영원한 삶을 살 수 있다. 마음을 깨우쳐 무심(無心)의 경지에 이른 상태에서는 모든 것을 소소영영(昭昭靈靈)하게 본다. 소소영영이란 훤하고 신령스러워 잘 보인다는 뜻이다. 이렇게 의식이 맑고 밝으면서도 깨어 있는 것을 활정(活定)이라고 한다. 무심(無心)의 경지는 온갖 것을 초월하였으되 온갖 것을 분명히 아는 것이다. 무심의 깨달음이 활정이다. 그러나 모든 것을 초월한 것 같으나 맑지 않고 혜안이 없는 것을 무기정(無記定)이라고 한다. 활정을 달빛이 환한 밤에 비유한다면, 무기정은 그믐밤처럼 캄캄한 밤이라고 할 수 있다.

활정의 묵상(默想)은 눈을 감았으되 모든 것을 훤하게 느끼고 분명히 의식한다. '묵(默)' 자는 검을 '흑(黑)' 자에 개 '견(犬)' 자를 더한 것이다. 칠흑같이 캄캄한 밤일지라도 오리 밖의 인기척을 분명하게 인식하는 것이 개다. 무심(無心)의 경지의 묵상은 온갖 것을 초월하였으되 온갖 것을 눈을 감고도 분명히 의식하는 것이다.

이렇게 마음이 깨어 있는 사람은 너와 나를 분별하지 않고 너와 나가 하나라는 것을 의식한다. 그래서 미물 하나도 소홀히 여기지 않고 사랑한다. 생명을 사랑하면 평화로워 모든 것과 어울리고 뭇 생명들과 하나가 되어 겁이 많은 동물도 경계심을 늦추게 된다. 공격하려 하지 않는다는 것을 알고 동물들도 경계하는 마음을 내려놓기 때문이다. 더 나아가 마음을 내려놓고 동물과도 소통을 하는 단계에 이르면 사나운 동물도 공격을 하지 않는다. 편양선사 언기(鞭羊禪師 彦機, 1581~1644)나 프란시스(1182~1226)의 경우가 바로 좋은 예이다.

너와 나가 둘이 아니라 하나가 된 평화주의자인 '씻어난 이'를 외뿔소가 그 뿔로 들이받지 않고, 호랑이가 날카로운 발톱으로 할퀴지 않으며, 어떠한 무기의 뾰쪽한 날로 그를 찌를 수 없다고 노자는 말한다.

나오니 삶이요, 들어가니 죽음이다.
수명을 늘리려는 자가 열 가운데 셋이고,
탐욕으로 몸을 망치는 이도 열 가운데 셋이고,
공연히 분탕질을 쳐서 죽을 터로 들어가는 이도 열에 셋이다.
왜 그렇게 되었을까?
그 삶에 집착하는 것이 두텁기 때문이다.

내가 들어보니 삶을 잘 사는 이는

험한 곳에 가도 외뿔소나 호랑이를 만나지 않고

전쟁터에 나가더라도 무기에 상처를 입지 않는다.

외뿔소가 그 뿔로 들이받을 데가 없고

호랑이가 날카로운 발톱으로 할퀼 데가 없고

무기의 뾰족한 날로 찌를 데가 없다.

왜 그럴까?

그는 삶도 죽음도 초연했기 때문이다.

늙은이 51월

길이 내 속알이 처(道生之, 德畜之),

몬이 꼴히 힘이듦(物形之, 勢成之),

이래서 잘몬이(是以萬物)

길을 높이고 속알을 고이지 않음이 없으니(莫不存道而貴德),

길의 높임과 속알의 고임은(道之尊, 德之貴),

(잘흔단)술잔볕실이 없이 늘 제절로로다(夫莫之命而常自然),

므로 길이 내고(故道生之),

치고, 키우고, 길으고(德畜之, 長之育之),

꿋꿋이, 여믈게, 먹이고, 덮어서라(亭之毒之, 養之覆之).

내고도 가지지 않고(生而不有),

ㅎ고도 절믿거라 않고(爲而不恃),

길어도 챌잡을라 않으니(長而不宰),

이 일러 감은 속알(是謂玄德).

고이지: 귀하게 대하지.

채를 잡다: 주도권을 잡다.

잘몬: '잘'은 우리말로 만(萬), '몬'은 물(物)이라는 뜻이다. '잘몬'은 만물을 뜻하는 순우리말.

238

풀어 씀

"도는 만물을 낳고, 속알(德)은 만물을 기르고 몬(物)이 꼴(形象)을 짓고 힘을 이룬다. 이것이 잘몬(萬物)이다(道生之 德畜之 物形之 勢成之 是以萬物)." <도덕경> 40장의 "세상의 모든 것은 '있음'에서 나고 '있음'은 '없음'에서 나온다(天下萬物 生於有 有生於無)"는 말과 <도덕경> 51장의 사상은 같은 내용이다. 도(道)가 '없음(無)'이고, 속알(德), 몬(物), 힘(勢)은 '있음(有)'이다. 모든 것은 '없음'에서 나타 났다가 '있음'이 '없음'으로 사라지는 것이다.

여기에서 도(道)가 무극(無極, formless)이라면, 속알(德)은 태극(太極, form)이다. 또한, 도를 '얼'이라고 한다면 속알은 '힘(에너지, 氣)'이라고 할 수 있다. 아리스토텔레스 철학에서 우주는 '형상(形相, eidos; form)'과 '질료(質料, hyle; matter)' 두 속성으로 구성되어 있다고 말한다. 도를 '형상(form)'에 비교한다면, 속알은 '질료(matter)'라 할 수 있다. 기(氣)가 응축되어 몬(物)이 된다. 몬(物)에 기가 통하여 생명체를 이룬다. 속알, 몬, 세(勢)가 모두 다 기(氣)이다.

유영모의 인간과 우주원리의 이해는 장횡거의 영향을 받았다. 장횡거의 <정몽(正蒙)> 태화편(太和篇)에 의하면, 우주현상은 기(氣)가 모이고 흩어지는 과정 속에서 나타난다고 한다. 기가 모여 사물이 형성되는데, 사물의 생성은 일정한 법칙을 따라 이루어진다. 모든 사물은 기의 취산공취(聚散攻取), 기가 모이고 흩어지는 데서 생성되고, 결국 태허(太虛)로 돌아간다. 기가 흩어지면 다시 모이고, 모이면 다시 흩어진다. 기가 모이면 사물이 형성되고, 기가 흩어지면 사물은 소멸한다. 이와 같이 우주는 순환하여 쉬지 않는다(太虛不能無氣; 氣不能不 聚而爲萬物; 萬物不能不散而爲太虛; 循是出入, 是皆不得已而然也, [正蒙], 太和篇).

현묘(玄妙)한 도의 속성과 특성에 대하여 노자는 말한다. 현묘는 오묘하고 신비스러운 것을 말한다. 마음을 씻어 닦고(修德), 마음을 비우고 내려놓으면 모든 생명이 하나라는 것을 알게 된다. 그리하여 미물까지도 사랑하게 되어 '씻어난 이(聖人)'의 마음은 사랑과 평화로 가득하게 되고 동물이나 나무와도 소통을 하는 신비한 힘을 갖는다.

영성신학에서 수덕신학(修德神學, Ascetical Theology)은 수행을 통하여 완덕의 길을 향하여 가는 길이기에 자신의 노력을 통해서 가는 능동적인 면이 있다. 신비신학(神秘神學, Mystical Theology)은 수신하고 마음을 비우면 성령께서 내 안에 오셔서 활동하고 결국에는 하느님과 하나가 되는 과정을 다룬다. 하느님과 합일은 성령에 의해 초월적으로 주어지는 것이기에 신비신학은 수동적인 면이 있다. <도덕경> 51장에서 언급하는 현묘한 도의 속성과 특성은 영성신학의 신비체험 가운데 나타나는 현상과 상통하는 점이 있다.

도는 만물을 낳고, 속알(德)은 만물을 기른다.
도와 속알은 만물을 통해 스스로를 드러내고,
만물은 흐름의 변화에 따라 이루어진다.
이래서 만물은 도를 높이고 속알을 받들지 않음이 없으니
도가 존귀하고 덕이 고귀한 것은 누가 시키지 않아도 스스로 늘 그러하다.
그러므로 도는 만물을 낳고
속알이 먹이고 키우고 기르고 자라게 하며
굳건히 여물게 돌보고 덮어준다.
도는 만물을 낳았으되 자기의 소유로 하지 않고
베풀어 성숙시키지만 자기의 공로라 뽐내지 않고
기르고도 군림하여 부리지 아니한다.
이를 일러 현묘한 속알(德)이라 한다.

늙은이 52월

세상 있비롯을 가지고(天下有始),

셰상 어머니 삼음(以爲天下母).

인젠 그 어머니를 얻으니(旣得其母),

써 그 아둘을 앏(以知其子).

인젠 그 아둘을 아니(旣知其子),

다시 그 어머니 직히즈(復守其母)

몸이 빠지도록 나죽지 않으리(沒身不殆).

그 입을 막고 그 문을 닫으면(塞其兌, 閉其門),

몸이 맞도록 힘들지 않고(終身不勤),

그 입을 열고 그 일을 건네겠다면(開其兌, 濟其事),

몸이 맞도록 빠져나지 못ᄒ리(終身不救).

작음 봄을 밝다 ᄒ고(見小曰明),

부드럼 직힘을 셰다 홉(守柔曰强),

그 빛을 써 다시 그 붉에 도라곰이여(用其光, 復歸其明),

몸의 걱정 끼침이 없으니(無遺身殃),

이 일러 푹늘(是爲襲常).

푹늘: 푹 빠졌다는 말의 푹과 늘(常道)의 합성 조어. 도(道)와 하나 됨을 말한다.

兌: 구멍 태.

풀어 씀

도(道)를 얻는 길은 도를 추구한다고 해서 얻는 것도 아니고 도를 찾아 구도(求道)의 길을 나선다고 얻어지는 것도 아니라 '함이 없는 함(無爲)'의 경지에서 도에 합일하는 데 있음을 <도덕경> 52장은 말한다. 도의 합일은 인위적으로 노력하는 유의(有爲)가 아니라 자연의 순리에 따라 '있음 그대로를 보고' 자연 속에 폭 빠져 항상 '그렇게 있음'으로 되는 것이다.

예수도 아는 지식으로 하느님을 아는 것이 아니라 그저 느끼고 되어지는 것임을 말한다. 똑똑하고 안다고 하는 지식인에 의해 하느님은 찾아지는 것이 아니라 아무것도 모른 철부지 어린이와 같은 무지(無知)의 마음속에 나타나는 것임을 지적한 것이다.

그때에 예수께서 이렇게 기도하셨다. "하늘과 땅의 주인이신 아버지, 안다는 사람들과 똑똑하다는 사람들에게는 이 모든 것을 감추시고 오히려 철부지 어린아이들에게 나타내 보이시니 감사합니다. 그렇습니다. 아버지! 이것이 아버지께서 원하신 뜻이었습니다. 아버지께서는 모든 것을 저에게 맡겨주셨습니다. 아버지밖에는 아들을 아는 이가 없고 아들과 또 그가 아버지를 계시하려고 택한 사람들밖에는 아버지를 아는 이가 없습니다"(마태 11:25~27).

요한복음에도 유사한 내용이 나온다. 예수는 하느님과 하나 되는 신비를 똑똑한 율법학자나 안다고 하는 지식인들에게 전하는 것이 아니라 무지하고 철부지 어린이와 같은 어부 출신의 제자들에게 전한다.

"나는 나에게 주신 말씀을 이 사람들에게 전하였습니다. 이 사람들은 그 말씀을 받아들였고 내가 아버지께로부터 온 것을 참으로 깨달았으며 아버지께서 나를 보내신 것을 믿었습니다. 나는 이 사람들을 위하여 간구합니다. 세상을 위하여 간구하는 것이 아니라 아버지께서 내게 맡기신 이 사람들을 위하여 간구합니다. 이 사람들은 아버지의 사람들입니다. 나의 것은 다 아버지의 것이며 아버지의 것은 다 나의 것입니다. 그래서 이 사람들로 말미암아 내 영광이 나타났습니다. 나는 이제 세상을 떠나 아버지께 돌아가지만 이 사람들은 세상에 남아 있을 것입니다. 거룩하신 아버지, 나에게 주신 아버지의 이름으로 이 사람들을 지켜주십시오. 그리고 아버지와 내가 하나인 것처럼 이 사람들도 하나가 되게 하여주십시오"(요한 17:8~11).

노자는 '이미 그 어머니(하느님)를 찾음으로써 그 아들을 알았고, 이미 그 아들을 알아 다시 그 어머니인 도(道), 즉 하느님을 마음속에 간직하면 육체의 몸은 죽어도 영혼인 얼(아들)은 죽지 않는다(既得其母 以知其子 既知其子 復守其母 沒身不殆)'는 사실을 깨달은 것이다.

세상에 도라는 근원이 있어
만물의 어머니가 된다.
이미 어머니를 알면
다시금 아들을 알고
이젠 아들을 알면
다시금 그 어머니를 지킨다.
이와 같으면 몸이 다할 때까지 죽지 않으리.
자기의 입을 다물고 귀와 눈을 막으면

몸이 다할 때까지 힘들지 않을 것이다.

그 입을 열고 일을 꾸미면

몸이 마치도록 빠져나지 못하리.

미미한 변화를 읽으면 밝고

부드러움을 지키면 강하다.

본래 갖추어진 빛을 쓰고 밝음으로 돌아가면

몸에 걱정 끼침이 없으니

이를 일러 푹 늙어 늘 하나 됨이라 일컫는다.

늙은이 53월

나로 ᄒ여금 좀 앎이 있으니(使我介然有知),

큰길로 갈데(行於大道),

오직 베풀기, 이 두렵다(唯施是畏).

큰길은 넘으도 맨이지만(大道甚夷),

씨알은 지름길을 좋아ᄅ(而民好徑).

조정은 너무도 말숙ᄒ고(朝甚除),

밭은 넘으도 거치렀고(田甚蕪),

창고는 넘으도 븨였고(倉甚虛),

빛난 옷들을 입고(服文綵),

날카론 칼들을 차고(帶利劍),

싫도록 먹고 마시고(厭飮食),

쓸몬이 남아 있다(財貨有餘).

이 말ᄒ자면 도적 브름이지(是謂盜夸),

길 아니로다(非道也哉).

맨이지만: 꾸밈이나 겉치레가 없지만.
介: 끼일 개, 작을 개.
夷: 편이할 이.
蕪: 거칠어질 무.

풀어 씀

세상의 인심이 간사하고 험악하여 도(道)가 멀어지는 것을 걱정하며 지도자가 해서는 안 되는 것을 권고하고 있다. 백성을 다스리는 자는 먹고 마시고 사치를 일삼치 않고 백성을 위협하지 않아야 한다.

<도덕경> 53장에서의 자그마한 앎이란 아주 겸손한 표현이다. 많이 배우고 지식을 알면 알수록 모르는 것이 더 많아진다는 것을 알게 된다. "너 자신을 알라"고 말한 소크라테스는 "내가 아는 것은 내가 무지하다는 것뿐"이라고 하였다. 진정한 철학의 시작은 자신의 무지를 아는 것을 인식하는 것이다. 내가 무지한 것을 안다는 것은 제나(自我, ego)를 온전히 버리는 것이다. '나'라는 것도 '내가 안다는 것'도 아무것도 아니라는 것이다. 내가 무지하기 때문에 참 지혜이신 하느님(다이몬)을 사랑하는 것이다.

노자는 하느님께서 나에게 자그마한 지혜를 주셨다고 하였다. 소크라테스의 무지의 지와 상통하는 말이다.

다석 유영모는 자아를 의심하고 부정해야 한다고 하였다. "우리가 나(自我)에 대해서는 의심을 안 한다. 그런데 이 세상이 괴로울 때면 나를 의심하게 된다. 나까지 의심을 하면 문제가 달라진다. 이렇게 아프고 괴롭고 한 이 '나'라는 게 뭐냐는 것이다. 나를 의심하고 부정하게 된다. 나를 없애버리고 싶어진다. 그래서 자살도 한다. 석가가 6년 고행한 것은 나를 의심해서다. 나를 의심하다가 이 '나'라는 것이 참나(眞我)가 아니라는 것을 깨닫게 된다. 그리고 영원 절대한 '참나'를 깨닫게 된다. 이게 성불(成佛)하는 것이다"(다석어록 1960년).

깨달은 사람들은 '제나'를 벗어나 도(道)를 따라 살지만 대개 사람들은 '제나'의 편한 길인 지름길을 좋아한다(大道甚夷 而民好徑). 예수는 자기를 버리고 좁은 길로 가라고 하였다. "좁은 문으로 들어가거라. 멸망에 이르는 문은 크고 또 그 길이 넓어서 그리로 가는 사람이 많지만 생명에 이르는 문은 좁고 또 그 길이 험해서 그리로 찾아드는 사람이 적다"(마태 7:13~14).

'제나'의 지름길을 좋아하는 사람이 지도자가 되면 백성을 억압하고 사리사욕을 취한다. 백성을 돌보고 섬기라고 지도자로 뽑아주었는데 오히려 백성 위에 군림하여 백성의 고혈을 짜는 억압자들은 동서고금을 막론하고 무수히 많다. 잘못된 지도자들에 대하여 구약성서의 예언자들은 저항하였다.

"저주받아라! 너희, 공평을 뒤엎어 소태같이 쓰게 만들고 정의를 땅에 떨어뜨리는 자들아. 묘성 성좌, 삼성 성좌를 만드시고 짙은 어둠을 아침으로 바꾸시는 이, 낮을 밤처럼 어둡게 하시며 바닷물을 불러 올려 땅에 쏟으시는 이, 그의 이름 야훼시라. 염소 성좌에 이어 황소 성좌를 올라오게 하시고 포도 따는 처녀별이 뜨면서 황소 성좌를 지게 하시는 이, 성문 앞에서 시비를 올바로 가리는 사람을 미워하고 바른말 하는 사람을 싫어하는 자들아. 너희가 힘없는 자를 마구 짓밟으며 그들이 지은 곡식을 거둬가는구나. 너희는 돌을 다듬어 집을 지어도 거기에서 살지 못하고 포도원을 탐스럽게 가꾸고도 거기에서 난 포도주를 마시지 못하리라"(아모 5:7~11).

"상아 침상에서 뒹굴고 보료 위에서 기지개를 켜며 양 떼 가운데서 양 새끼를 골라 잡아먹고 외양간에서 송아지를 잡아먹는 것들, 제가 마치 다윗이나 된 듯 악기를 새로 만들고 거문고를 뜯으며 제멋에 겨워 흥얼거리는 것들, 몸에는 값비싼 향유를 바르고 술은 대접으로 퍼마시며 요셉 가문이 망하는 것쯤 아랑 곳도 하지 않는 것들. 덕분에 이제 선참으로 끌려가리니 기지개 켜며 흥청대던 소리 간데없이 되리라"(아모 6:4~7).

"망할 것들! 권력이나 쥐었다고 자리에 들면 못된 일만 꾸몄다가 아침 밝기 가 무섭게 해치우고 마는 이 악당들아, 탐나는 밭이 있으면 빼앗고 탐나는 집을 만나면 제 것으로 만들어 그 집과 함께 임자도 종으로 삼고 밭과 함께 밭 주인도 부려먹는구나. 나 야훼가 선언한다. 나 이제 이런 자들에게 재앙을 내리리라. 거기에서 빠져나갈 생각은 마라. 머리를 들고 다니지도 못하리라. 재앙 이 내릴 때가 가까이 왔다"(미가 2:1~3).

조선 후기의 작자 이름이 알려지지 않은 사설시조에 탐관오리에 대한 두려 움과 공포가 얼마나 심한지를 잘 보여준다. "두꺼비가 파리를 물고 두엄 위에 뛰어 올라가 앉아 건너편 산을 바라보니 흰 송골매가 떠 있기에 가슴이 섬뜩 하여 펄쩍 뛰어 내닫다가 두엄 아래 자빠졌구나. 마침 날랜 나였기에 망정이지 하마터면 다쳐서 멍들 뻔했구나."

지도자는 군림하거나 지시하는 사람이 아니라 다양한 의견을 경청하고 갈라 진 백성들의 마음을 하나로 모으고 화합하며 서로 소통하도록 하는 것이어야 한다. 법이 없이도 다스려야 백성이 행복해질 수 있다. 나라를 다스릴 줄 모르 는 사람은 법만 뜯어고친다. 법을 개정하느라 시간 다 보내고 진정해야 할 일 은 하지 못하게 된다.

내게 자그마한 앎이 있어

도를 세상에 펼치려 하지만

베풀기가 두렵구나.

도는 매우 단순하고 평탄하지만

씨알(백성)은 지름길을 좋아해

권력자는 그 폐단을 제거하고자 하지만

그럴수록 논밭은 거칠어지고

창고는 텅텅 비었는데도

지도자는 빛나는 옷을 입고

날카로운 칼을 차고

맛난 음식을 싫증 날 정도로 먹고 마시고

재물을 주체 못 한다.

이런 자는 도적의 괴수이다.

이것이 어찌 길이겠는가.

늙은이 54월

잘 세운 것은 빠지지 않고(善建者不拔),

잘 안은 것은 벗어나지 않아(善抱者不脫),

아들, 아아들의 받드림이 거치지를 않음(子孫以祭祀不輟).

몸에 닦아서 그 속알이 이에 참흐고(修之於身, 其德乃眞),

집에 닦아서 그 속알이 이에 남고(修之於家, 其德乃餘),

시골에 닦아서 그 속알이 이에 길고(修之於鄕, 其德乃長),

나라에 닦아서 그 속알이 이에 풍덩흐고(修之於國, 其德乃豊),

세상에 닦아서 그 속알이 이에 너르리(修之於天下, 其德乃普).

므로 몸을 가지고 몸을 보며(故以身觀身),

집을 가지고 집을 보며(以家觀家),

시골을 가지고 시골을 보며(以鄕觀鄕),

나라를 가지고 나라를 보며(以國觀國),

세상을 가지고 세상을 보니(以天下觀天下),

내 어찌 써, 세상의 그런 줄 알가(吾何以知天下然哉).

이를 가지고(以此).

아아들: 손자. 아들의 아들이라는 뜻.

풍덩하고: 넉넉하고.

轍: 그칠 철, 거둘 철.

풀어 씀

'씻어난 이(聖人)'가 쌓은 정신세계와 공덕은 무궁하여 자자손손에 미친다는
것은 참된 얼과 진리를 세우는 수신(修身)을 근본으로 하였기 때문이다.

善建者不拔　　잘 세운 것은 빠지지 않고
善抱者不脫　　잘 안은 것은 벗어나지 않아

<역경(易經)> 에 의하면 하늘(乾)은 세우고(建), 땅(坤)은 수용하고 포용(抱)하
는 것이다. 뜻을 바르게 세우면 아무리 뽑으려고 해도 잘 빠지지 않듯이 잘 포
용하면 벗어나지 않는다. 그러므로 뜻과 얼을 잘 세운 사람은 목에 칼이 들어
와도 무릎을 꿇거나 그 뜻을 접지 않는다. 그래서 뜻과 얼을 잘 세운 것은 뽑
히지 않고, 잘 지킨 얼은 빼앗을 수가 없다. 비록 협박과 위협 그리고 고문으로
머리를 숙이게 하고 원하는 말을 얻을 수 있을지 모르나, 그 사람의 마음까지
굴복시키거나 얻을 수 없다. 아무리 강압적인 통치를 하더라도 우리나라의 얼
과 민족의 혼까지는 말살할 수 없다는 것을 지난 일제의 식민지배 경험에서 우
리는 보았다.

"나의 몸으로 세상의 몸을 보고, 나의 가정으로 세상의 가정을 보고, 나의
마을로 세상의 마을을 보고, 내 나라로 세상의 나라를 보고, 나의 세상으로 모
든 세상을 본다(以身觀身 以家觀家 以鄕觀鄕 以國觀國 以天下觀天下)"라는 말은

그냥 그렇고 그런 뜻이 아니라 의미 있는 말이다. 홀아비가 되어봐야 홀아비 사정을 알 수 있다. 역지사지의 태도를 가지고 세상을 보아야 한다. 자기 몸이 아파봐야 남의 아픔을 헤아리게 된다. 제집의 큰일을 치러보아야 남의 집의 큰일과 어려움을 헤아린다. 제 마을이 큰물에 잠겨보아야 남의 마을의 큰물로 인한 시련과 절박함을 헤아린다. 더 나아가 제 나라의 아비규환의 전쟁의 아픔과 희생을 겪어보아야 남의 나라의 아픔을 이해하게 된다. 이 말은 단지 세상으로서 세상을 알자는 것일까?

하느님의 얼인 말씀을 나보다는 가정에, 가정보다는 마을에, 마을보다는 나라에, 나라보다는 세상에 알려야 한다는 높은 뜻을 말하는 것일 것이다. 결국, 참으로 '씻어난 이'(聖人)는 '얼'로서 하느님을 알고 정신세계를 알아본다는 이 한마디 하고자 했던 것으로 여겨진다. 여기에서 노자의 높은 영성세계를 볼 수 있다.

제나(自我, ego)에서 벗어나 '얼'의 나(얼나, 眞我)로 거듭난 '씻어난 이'는 혈연관계에 집착하지 않는다. 얼 줄의 관계, '얼의 아들' 즉 혈연적인 것보다 정신적인 관계를 더 중요시한다. 그러므로 "자자손손 제사 지내는 것이 끊이지 않는다(子孫以祭祀不輟)"는 말은 음식을 차려 놓고 큰절을 올리는 제사가 아니라 '씻어난 이'의 얼을 이어받고 추모하는 것을 말한다. 얼의 나를 깨달아 진리파지(眞理把持)하고 진리정신을 잇는 것이 참된 제사이다. 예수, 석가의 얼과 진리는 혈연의 자녀가 아니라 정신적인 자녀인 제자들에 의해 이어지고 있다. 그들의 진리 정신을 잇자는 것이 제사인 것이다.

예수께 "누가 내 어머니이고 내 형제들이냐?"하고 물으셨을 때, "바로 이 사람들이 내 어머니이고 내 형제들이다. 하늘에 계신 내 아버지의 뜻을 실천하는 사람이면 누구나 다 내 형제요 자매요 어머니이다"(마태 12:49~50)라고 말씀하셨다. 그리고 이 세상 누구를 보고도 아버지라 부르지 말라고 하였다. "또 이 세상 누구를 보고도 아버지라 부르지 마라. 너희의 아버지는 하늘에 계신 아버지 한 분뿐이시다"(마태 23:10). 혈연의 관계나 육신의 아버지보다도 정신의 형제, 얼의 아버지 관계가 더 중요하다는 것이다. 진리의 정신을 잇는 것, 얼의 줄을 맺는 것이 중요하기 때문이다. 예수가 얼로 태어난 거듭난 사람임이 뚜렷이 드러나는 말씀이다.

도(道)를 배우는 사람이 수행하고 자기를 닦는 수신(修身)으로 얼을 드러내면 참된 것이다. 따라서 먼저 자기 수행을 잘 해야 한다고 장자는 말하였다. "도(道)라는 참됨으로 자기를 닦고 그 나머지로 나라를 위하고 마른 풀로 세상을 다스린다(道之眞以治身 其緖餘以爲國家 其土苴以爲天下)."

유영모는 말하였다. "하느님을 찾으라고 우리를 이 세상에 내놓으셨다. 우리에게 삶을 사는 시간을 주는 것도 그 시간 동안에 하느님 당신을 찾으라고 주신 것이다. 하느님이 나의 나인 참나(眞我)라, 우리는 찾지 않을 수 없다. 우리를 사람으로 살리는 동안에 하느님에게 다달아야 한다"(다석 유영모의 명상록, 44쪽).

"영원한 생명인 얼나를 찾아가는 생각의 귀착점은 참나인 하느님이시다. 우리가 하느님이신 참나를 만나기까지 우리의 삶에 만족이란 없다. 하느님을 만날 때까지 우리는 계속 이어 나가는 것뿐이다"(다석어록, 1957).

"도(道)는 세상을 초월한 진리를 말한다. 도(道)는 아무것도 바라는 마음이 없이 언제나 임자를 섬기는 종의 마음을 가질 때 이루어진다. 참으로 진리를 찾으려면 목숨을 내걸고 실천해 보아야 한다. 도(道)는 참나인 얼나로 하느님의 영원한 생명이다"(다석어록, 1957).

"'내가 곧 길이요 진리요 생명이니 나로 말미암지 않고는 아버지께로 올 자가 없느니라'(요한 14:6, 개역성경). 하느님이 주신 얼나가 길이요, 진리요, 생명이다. 예수는 하느님이 예수의 마음속에 보낸 얼나가 예수 자신의 길이요, 진리요, 생명임을 깨달은 것이다. 예수는 참나(얼나)와 길, 참나와 진리, 참나와 생명이 둘이 아닌 것을 깨달았던 것이다. 참나(얼나)를 길(道)로 표현한 이가 노자(老子)요, 참나(얼나)를 진리로 표현한 이가 석가요, 참나(얼나)를 생명으로 표현한 이가 예수다"(다석어록, 1956).

故以身觀身	므로 몸을 가지고 몸을 보며,
以家觀家	집을 가지고 집을 보며,
以鄕觀鄕	시골을 가지고 시골을 보며,
以國觀國	나라를 가지고 나라를 보며,
以天下觀天下	세상을 가지고 세상을 보니

여기에서 보는 것(觀)은 단순히 바라보는 것(見)보다 더 깊이 사물의 본질까지 꿰뚫어 보는 것을 뜻한다. 산스크리트어에 위빳사나(vipassana)라는 말이 있다. 순간순간을 쪼개어(vi) 본다(passana)는 말로서, '꿰뚫어 보다', '똑바로 알다'라는 뜻으로 위빳사나는 모든 것을 이해하고 꿰뚫어 본다는 것이다. 관(觀)하는 것도 이해하고 꿰뚫어 보는 것이라 할 수 있다. <역경(易經)> 에서 20 번째의 풍지관(風地觀) 괘는 손괘(☴)가 위에 있고 곤괘(☷)가 아래에 있는 괘이다. 관(觀)은 '관망'하여 꿰뚫어 보는 것으로 위에서 아래를 잘 살피고 아래서 위를 존경하는 괘이다. 윗글에서 나의 몸(身)과 가정(家), 마을(鄕)과 나라(國), 그리고 세상(天下)을 꿰뚫어 잘 보라는 것이다.

잘 세운 것은 뽑히지 않고

잘 지킨 것은 빼앗기지 않아

아들, 손자 이어 이어 받듦이 그치지 않는다.

몸을 닦으면 그 속알(德)은 참되고

집안을 다스리면 그 속알은 여유 있게 되고

마을을 보살피면 그 속알은 길게 남아 있고

나라를 다스리면 그 속알은 풍족하게 되고

온 세상을 다스리면 그 속알은 두루 온누리에 미친다.

그러므로 나의 몸으로 세상의 몸을 보고

나의 가정으로 세상의 가정을 보고

나의 마을로 세상의 마을을 보고

내 나라로 세상의 나라를 보고

나의 세상으로 모든 세상을 본다.

내 어찌 세상이 그런 줄 알겠는가.

오직 본성대로 그러하기 때문이다.

늙은이 55월

속알 먹음의 두터움을(含德之厚),

발간 이기에게 비길가(比於赤子),

독흔 버레도 쏘지 않고(毒蟲不螫)

스ᄂ온 즘승도 덤비지 않고(猛獸不據),

채가는 새도 움키지 않오라(攫鳥不搏).

뼈는 므르고 힘줄은 부드러우되 주먹을 굳게 쥠과(骨弱筋柔而握固),

않숳의 몯임을 모르되 고추가 니러남은(未知牝牡之合而全作),

알짬의 지극흠이라(精之至也).

히가 맞도록 우러도 목이 쉬지 않음은(終日號而不嗄),

고롬의 지극흠이라(和之至也).

고롬 앎을 늘이라고(知和曰常),

늘을 앎을 볽이라고(知常曰明),

삶을 더흠을 금새라고(益生曰祥),

ᄆᆞᆷ이 김 브림을 억셈이라(心使氣曰强),

몬이 한창 가면 늙느니(物壯則老),

일러 못든 길(謂之不道),

못든 길은 일찍 그만(不道早已).

속알 먹음: 말씀(로고스) 먹음.

발간 아기: 갓난아기.

螫: 쏠 석. 꼬리의 독으로 사물을 해치는 것을 의미한다.

據: 의거할 거. 발톱으로 물건을 누르는 것을 말함.

잡을 박(搏)자 또는 칠(搏) 자는 날개로 물건을 치는 것을 의미한다.

알짬: 精(정)을 순우리말로 알짬이라고 함.

고름: 화할 화(和)를 다석은 '고름'이라는 순우리말을 사용하여 번역하였음.

김: 기운 기(氣)를 순우리말로 '김'이라고 함.

익생(益生): 삶을 연장하려는 것을 말하나 얼로 거듭나는 것을 말하기도 한다.

풀어 씀

<도덕경> 54장에서 '씻어난 이(聖人)'는 뜻을 잘 세우고, 그 얼을 잘 지킨다는 것을 이어받아 55장에서는 성인들이 외부의 어떤 것에 영향을 받거나 끌려다니지 않는 것은 마음을 닦은 바가 두텁기 때문이라고 말한다.

선도에서나 한방의학에서는 사람은 정(精), 기(氣), 신(神)이 모인 생명체라고 본다. 선도(仙道)에서는 정, 기, 신을 삼보(三寶)라고 하는데, 선인(仙人)이 되는 데 필수적 요소이다. 천지인(天地人) 삼재(三才)라든지, 그리스도교의 삼위일체, 한방의학에서 중요시하는 삼초(三焦: 上, 中, 下焦), 선도의 삼단전(三丹田: 上, 中, 下)은 소통과 화합을 말하는데 서로 연관이 있다고 본다.

함덕지후(含德之厚), 이 한마디의 말로도 노자의 정신 수준이 어느 경지에 이르렀는지를 가늠하게 한다. 함덕(含德)은 속알(德)을 머금었다는 말이다. 다석의 제자 박영호는 함덕지후를 하느님의 씨인 말씀(로고스), 즉 하느님의 아들을 마음속에 미금었다는 깃으로 해석한다. "하늘이 속알을 네게 낳으셨다(天生德 於予)"(<논어> 술어 편)라는 공자의 말과 통한다. 하느님이 속알을 내게 낳았으니 내 속에 속알을 머금은 것은 자연스러운 것이다. 그러므로 우리는 하느님의 씨(아들)를 기를 사명을 지닌 것이라고 박영호은 주장한다.

도의 작용인 덕을 먹음은 생명과 말씀을 먹고 말씀에 따라 사는 것을 말한다. 말씀이 육화(肉化, incarnation)하였다는 것은 말씀대로 살아간다는 것으로 지행합일(知行合一)을 뜻하는 것이다. 다시 말하여 인카네이션(incarnation)은 <도덕경>의 함덕지후와 서로 통하는 말이라 할 수 있다.

석가의 불성(佛性), 노자의 덕성(德性), 예수의 영성(靈性)은 같은 말로서, 내가 영원한 생명인 '하느님의 아들'임을 깨닫는 것을 말하고 있다. 간디의 사티아그라하, 진리파지(眞理把持)도 노자의 함덕지후와 통하는 말이다.

| 含德之厚 | 속알 먹음의 두터움을 |
| 比於赤子 | 발간 아기에게 비길까 |

천진난만한 어린이와 '씻어난 이'(聖人)의 공통점으로 노자는 자연스러운 조화와 음양의 이치를 들고 있다. 덕을 많이 쌓은 사람은 어린아이와 같아진다. '씻어난 이'의 바보스러움에 그리고 여린 갓난아이의 천연스러움에 모든 진리가 있다는 것이다.

<도덕경> 10장에 나오는 '專氣致柔 能如嬰兒乎(전기치유 능여영아호)'의 영아(嬰兒)와 <도덕경> 55장에 나오는 적자(赤子)는 천진난만한 어린이 같은 사람

을 말한다. 전심치유(專氣致柔)는 기(氣)를 마음대로 움직여 순수하기가 어린아이와 같은 것은 전 단전 복식 호흡과 심재(心齋), 좌망(坐忘) 사상과 관계가 있는 것으로 보인다. 전기(專氣)하여 치유(致柔)하고 능여영아호(能如嬰兒乎)야 라고 읽으면 숨을 고르게 하여 부드러워지게 되어서 젖먹이처럼 될 수 있느냐는 것이다. 젖먹이가 배로 불룩불룩 숨을 쉬는(腹息) 것처럼, 단전호흡을 하면 숨을 부드럽게 척척 돌리게 된다. 몸을 바르게 하고 마음을 비우면 심재, 좌망의 무아(無我)의 상태에 이르고 천문(天門)이 열린다고 한다.

骨弱筋柔而握固　　　뼈는 무르고 힘줄은 브드러우되 주먹을 굳게 쥠과,
未知牝牡之合而全作　앏숳의 몯임을 모르되 고추가 일어남은,
精之至也　　　　　　알짬의 지극홈이라.

어린아이는 뼈가 아직 튼튼하지 않고 힘줄은 부드러우나 주먹을 쥐는 힘은 강하고 아직 성을 알지 못하나 발기하는 것은 음양의 조화 정기의 작용이 지극하기 때문이다. 정기가 지극함(精之至也)이라는 말은 10장에 나오는 전기치유 능여영아호(專氣致柔 能如嬰兒乎)와 서로 통하는 말이다.

순진무구한 어린이는 공격심을 드러내지 않으므로 어떠한 사나운 것들도 해치지 않는다. 사람도 어린아이와 같은 마음을 가지면 사나운 동물과도 소통하며 벗이 된다. "늑대가 새끼 양과 어울리고 표범이 숫염소와 함께 뒹굴며 새끼 사자와 송아지가 함께 풀을 뜯으리니 어린아이가 그들을 몰고 다니리라. 암소와 곰이 친구가 되어 그 새끼들이 함께 뒹굴고 사자가 소처럼 여물을 먹으리라. 젖먹이가 살모사의 굴에서 장난하고 젖 뗀 어린 애기가 독사의 굴에 겁 없이 손을 넣으리라. 나의 거룩한 산 어디를 가나 서로 해치거나 죽이는 일이 다

시는 없으리라"(이사 11:6~9, 공동번역).

속알(德)을 많이 쌓은 사람은

갓난아이와 같아지니

독한 벌레도 쏘지 못하고

사나운 들짐승도 달려들지 못하고

날쌘 날짐승도 채가지 못한다.

갓난아이는 뼈가 무르고 힘살은 부드럽지만

움켜쥔 손은 매우 세다.

암수가 짝짓는 것을 알지 못하나 생식기가 곧추서는 것은

알짬(精氣)이 지극하기 때문이요

하루 종일 큰 소리로 울어도 목이 쉬지 않는 것은

몸이 완전한 조화를 이루고 있기 때문이다.

조화로울 줄 알아야 떳떳하고

떳떳한 본래의 모습인 얼을 알아야 지혜가 밝으며

얼로 솟아남을 좋음이니

마음의 기운을 부리는 것이야말로 세다고 할 수 있다.

만물이 한창인가 생각하고 있는데 벌써 늙어가니

이것은 참이 아니다.

참이 아니면 일찌감치 그만두어야.

늙은이 56월

앎이 (다) 말 못ㅎ고(知者不言),

말흔이 (다) 알지 못ㅎ니(言者不知)

그 입은 맥히고(塞其兌),

그 문은 닫히고(閉其門),

그 날카로움이 무디이고(挫其銳),

그 얽힘이 플리고(解其分),

그 빛에 타번졌고(和其光),

그 티끌에 같이드니(同其塵),

이 일러 감은가틈(是謂玄同).

홀라스리금 아름앏 못ㅎ며(故不可得而親),

홀라스리금 버섯임 못ㅎ며(不可得而疏),

홀라스리금 좋게 못ㅎ며(不可得而利),

홀라스리금 언잖게 못ㅎ며(不可得而害),

홀라스리금 높고이 못ㅎ며(不可得而貴),

홀라스리금 얕내리 못ㅎ오라(不可得而賤).

므로 셰상 기 되도다(故爲天下貴).

玄: 검을 현, 검다는 것은 흑색(black)이 아니라 어스름한(dark) 색을 말한다.

버섯임: 틈이 벌어짐.

높고임: 높이 모심.

기: 훌륭한 사람, 영·호남의 사투리에서 '기다'는 아주 좋다는 뜻으로 쓰인다.

풀어 씀

윌리암 제임스(William James, 1842~1910)는 종교체험의 네 가지 특징을 들고 있다. 즉 표현불가능성(ineffability), 지적 성질(noetic quality), 일시성(tsansiency), 수동성(passivity)을 들고 있다. 그중의 하나가 표현불가능성이다. 하느님과 합일하는 체험에서 그 놀라운 현상을 인간의 언어로는 표현할 수 없다는 뜻이다.

말은 사람이 서로 소통하는 데 아주 필요하고 좋은 것이지만, 인간의 말로 진리를 온전히 표현할 수는 없다. <장자>의 제물편에도 비슷한 내용이 나온다. "참은 나타나면 참이 아니다. 말을 잘해도 참에 미치지 못한다. … 누가 아는가. 말로 할 수 없는 말을, 말할 수 없는 참을, 만약 알 수 있을 것 같으면 이를 가리켜 하늘나라라 일컫는다(道昭而不道 言辯而不及 … 孰知不言之辯 不道之道 若有能知 此之謂天府)."

동서양을 막론하고, 그리스도교의 신비체험이나 불교의 선 체험에서 진리를 경험하거나 하느님과 하나가 되는 체험을 한 사람들은 한결같이 그 신비현상을 인간의 말로는 표현할 수 없다고 말한다. <노자> 56장에서 말하는 내용과 서로 통한다고 볼 수 있다. 다석 유영모도 같은 말을 하였다. "여기서 지금 쓰는 말은 확실한 것이 아니다. 이 사람의 배를 흔들고 성대를 울려서 소리를 내어 말을 하면 말을 받을 고막이 떨려서 이 단계로 생각되는 그것뿐이다. 생각한다는 것은 소리를 낼 필요가 없다. 소리를 받아서 귀로 들을 필요가 없다. 그래서는 하느님의 말씀을 들을 수 없다. 그러나 선지자들은 맘으로 하느님의 말씀을 들었다. 그것을 기록한 것이 경전이다"(다석어록, 1956년).

화광동진(和光同塵)은 <도덕경> 56장의 화기광 동기진(和其光 同其塵)에서 온 말이다. 하느님과 함께 하는 사람은 티끌같이 천하고 낮은 사람하고도 섞이고 함께한다는 말이다. 참 수행자는 남이 만들어 준 것을 받아먹지 않고, 자기의 먹거리는 자기가 만들어 먹었다. "하루 일하지 않으면 하루 동안 먹지 않는다"는 백장 회해(百丈 懷海, 749~814) 선사의 주장은 당연한 말이다. 간디도 제 먹을 것은 제 손으로 농사를 지어야 한다고 하였다. 간디가 아프리카에서 일하고, 톨스토이가 농장을 만들어 농사를 지은 것도 화광동진의 정신이다. 톨스토이는 이마에 땀을 흘리며 일해야 한다고 쟁기질까지 하면서 농민들과 함께 농사를 지었다. 다석 유영모도 직접 농사를 지었다. 그리고 자녀를 대학에 보내지 않았다. 입신양명하려는 것은 일하기 싫어 출세하겠다는 생각이 있다고 보았기 때문이다.

비폭력이나 살생하지 않는 것(아힘사, ahimsa)이나 금욕(브라마차리아, brahmacharya)은 진리에 따라 살면서 노동하며 천한 것과도 어울리는 화광동진 정신의 인도표현이라고 할 수 있다. 노자는 하느님과 함께 하는 삶이라는 뜻으로 현동(玄同)이라 하였다. 현동의 씻어난 이들인 간디, 톨스토이, 노자, 유영모는 하느님과 동행하면서 낮은 사람과 섞여 산 성인들이다.

아는 이는 말로는 다 설명하지 못한다.

안다고 말하는 자는 다 알지 못한다.

씻어난 이는 그 입을 막고

그 문을 닫으며

자신의 예리함을 꺾고,

갖가지 얽힘을 풀며

그 빛과 함께하니

티끌과도 함께 노닌다.

이를 일러 하느님과 하나가 되는 신비라.

그러므로 함부로 그분과 가까이 못 하며,

멀리할 수도 없고,

함부로 이롭게 할 수도 없고

해롭게 할 수도 없고,

함부로 높이지도

얕볼 수도 없으니

세상에 귀하게 되도다.

늙은이 57월

나라를 다스리는 데는 바름 가지고 흐며(以正治國),

군사를 쓰는 데는 다름 가지고 흐며(以奇用兵),

셰상을 집는 데는 일없음 가지고 흠(以無事取天下),

내 어째서 셰상의 그러흔 줄을 앓가(吾何以知其然哉).

이로써(以此),

셰상이 끼리고 쉬쉬흐는 게 많자(天下多忌諱),

씨알이 더더 가난흐고(而民彌貧),

씨알의 (쓰기) 죪그릇이 많자(多利器)

나라집은 야금 어둡고(國家滋昏),

사람의 재조브림이 많자(人多伎巧)

다른 몬이 야금 닐고(奇物滋起),

법령이 야금 월뵈자(法令滋彰),

도적이 많이 있음(盜賊多有).

므로 씻어난 이 이로되(故聖人云),

내 흠없어서 씨알 제대로 되고(我無爲而民自化),

내 잘고요흐자 씨알 제 바르고(我好靜而民自正),

내 일없자 씨알 절로 가멸(我無事而民自富)

내 흐고잡 없자 씨알 스스로 등걸(我無欲而民自樸).

265

諱: 꺼릴 휘, 가휘(忌諱)는 꺼리고 두려워하는 것을 말한다.

씨알: 백성 민(民)을 '씨알'로 다석은 해석하였다. 씨알은 '씨'와 '알'을 합한 말로 식물은 종족 보존을 위해 '씨'를 맺고, 동물은 '알(卵, 난자)'을 통해 생명을 번식한다. 씨와 알은 생명의 기초단위이고 각 개체 안에는 그 생명의 모든 유전 정보가 씨와 알에 담겨 있다. 민(民) 또한 인민들의 근본이고 기초이다.

몬: 물건(物)의 순우리말이다.

야금: 조금씩 조금씩 더해가는 모양을 말한다. 예를 들어, 야금야금 먹는다.

풀어 씀

서여(西旅)라는 나라에서 길을 잘 들인 훌륭한 오(獒)라는 개를 공물(供物)로 주나라 무왕에게 바쳤다. 이때, '나라의 선생(太師)'인 소공석이 그 공물을 받지 말라고 무왕에게 간언하였다. 개를 공물로 받는 것의 부당성을 임금에게 언급한 것이 <서경(書經)>에 나오는 '여오(旅獒)'라는 이야기이다.

소공석은 개를 귀엽다고 노리개로 여기고 살면 안 된다는 이야기를 통하여 모든 일에 인격자로서 임무를 수행하도록 임금을 일깨웠다. 사람을 가지고 노는 노리개로 알면 잘 생긴 미인뿐만 아니라 훌륭한 군자나 소인들을 어린애 장난감처럼 놀리고 다루게 되어 무엄(無嚴)이 된다. 신기한 물건을 구경하고 장난거리로 삼으면 지도자는 덕을 잃게 되어 있다. 골동품을 모으고 희귀품을 수집하다 보면 보다 높은 뜻을 이루려는 뜻을 잃게 되기 마련이다. 지도자나 사업가가 윤락가를 찾는 그 자체가 정당한 일이 아니다. 사람을 노리개로 여기고 가지고 놀게 되면, 자신의 덕을 잃고 결심한 뜻을 잃고 만다. 결국에 다스리는 일이 그릇되고 사업도 망하게 된다. 처음부터 끝까지 한결같은 마음을 가져야 인격자가 되는 것이다. 사람을 업신여기고 농지거리하면 덕을 잃고 일을 그르치게 된다. 사람을 인격적으로 대하지 않으면 지도자는 덕을 잃게 되고 백성들은 등을 돌린다. 허물이 없는 사이라고 해서 '이 자식, 저 자식' 농지거리하는 것은 결국에 서로 '희롱(玩)'하게 되어 있다.

덕경(德經)의 시작인 <도덕경> 38장에서 인의예(仁義禮)라는 것의 폐해를 이미 언급하였다. 인의예는 도(道)라는 것으로 겉치장한 껍데기일 뿐이며, 어리석음의 시작인 것이라는 것을 지적한 것이다. <도덕경> 38장에 이어 57장에서 사람들의 재주(人多伎巧)와 기호품 애호(奇物滋起) 그리고 법령(法令滋彰)의 폐해를 다시 강조한다. 법이 무엇인지 잘 모르는 근본 없는 세상에서 인간들이 머리를 굴려 자꾸만 만들어 낸 법령이 많아지면 결과적으로 법령 그물에 구멍이 자꾸 생겨나기에 도적놈들을 자꾸 양산하게 된다(盜賊多有).

입법기관의 국회의원들은 수없이 많은 법규를 만들고, 아주 구체적이고 세부적인 것까지도 규정하려고 한다. 부정부패와 탐욕으로 가득 찬 권력가들은 사람들을 안하무인처럼 대하고 골동품과 희귀한 물건을 탐한다. 뇌물 받기를 좋아하고 특권의식을 누리는 것을 당연하게 생각한다. 좋은 차 좋은 집, 좋은 음식과 화려한 차림을 좋아하고 특별한 대우 받기를 즐긴다. 이들은 백성을 받들고 섬기는 것이 아니라 백성 위에 군림하고 무섭게 법을 들어대고 위협한다. 백성을 협박하고 조여야 말을 듣고 기강이 선다고 생각한다. 이러한 권력자들은 무위(無爲)의 다스림이나 덕치(德治)에 대하여 잘 모르거나 문외한들이다. 정치의 기본을 이해하지 못하는 사람들이거나 정치의 이면이나 기능적인 것을 너무 잘 아는 사람들이다. 그러나 진정한 다스림은 엄하게 다스리거나 법조항을 잘 적용하는 것보다는 사람들이 기쁘고 즐거워서 감사하는 마음으로 스스로 참여하도록 하는 것이다.

왕필(王弼)이 쓴 글은 사람들이 만든 법이 무엇이 잘못되었음을 잘 표현하고 있다.

사람 마음에 사악함이 일어나는 것은 어찌 사악한 것이 벌이는 것이겠는가 (夫邪之與也 豈邪者之所爲乎).

방탕하고 싶어지는 것이야 어찌 방탕한 것이 일으키는 것이겠는가(淫之所起 也 豈淫者之所造乎).

고로 사악한 마음을 틀어막는 것은 정성을 다하는 데 달려있는 것이지 부지 런하게 잘 살피는 데 있지 않은 것이다(故閑邪在乎存誠 不在善察).

방탕한 마음을 일어나지 못하게 하는 것은 화려함에 도취되는 것을 버리는 데 있는 것이지 여러 가지 법령들을 자꾸만 늘리는 데 있지 않다(息淫在乎去 華 不在滋章).

절도범을 없애고자 하는 것은 욕심을 보내 버리는 데 있는 것이지 형벌로 엄 격히 다스리는 데 있지 않는 것이다(絶盜在乎去欲 不在嚴刑).

송사가 일어나지 않도록 하는 것은 이권재물들을 높이 보지 않는 데 있는 것 이지 잘 듣고 판결을 잘하는 데 있는 것은 아니다(止訟存乎不尙 不在善聽).

행동을 규제하고 법을 적용하기보다는 먼저 사람의 마음을 다스리고, 인위 적으로 무엇을 만들고 결과를 드러내기보다는 무위(無爲)로서 사람의 마음을 움직이게 하는 것이 도(道)와 하나가 되는 것임을 57장은 말하고 있다.

바른길로써 나라를 다스리고
기이한 계책으로 군대를 부리지만
사실 일 없음으로 세상을 얻는 것이다.

내 어찌 그러한 줄 아는가.

이것에 의해 안다.

세상에 금기하는 것이 많아지면

사람은 더욱 가난해지고

사람에게 문명의 이기가 많아지면

나라는 더 어지러워진다.

사람들에게 교묘한 재주가 있으면

괴이한 일들이 자주 일어나고

법령이 한층 세세해지면

도적은 더욱 들끓는다.

따라서 씻어난 이(聖人)는 말한다.

내가 아무것도 하지 않자 사람들이 스스로 하고

내가 고요함을 즐기자 사람들이 스스로 바르게 되며

내 일을 없애니 사람들이 스스로 풍요로워지고

내게 추호도 욕심을 내지 않으니 사람들이 본래대로 순박하게 된다.

늙은이 58월

그 바로기 답답(스리나) 씨알 순순코(其政悶悶 其民淳淳),

그 바로기 쌀쌀(흔데) 씨알 갈갈흐(其政察察, 其民缺缺).

화여 복과 등댐(禍兮福之所倚)

복이여 화의 업딤(福兮禍之所伏)

누가 그 맨꼭대길 알리오(孰知其極).

그 바름과 비뚧이 없이(其無正邪),

바름이 다시 다르게 되고(正復爲奇),

착홈이 되 모를게 되니(善復爲妖),

사람의 아리숭흔지 그날이 퍽 오래오(人之迷, 其日固久).

이래서 씻어난 이 반듯흐되 자를라 안들고(是以聖人方而不割),

모지되 깎으려 안들고(廉而不劌),

곧되 벋댈라 안들고(直而不肆),

빛이라 낼라 안드오(光而不燿).

맨 꼭대기: 極. 여기서는 道. '꼭대기'라는 말은 '꼭'이라는 말과 손을 대본다는 '대기'가 합한 것
이다. '손을 꼭 대봐야 하는 곳, 그곳이 꼭대기이며, 꼭대기는 결국 진리가 있는 곳'이라고 다석
은 말하였다. 다석 사상에서 맨 꼭대기는 하느님이 계시는 곳을 가리키기도 한다.

倚: 기댈 의.

割: 나눌 할, 자른다는 뜻으로 뾰족 나온 모서리를 벤다는 것이다.

劌: 상처 입힐 귀, 지나치게 상대방을 깎아내림을 의미한다.

廉: 모 렴.

肆: 방자할 사, 자기 임의대로 하는 것을 말한다.

耀: 빛날 요, 자기의 견해를 과시하는 것을 말한다.

풀어 씀

인간만사새옹지마(人間萬事塞翁之馬)라는 고사성어가 있다.

중국 국경지방에 한 노인이 살았다. 어느 날 노인이 기르던 말이 국경을 넘어 달아나버렸다. 이에 주민들은 노인에게 위로의 말을 전하지만, "이 일이 화가 될지 복이 될지 누가 압니까?"라고 태연하게 노인은 대하였다. 그로부터 몇 달이 지나고 도망쳤던 말이 암놈 말을 데리고 한 필이 되어 돌아왔다. 주민들은 그것을 보고 "말씀하신 그대로네요"라고 말하며 축하의 말을 전하였다. 그러나 노인은 또다시 "이게 화가 될지 누가 압니까?"라고 말하였다. 그로부터 며칠 후 노인의 아들이 돌아온 말을 타다가 그만 말에서 떨어져 다리가 부러졌다. 이에 사람들은 위로를 건네지만, 노인은 "이게 복이 될지 누가 압니까?"라고 초연하게 대하였다. 그런데 며칠 후 북방의 나라가 침략을 하자 나라에서는 징집령을 내리고 젊은이들을 모두 전쟁터로 끌려갔다. 하지만 며칠 전 말을 타다가 다리가 부러진 노인의 아들은 징집되지 않았다.

살면서 어떤 일이 복이 될지 화가 될지는 아무도 모른다. 모든 일에는 양면성이 있다는 것을 잘 말해주는 예화이다. 같은 일을 겪어도 관점에 따라 다르게 반응하고, 사물을 보는 눈에 따라 부정적인 반응을 나타내기도 하고 긍정적인 반응을 하는 것을 본다. 기쁠 때가 있으면 슬플 때가 있고, 맑을 때가 있으면 흐릴 때도 있다. 찢을 때가 있으면 기울 때가 있고, 말할 때가 있으면 입을 다물 때가 있다. 싸울 때가 있으면 화해할 때가 있고, 미워할 때가 있으면 사랑할 때가 있다. 이 세상의 가치는 다 상대적이다. 비교되는 상대의 상황에 따라 가치가 달라진다. 상대세계에서는 크고 작은 것, 높고 낮은 곳, 예쁘고 추한 것, 좋고 나쁜 것을 비교하고 가치를 따진다. 그러나 이 모든 것에는 양면성이 있다. 재앙을 만나지만 그 이면의 복이 잠복해 있는 것을 볼 수 있고, 복이라 좋아하지만, 그 이면에는 재앙이 기다리고 있다는 것도 알아야 한다. 그러므로 한발 더 나아가서 죽음 속에서 삶을 보고, 삶 속에서 죽음을 내다보는 지혜의 눈을 가져야 한다.

그러므로 '씻어난 이(聖人)'는 혼탁한 세상을 살면서 백성과 하나가 되고, 빛을 가리고 티끌과 같은 천한 사람들과 즐기며 세상과 하나 되어 아무 흔적도 남기지 않는다. 자신의 몸가짐이 바르더라도 남을 깎아내리지 아니하고 스스로 청렴하지만 다른 사람을 욕심이 많다고 비난하지 않으며, 자기가 올곧다고 교만하지 않으며, 비록 지혜의 빛을 가졌다 해도 드러내지 않는다. 이처럼 자신의 뛰어난 점이 있더라도 여전히 그 장점을 위해 수행하기에 세상에서 고귀한 존재가 되는 것이다.

<도덕경> 37장에서 지적한 인위적인 일의 폐해를 58장에서는 더욱 상세하게 밝히고 다스리지 않으나 다스려지지 않는 것이 없는 무위(無爲)의 다스림을 구체적으로 노자는 제시하였다. 무위의 다스림으로 백성이 저절로 순화가 된다는 것이다.

다스리는 일을 백성이 아무것도 모르게 하면 백성은 순박해지고

지배자가 빈틈없고 쌀쌀맞으면 백성은 쩔쩔맨다.

재앙에는 복이 잠복해 있고

복에는 재앙이 기대어 있다.

어느 누가 그 맨 꼭대기(하느님)를 알리오.

세상에는 바름도 틀림도 없는 것

바른 것이 이상함이 되고

착함이 다시 요사하게 전도되거늘

사람들이 미혹에 빠진 날이 이미 오래되었다.

따라서 '씻어난 이(聖人)'는 반듯하되 자르려 하지 않고

모나되 깎으려 않고

곧되 뻗대려 않고

빛나나 환하게 드러내려 하지 않는다.

늙은이 59월

사람 다시림과 하늘 섬김에(治人事天)

애낌만 호게 없(莫若嗇),

그저 오직 애낌이여(夫唯嗇),

이 일러 일직 들어일봄(是以早服).

일찍 들어일봄을 일러 거듭 쌓은 속알(早服, 謂之重積德).

거듭 쌓은 속알은 곧 이기지 못흠 없음(重積德, 則無不克).

이기지 못흠이 없으면 곧 그 맨꼭대기 알수없음에(無不克, 則莫知其極),

니 써 나라를 둘 만(莫知其極, 可以有國).

나라를 두는 어머니는 써 길고 오랠만(有國之母, 可以長久).

이 일러 깊은 뿌리 굳은 꽃밑(是謂深根固柢).

길이 살아 오래 보는 길(長生久視之道).

속알: 덕(德)의 순우리말이다. '속알머리 없다'는 말을 흔히 듣는다. 사람이 덕을 쌓지 않아 속이 차 있는 행동을 하지 않거나 경솔할 때, '속알머리 없다'고 말한다.

풀어 씀

손가락으로 꼭 대는 것을 다석은 '꼭대기'라고 하였다. 맨 꼭대기는 절대자, 만물의 근원이신 하느님이 계신 곳이라고 다석은 말하였고, 사람은 생각으로 위로 올라올라 하느님이 계신 그 자리에 꼭 대야 하느님과 하나가 될 수 있다고 하였다.

<도덕경> 59장은 사람과 하늘의 관계를 잘 말하고 있다. 사람은 수행하고 마음을 다스려 사욕을 극복하고 하늘의 본성이라는 덕(德)을 두텁게 쌓아야 한다. 거듭 속알을 쌓으면 이기지 못할 게 없다(重積德, 則無不克). 이긴다는 것은 늘 변하는 상대세계를 극복하여 알 수 없는 신비의 세계인, 한 마루인 절대세계에 다다를 수 있다는 것이다. 하느님은 신비하여 말로 다 표현할 수 없고 인간의 사고로 다 헤아릴 수 없는 분이시다. 그래서 끝마루를 알 수 없어야 한다고 말하고 있다.

"모든 욕망을 버리고 너와 나라는 생각조차 초월한 사람은 참으로 마음의 평정에 도달한다. 바로 이것이 브라흐마(梵)의 경지다. 이 경지에 도달하면 다시는 미혹이 없으리라. 비록 죽는 순간이라도 이것을 깨닫는다면 그 사람은 완전한 니르바나에 들어가 영원한 평화를 누릴 것이다. 왜냐하면, 그는 브라흐마와 하나가 되었기 때문이다"(바가바드기타 2장 71~72절). 장자는 덕을 쌓으면, "사람으로 하늘을 해치지 않고 외물로써 본성을 상하게 하지 않는다(不以人害天 不以物傷天)"고 하였다.

"원초적인 가장 높은 곳, 태초의 지고선(至高善)에 닿는 것이 인생의 목적이다. 이를 궁고고(窮古高)라 한다. 궁(窮)은 궁신(窮神)한다는 말이다. 맘과 뜻과 힘을 다해 하느님을 찾는 것이다. 이 우주 현상을 보면서 하느님의 존재를 확인하는 것이다. 궁신지화(窮神知化)로 하느님의 사랑을 더듬어보면 일체가 변화하는 것임을 알게 된다. 일체가 변화해가는 것이 하느님의 조화이다. 그것이 하느님의 사랑이다"(다석어록, 1956년)라고 다석은 죽음 선언한 후에 매일 아침 묵상을 하며 기록하였다.

사람을 다스리고 하느님 섬김에
아낄 만한 것이 없어.
그저 오직 아낌이여
이를 일러 일찍이 다스림이라 한다.
일찍이 다스림을 일러 거듭 속알(德) 쌓음이라 하니
속알을 두텁게 쌓으면 이기지 못할 게 없어
이기지 못할 게 없으면 그 끝(하느님)은 알 수 없다.
그 끝마루(하느님)를 알 수 없어야 나라를 잘 다스릴 수 있다.
나라의 어머니로 있으니 길고 오래갈 만
이 일러 뿌리 깊은 뿌리
길이 살고 오래 볼 하느님(道)이라 한다.

늙은이 60월

큰나라 다시리기를(治大國),

작은 생선 끄리듯 ㅎ(若烹小鮮).

길을 가지고 셰상에 다다르면(以道莅天下),

그 귀신이 신통치 않음(其鬼不神),

그 귀신이 신통치 아닌게 아니라(非其鬼不神),

그 신이 사람을 다치지 아니ㅎ(其神不傷人),

그 신이 사람을 다치지 안는게 아니라(非其神不傷人),

다스리는 이도 다치지 아니ㅎ얐음이여(聖人亦不傷人).

그저 둘이 서로 다치지 아니ㅎ(夫兩不相傷),

므로 속알이 엇바꾐 도라가도소라(故德交歸焉).

풀어 씀

무위(無爲)의 삶은 백성들에게 이로움을 주지만, 남에게 보이기 위한 인위적인 행위인, 유위(有爲)는 사람들에게 오히려 해를 끼친다는 것을 <도덕경> 60장은 경고한다.

시민의 불복종 운동으로 유명한 미국의 헨리 데이비드 소로는 노자의 <도덕경>의 내용과 같은 말을 하였다. "가장 적게 다스리는 정부가 가장 좋은 정부라는 표어에 나는 진심으로 동의한다. 그리고 그것이 좀 더 빨리 또 조직적으로 실현되기를 바라 마지 않는다. 이 표어는 결국 전혀 다스리지 않는 정부가 가장 좋은 정부라는 말이 되는데 나 또한 그것을 믿는다"(헨리 소로, 『시민 불복종』).

자신의 농노에게 농토를 주고 해방시켜준 톨스토이도 사랑의 법칙으로 다스리는, 덜 간섭하고 적게 다스리는 정부론을 폈다. "'우리의 조국은 세계요, 우리의 동포는 전 인류이다.' 우리는 이 말이야말로 무덤의 비석 위에 쓰일 표어임을 믿는다. 우리들 자신의 표어로 고른 것은 전반적인 해방이다. 한 사람의 지배에서, 자기의 노예화에서, 폭력적인 정권에서, 죄악에 의한 노예화에서, 우리의 모든 인류를 해방시켜 사람들이 다만 하느님의 뜻에 따라서 그들 자신의 양심으로 감독하고 사랑의 법칙으로 다스리는 정치를 목표로 할 것이다"(레오 톨스토이, 『인생독본』).

공자가 덕으로 다스리는 정치인 덕치(德治)를 많이 말하였다면, 노자는 도(道)로 다스리는 도치(道治)를 주로 말하였다. 노자의 도치(道治)는 적게 다스리는 정치이다. 다스리는 자가 백성을 다치지 않게 하면, 귀신조차도 백성을 다치지 못하게 한다는 사상이다.

　하느님도 어떻게 할 수 없다는 예화가 있다. 나리다라는 현자가 사원으로 순례길을 떠났다. 어느 날 가난한 부부가 사는 오두막에서 친절한 대접을 받으며 하룻밤을 묵었다. 현자가 길을 나서려는데, 주인 남자가 말하였다. "하느님께 가시는 길이라니 긴한 부탁 하나 드리겠습니다. 부디 우리 내외가 아이를 가질 수 있도록 기도해 주십시오." 사원에 이르러 현자는 여쭈었다. "그 부부는 저에게 친절히 대했으며 가난한데도 환대해 주었습니다. 아무쪼록 자비를 베푸시어 자식을 낳게 해주십시오." 하느님은 퉁명스럽게 말하였다. "그 사람은 자식 가질 운수가 없다." … 5년이 지나서 나라다라는 똑같은 순례길을 떠나 똑같은 가난한 부부의 집에서 따뜻한 대접을 받게 되었다. 그런데 문간에는 이 부부의 아이인 두 어린이가 놀고 있었다. 어안이 벙벙해진 현자에게 가난한 부부는 설명하였다. "5년 전에 손님께서 우리 집을 떠나신 뒤에 거룩한 탁발승을 하룻밤 모셨는데, 이튿날 아침 떠나시며 축복해 주시더군요. 그래서 하느님께서 이 두 아이를 낳게 해주셨지요."
　이 이야기를 들은 나리다는 헐레벌떡 사원에 들어서면서 냅다 소리를 질렀다. "하느님, 분명히 저에게는 그 사람이 자식을 가질 운수가 없다고 하지 않았습니까? 웬걸. 아이가 하나도 아니고 둘이나 있습디다." 하느님은 껄껄 웃었다. "틀림없이 어느 성인의 소행이구나. 성인들이란 운명을 바꿀 힘이 있지!"

　노자는 귀(鬼)와 신(神)을 공자처럼(祭如在 祭神如神在, <논어>, 팔일편) 선조의 영혼을 말하는 것 같다. 억울하거나 불만스럽게 죽은 귀신이 사람을 다치게 한다고 생각한 듯하다. 그러나 다석은 기(氣)의 팽창과 수축의 현상으로 본 장횡거의 귀신론을 발전시켰다. "유교에서 귀(鬼)는 귀(歸)이다. 신(神)은 신(伸)이다. 우리 앞에 나타난 게 신(神)이고, 돌아 들어간 게 귀(鬼)다"(다석어록, 371쪽).
사물이 생겨나면 기(氣)가 점점 모여 사물이 왕성하고, 사물의 생성이 절정에
달하면 기는 점점 되돌아가 흩어진다. 모이는 것이 신(神)이니 사물이 신장하기
(伸) 때문이요, 되돌아가는 것이 귀(鬼)이니 사물이 복귀하기(歸) 때문이다. 펴는
(伸) 모양이기에 음양(陰陽)의 조화를 '신(神)' 같다고 하고, 반대로 모였던 기가
그 근원으로 돌아가는(歸) 것이므로 '귀(鬼)'라고 한다. 신(神)은 펴는 것이므로
신(伸)이고, 귀(鬼)는 돌아가는 것이므로 귀(歸)이다. 그러므로 신(神)은 신(伸)이
고, 귀(鬼)는 귀(歸)인 것이다.

큰 나라를 다스리기는
자그마한 생선을 끓이는 듯하여야 한다.
참으로 세상을 돌보면
귀신도 신 노릇하지 못한다.
그 귀신이 신 노릇하지 못하는 것이 아니라
그 신이 사람을 다치게 아니해
그 신이 사람을 다치지 아니하게 하는 것이 아니라
씻어난 이(聖人)도 사람을 다치게 아니해
신과 씻어난 이가 서로 백성을 다치지 않게 하므로
신과 성인의 속알(德)이 엇바뀌어 돌아가오리.

늙은이 61월

큰 나라란 것은 아레 흐름이라(大國者下流)

세상의 사타군이며 세상의 앓이로다(天下之交 天下之牝).

앓은 늘 가많을 가지고 숳을 이기느니(牝常以靜勝牡),

가많을 가지고 아래(밑) 된다(以靜爲下).

므로 큰 나라가 작은 나라에 내려 쓰면(故大國以下小國)

곧 작은 나라를 집고(則取小國),

작은 나라거니 큰 나라에 내리면(小國以下大國),

곧 큰 나라를 집음이라(則取大國).

므로 내려 써서 집기도ᄒ고(故或下以取),

내려서 집기도 홈이로다(或下而取).

큰 나라는 남을 겹쳐서 치고 싶은데 지내지 않고(大國不過欲兼畜人)

작은 나라는 남에게 드러가 섬기[일보]고 싶은데 지내지 않오라(小國不過欲入

事人), 둘이 다 그 ᄒ고싶어스리금이니(夫兩者各得其所欲),

므로 큰 것이 내려(밑 돼)야 옳음(大者宜爲下).

풀어 씀

세상을 다스리는 사람은 마땅히 온갖 것을 물리치고 고요함을 위주로 해야지 힘으로 하려고 해서는 안 된다. 다석 유영모는 사람 사이에 사이좋게 친교(親交)하듯이 나라 사이도 인교(隣交)하여야 한다고 하였다.

"인간이라는 말은 사람과 사람 사이를 말한다. 사람과 사람 사이를 사랑으로 친교하듯 나라와 나라 사이도 서로 도우며 인교(隣交)하여야 한다. 나라 사이는 조금만 해도 배가 아프고 조금만 불편하게 하면 해를 입힌다. 밤낮 그 짓에 공평과 자유를 찾아볼 수 없다. 그런데 사람과 사람 사이가 공평하듯 나라 사이도 공평 자유 하여야 한다. 그런데 중국 전국시대의 소진과 장의 같은 이들이 지나간 뒤에는 어느 때나 그 턱이고, 번거롭고 시끄럽기는 예나 이제나 같다. 올림픽경기도 세계 제일이면 어떻다는 것인가. 운동 경기를 그렇게 굉장히 하여도 이 지구 위에 전쟁은 그칠 날이 없다. 체육은 향상될지 모르나 전쟁은 밤낮 그 모양 그 타령이다"(다석어록).

암컷은 '빈(牝)'으로 수컷은 '모(牡)'로 한자는 표현한다. 여성성은 한자로 빈(牝)으로 소(牛)가 비수(匕)를 드러내지 않은 것처럼 고요하고 정적(靜的)인 것을 말하는 반면에 남성성은 모(牡)로 표현한다. 수컷 모(牡) 자는 소(牛)가 흙(土)에서 날뛰는 것을 형상화하였다. 남성성은 여기저기 다니며 짝을 찾아 자기 씨앗을 뿌리려고 날뛰고 동적(動的)이다.

동적인 존재는 파괴하고 세상을 어지럽히는 경향이 있지만, 정적인 존재는 모든 것을 안고 포용하고 받아들이며 생명을 기른다. 사납게 모든 것을 태우고 삼키는 불도 부드러운 물을 이기지 못한다. 이와 같이 여성성은 고요하지만 공격적이고 동적인 남성성을 이긴다.

성인은 모든 것을 이해하고 받아들이는 어머니와 같은 천하의 암컷이다. 모든 사람들은 한결같이 성인을 의존해 의식주를 해결하려고 하고 직위와 명예, 영화를 누리려고 한다. 온갖 기미가 성인 한 사람에게 쏠리기 때문이다. 성인은 아무것도 향하지 않은 채 백성이 하는 대로 맡겨도 각각 자기의 일을 성취한다. 이른바 모든 것이 성인에게 와 기대어도 힘들어하지 않는다는 것이다. 이는 여성성이 고요함으로 수컷의 광란을 물리치는 것과 비슷하다. "고요하게 낮은 곳에 자리하기에" 동적인 남성성을 다 담고 고요하게 잠재우는 암컷처럼 성인은 온갖 움직임을 잠재우기에 노자는 성인을 여성성으로 표현하였다.

세상은 예나 지금이나 승자독식의 정글에 따라 움직이는 경우가 많다. 무한경쟁의 시장경제와 세계화를 외치면서 힘이 있는 나라가 세계질서를 장악하고 있다. 승자독식, 약육강식의 지배 논리가 깡패들이 조직을 장악하는 생리와 다를 바가 없다. 가진 자는 더 갖고 없는 사람은 더 가지지 못하는 양극화 현상이 심화되는 것도 힘이 센 아이가 대장 노릇하며 약한 아이를 괴롭히고 군림하는 모습과 비슷하다. 강대국의 지도자들이 깡패 논리로 나오기 때문이다.

철저하게 불평등한 양극화가 심화 되는 세계체제 안에서 소수의 1퍼센트가 90퍼센트의 부를 가지고 99퍼센트를 다스린다고 말한다. 그리기 위해서는 국가 사이의 관계들이 다 자국 지배 계급 실리를 추구하거나 강대국과 약소국 사이의 철저한 주종 관계가 확립되어야 한다. 무한 경쟁의 시장 논리를 통하여 가진 자를 보호하기 위해 최강대국은 깡패 경찰 노릇을 하게 된다. 강대국이 국제법을 노골적으로 깡그리 짓밟아도 자유주의적 매체들도 이를 반대하지 않고 지적하지도 않는 시대가 되었다. 모두 조직 폭력배의 힘의 논리인 주먹의 법에 익숙해진 모양이다. 패권 국가의 명령에 반대하는 약소국을 공격하고 지도자를 바꾸거나 경제적 제재나 보복을 해도 당연한 것처럼 여긴다. "보편적인 동등 주권"을 골자로 하는 국제법은 이미 무용지물이 되고, 힘의 논리로 깡패들이 지배하는 것처럼, 초강대국 패권주의가 국제법 위에 군림하면서 이성보다는 힘이 우위를 차지하고, 민주적 절차보다는 강자의 이익을 보장하는 쪽으로 깡패 경찰들이 나서고 있다. 힘의 논리에 의한 국제법 파괴는 군사주의의 심화를 의미하며 군비 증강, 군사적 갈등 분위기를 만들어 낸다. 법이 없어지면 힘의 논리인 주먹에 의해 세상은 다스려진다.

노자가 말한 국가 간의 도덕과 사람 사이의 사랑과 친교가 필요하다. 왜 그럴까? 강대국은 그 바탕이 크기 때문에 겸허해지기 어렵기 때문이다. 그래서 밑의 자리에 있으려고 더욱 힘써야 하는 것이다. 노자 당시에 제후들이 다른 나라를 차지하려고 정벌하고 전쟁을 일삼으면서 덕이 아닌 힘에 의지하여 날뛰고 난리를 칠 줄만 알고 고요하지 못한 채 이웃 나라와 잘 사귀지 못했는데, "밑에 자리하고 고요하게" 사는 이 한 마디에 간단한 묘책이 있는 것을 몰랐다. 맹자도 "오직 어진 이라야 큰 나라로서 작은 나라를 섬길 수 있다"(맹자, 양혜왕 하편)고 말하였다. 지금도 예전같이 이 간단한 진리를 무시하고 권력을 잡은 사람들은 힘으로 살려고 한다.

"강압적인 전제주의 제도는 곧 썩어 버린다. 왜냐하면, 권력은 언제나 도덕적으로 비열한 사람들을 끌어들이기 마련이기 때문이다"(아인슈타인). 오죽하면 톨스토이는 말하기를 "국가는 폭력이다"라고 했을까. 평화주의자 톨스토이가

"국가의 폭력과 관련된 지위를 거부하고, 세금 납부를 거부해야 하며, 새로운 형태의 체제를 건설하기보다는 스스로 품성을 바꾸고 개선해야 한다"고 한 것은 이성적이고 양심적인 권력을 보지 못하였기 때문이었으리라 여겨진다.

큰 나라는 저 아래에 있는 바다와 같아
세상의 만물이 모여들어 세상의 사타구니며 암컷이 된다.
암컷은 늘 고요함으로 수컷을 이기고
고요하게 낮은 곳에 자리한다.
그러므로 강대국이 약소국을 겸허하게 대하며
작은 나라를 얻게 되고
작은 나라가 큰 나라를 겸허하게 따르면
큰 나라와 가깝게 지내게 된다.
따라서 아래가 되어 거두고
아래에 자리함으로써 흐름에 좇아 얻게 된다.
큰 나라는 지나치게 많은 사람을 한꺼번에 키우려고 해서는 안 되고
약소국은 지나치게 강대국을 섬겨서는 안 된다.
둘이 다 그렇게 하고자 하는 바를 얻으면
마땅히 큰 나라는 더욱 아래가 되어야 한다.

늙은이 62월

길이란게 잘몬의 안방아레목(道者, 萬物之奧),

착흔 사람의 보배오(善人之寶),

(채) 못착흔 사람의 돌보아진배니(不善人之所保),

아름답은 말이 값나갈만도(美言可以市),

높은 행실이 사람에게 더흘만흐기도 흐니(尊行可以加人),

사람의 착흐지 못흐다 어찌 버림 있을까(人之不善, 何棄之有).

므로 하늘아들이 스고 셋 기를 두었는데(故立天子, 置三公),

(스승 마자올) 수레를 앞서 폐백을 보낸다 흐지라도(雖有拱璧以先駟馬),

앉아서 이 길을 나외는 이만은 못흐니(不如坐進此道),

옛날의 이 길을 고이어 쓴데는 뭣일까(古之所以貴此道者何)

찾이면 얻음으로서요(不曰以求得),

죄 있으면 면흠으로서 라고 아니흐얏던가(有罪以免邪),

므로 세상의 기 됨(故爲天下貴).

기(公): 그이(君子)의 준말. 귀한 사람.
나외는: 나아가는
拱: 팔짱 낄 공.
璧: 둥근 옥 벽.
公璧은 한 아름드리만 한 큰 보옥.
駟馬: 네 필의 말이 끄는 수레.

풀어 씀

도는 만물 가운데 가장 존귀하니 사람이라면 누구나 존귀한 도를 힘써 구해야 한다고 노자는 말한다.

그리스도인들은 '하느님의 형상(image of God)'대로 사람은 지음을 받았다고 고백한다. 하느님의 신성(神性, Godhead)이 여러 면으로 해석하는 하느님의 형상 가운데 하나라면, 내면의 깊은 곳에 하느님의 거룩함을 우리는 지니고 있는 것이다. 도가 만물 가운데 내재 되어 있으므로 사람이 도를 이미 공유하고 있듯이 하느님의 거룩함도 우리는 공유하고 있는 것이다. 비록 선악의 차이는 있어도 본래의 모습에서는 차별이 없는 하느님의 형상과 도를 인간은 지니고 있는 것이다. 사람의 습관과 가치관이 다를 뿐 본질에 있어서는 차별이 없다.

상대세계의 생명은 이 순간에도 변하고 달라지지만 절대세계의 참 생명은 불생불멸(不生不滅)하여 변하지 않은 절대인 속(奧)이다. 이 속이 나의 참 생명이라는 것을 아는 사람이 '착한 사람(善人)'이다. 선인(善人)은 이 '속나'가 하느님의 형상인 것을 알기 때문에 '속나'를 가장 귀한 것(보배)으로 여긴다. '참나'를 깨달은 사람을 노자는 선인(善人)이라 하였고, 장자는 진인(眞人)이라 하였다. 마하트마 간디는 미인(美人)이라 하였는데, 예수 그리스도야말로 미인이라고 하였다.

노자는 진리(道)를 찾으면 얻는다고 하였다(不曰求以得). 예수도 "누구든지 구하면 받고, 찾으면 얻고, 문을 두드리면 열릴 것이다"(마태 7:8)라고 하였다. 진리나 영원한 생명을 구하면 얻는다는 것이다. 아집의 제나를 죽이고 영적인

나, 즉 얼나(靈我)를 구하면 저절로 깨어난다는 것이다.

예수께서는 "사람이 온 세상을 얻는다 해도 제 목숨을 잃으면 무슨 소용이
있겠느냐? 사람의 목숨을 무엇과 바꾸겠느냐?"(마태 16:26)고 말씀하였다. 하느
님의 형상인 우리는 하느님의 참 생명이니 우리가 귀하게 받들지 않을 수 없다.
늘 깨어 우리가 하느님의 아들, 딸임을 잊지 않아야 한다. 그래서 우리는 마음
과 뜻과 정성을 다하여 하느님을 사랑하지 않을 수 없다. 다석 유영모는 늘 하
느님을 생각하였고, "생각하는 곳에 하느님이 계시다"(念在神在)라고 하였다.

도란 모든 만물 속에 있는 오묘한 것으로
착한 사람에게는 보배요
착하지 않은 사람마저도 돌봐준다.
따라서 정감 넘치는 말 한마디가 세상을 이롭게 하고

한순간의 귀한 행실이 사람의 마음을 움직이니

어찌 사람이 착하지 못하다고 버리겠는가?

그러므로 하늘 아들을 세우고 귀한 세 사람을 두어

스승 맞아올 수레를 앞서 귀중품을 보낸다 할지라도

앉아서 이 길을 나아가는 사람만 못하니

옛날 이 길을 귀하게 여긴 까닭이 무엇일까

찾으면 얻을 것이요

도를 얻으면 잘못을 범하더라도 면할 것이라고 말하지 않았던가?

그러므로 도는 세상의 소중한 님이 된다.

흠없 함(爲無爲).

일없 일(事無事).

맛없 맛(味無味).

작음 한아(크어) 적음 많아(大小多少).

원망을 갚을가 속알을 가지고(報怨以德),

그 쉬힌데서 어려움을 그려 궜고(圖難於其易),

그 자른데서 크믈 ᄒ라(爲大於其細).

셰상 어려운 일은 반드시 쉬힌데서 일고(天下難事, 必作於易)

셰상 큰일은 반드시 잚데서 읿다(天下大事, 必作於細).

이래서 씻어난 이 마침내 크믈 ᄒ지않오라(是以聖人終不爲大).

므로 그 큼을 이룰 나위라(故能成其大).

그저 가볍게 그러라는 반드시 적게 믿이고(夫輕諾必寡信),

많이 쉬히면 반드시 많이 어렵(多易必多難),

이래서 씻어난 이 오히려 어려워 ᄒ는듯(是以聖人猶難之),

므로 마침내 어려움이 없(故終無難矣).

풀어 씀

종교체험에서 신과 합일하는 신비주의자들의 삶은 노자가 말하는 성인(聖人, 씻어난 이)의 삶을 엿볼 수 있다. 앞의 56월에서 말했듯이 윌리엄 제임스(William James, 1842~1910)는 신비체험의 네 가지 특성을 든다. 1)말로 표현할 수 없음(Ineffability), 2)체험을 알 수 있는 지적 특성(Noetic Quality), 3)종교체험은 본인의 의도와는 별개인 수동적 경험(Passivity), 그리고 4)순간적인 일시성(Transiency)을 들고 있다. 14세기 말경, 익명의 영국의 관상가는 '무지의 구름(the cloud of unknowing)'을 지나 '영혼의 어두운 밤'에서 정화되어 영적으로 '하느님과 하나(union with God, 神人合一)' 되는 체험을 설명한다. 체험하는 사람의 의지와는 관계없이 전적인 타자에 의해 이루어지고(passive), 그 경험은 말로 형언할 수 없고(ineffable), 순간적인(transient), 그 무엇을 분명히 인식하게 된다(noetic quality).

하느님과 하나가 된 사람은 하느님과 더불어 '이제는 내가 사는 것이 아니라 그리스도가 내 안에서 사시는 것'(갈라 2:20 공동번역 참조) 같이 살아간다. '아버지께서 내 안에 계시고 내가 아버지 안에 있는 것과 같이'(요한 17:21) 있게 해달라고 기도하신 예수처럼, 이제는 내가 하느님 안에, 하느님이 내 안에 사는 것 같이 살아간다. 몸의 욕구에 따라 살지 않고 영적으로 깨어난 사람에게는 세상의 중요한 일도 작은 일에 지나지 않는다. 대소다소(大小多少), 즉 '작은 것을 크게 하고, 적은 것을 많게 하고'라는 의미가 '육체의 나에게 큰일이었던 것이 영적인 나에게는 작은 일에 지나지 않는다'는 뜻과 통하게 된다. 세상살이에서 관혼상제(冠婚喪祭)만큼 크고 중요한 일은 없다. 그러나 출가하여 거듭난 사람, 영적인 사람에게는 세상의 중대한 일이 사소한 일에 지나지 않는다. 예수를 따르겠다는 한 젊은이에게 "죽은 자들의 장례는 죽은 사람에게 맡겨두고 너는 나를 따르라"(마태 8:22)고 하였다. 석가도 제자에게 같은 말씀을 하였다. "이 썩을 몸을 보아 무엇 하겠는가. 법(法)을 본 사람은 나를 본 사람이다. 나를 본 사람은 법을 본 사람이다"(대장경).

세상일은 많아 사람들을 바쁘게 한다. 예수나 석가처럼 산다면, 스피노자나 헨리 소로, 마하트마 간디나 톨스토이처럼 산다면 세상살이에 할 일이 많을 까닭이 없고 분주하게 움직일 이유가 없다. '육체의 나'인 '몸나'에게는 일이 많지만, 진리를 깨달은 '영적인 나' 곧, '얼나'에게는 세상일이 많지 않고 분주하지도 않게 된다. '얼나'로서는 세상의 일이 적기 때문에 단순하고 간편하게 살게 된다. "간소한 살림에는 선량함과 함께 위대함이 있다. 부유한 살림에는 이것이 없다"(간디의 날마다 한 생각).

'아무리 세상의 큰일이라도 아주 사소한 데서 비롯된다. 이래서 씻어난 이(聖人)는 끝까지 위대하기를 힘쓰지 않으므로 거뜬히 그 큰 것을 이룬다'(天下大事, 必作於細, 是以聖人終不爲大, 故能成其大). 씻어난 이는 큰일을 하려고 하지 않고 작은 일에 힘씀으로 위대한 일을 이루는 것이다. 오직 날마다 자기(自我)를 죽이고 영적인 나를 살핀다. 진심 상편에서 "오직 성인인 다음에야 제 꼴을 밟아 이겨 나간다(惟聖人然後 可以踐形)고 한 맹자(孟子)의 말도 같은 의미이다.

우생마사(牛生馬死)라는 이야기가 있다. 아주 커다란 저수지에 말과 소를 동시에 던지면 둘 모두 헤엄쳐서 나온다. 말은 헤엄치는 속도가 훨씬 빨라 거의 소의 두 배 속도로 나온다. 그런데 갑자기 몰아닥친 홍수로 불어난 강가의 물살에서는 소는 살아나오는데 말은 익사한다. 그 이유는 말은 물살을 이기려고 물을 거슬러 헤엄쳐 올라가기 때문이다. 말은 물을 거슬러 올라가다가 물살에 밀려 내리고 또 앞으로 나아가기를 반복하며 결국 말은 제자리에 맴돌다 물을 마시고 익사하고 만다. 그러나 소는 절대로 물살을 위로 거슬러 올라가지 않는다. 그냥 물살을 등에 지고 같이 떠내려가면서 10미터 떠내려가는 와중에 한 1미터 강가로, 또 10미터 떠내려가면서 또 1미터 강가로 가면서 그렇게 물과 함께 떠내려가다 어느새 강가의 얕은 곳에 발이 닿아, 소는 우보로 엉금엉금 걸어 강둑으로 나오게 된다.

헤엄을 두 배로 잘 치는 말은 물살을 거슬러 올라가다 힘이 빠져 익사하고, 헤엄이 둔한 소는 물살에 편승해서 조끔씩 강가로 나와 목숨을 건진다. 우생마사(牛生馬死)에서 '씻어난 이(聖人)'의 삶이 보인다.

하는 것 없이 하고
일없이 일하고
맛보는 것 없이 맛보고
작은 것을 크게 하고 적은 것을 많게 하고
원한을 속알(德)로써 갚고
어려운 일은 아주 쉬운 데서 생각하고
중차대한 일은 사소한 데서 시작한다.
세상의 어려운 일은 반드시 쉬운 데서 일어나고
아무리 세상의 큰일이라도 아주 사소한 데서 비롯된다.
이래서 씻어난 이(聖人)는 끝까지 위대하기를 힘쓰지 않으므로
거뜬히 그 큰 것을 이룬다.
무릇 가볍게 허락하면 반드시 미덥지 못하고
쉬어 가볍게 여기면 결국 어려움에 처하게 된다.
이래서 씻어난 이는 더욱 어려워하므로
마침내 어려움이 없게 된다.

늙은이 64월

그 편안한데 가지기 쉽고(其安易持),

그 금새 없는데 꾀흐기 쉽고(其未兆易謀),

그 여린 것이 쪼개기 쉽고(其脆易泮),

그 작은 것이 헤치기 쉬힘(其微易散).

아직 생겨나기 전에 흐고(爲之於未有),

아직 어지러지기 전에 다스리라(治之於未亂).

아름드리 나무가 털끗만 흔데서 났고(合抱之木, 生於毫末),

아홉 층 높은대가 줌흙에서 니러났고(九層之臺, 起於累土),

천리 갈 길이 발밑에서 비롯음(千里之行, 始於足下).

흐는이가 패흐고 잡는이가 잃는다(爲者敗之, 執者失之).

이래서 씻어난 이 흠 없으므로(是以聖人無爲)

패 없고(故無敗),

잡음 없으므로 잃음 없다(無執 故無失).

씨알의 일 좇음이(民之從事),

늘 거의 이룬데서 패한다(常於幾成而敗之).

삼가 맞이기를 비롯 같이 흐면(愼終如始),

곧 패흐는 일이 없으리라(則無敗事).

이래서 씻어난 이(是以聖人)

ᄒᆞ고자 않기를 ᄒᆞ고자ᄒᆞ고(欲不欲),

얻기어려운 쓸몬을 고여않고(不貴難得之貨),

(잘못) 배우지 않기를 배우고(學不學),

뭇사람의 지내친것을 다시 돌려놓오(復衆人之所過),

잘몬의 제대로를 믿거라홈으로 써오(以輔萬物之自然),

귀태어 아니홉(而不敢爲).

합포(合抱): 나무를 두 손으로 안을 만한 크기.

씨알: 다석은 백성(百姓)을 씨알이라 번역하였음.

루토(累土): 적은 흙.

풀어 씀

사람을 다스리고 하늘을 받드는 공부는 어려운 일을 쉬운 데서 도모하고 중차대한 일은 사소한 데서 시작된다는 것을 알고, 성인이 마음을 써야 하는 것은 일을 인위적으로 하지 않고 무위(無爲)로서 하고, 이를 익히는 것이 도를 배우는 길이라는 것을 노자는 말한다. 하늘을 받들고 사람을 섬김으로써 다스리는 일은 바로 여기에 그대로 들어있다.

기안(其安)은 한 생각도 일어나지 않고 기쁘거나 슬프거나 화나거나 노여운 감정이 아직 형성되지 않은 평안한 상태를 말한다. 화나 재앙, 복이나 덕(德)이 나누어지기 이전이다. 이른바 구분하거나 나누는 분별심이 일어나기 이전의 마음 상태이다. 씻어난 이(聖人)는 매 순간 일어나는 것을 내려놓고, 분별심이 일어나기 이전의 자리를 뚜렷하게 보기에 어떠한 자극에도 흔들거나 미혹(迷惑)

되지 않는다. "기미를 알면 신묘하다"라는 공자의 표현도 바로 이를 두고 말하는 것이다.

조(兆)란 생각과 분심이 처음 일어나는 조짐을 말한다면, 미조(未兆)란 미미한 조짐도 없고 어떠한 생각도 일어나지 않는 상태로 기쁨이나 슬픔, 노여움이나 불안 등이 아직 일어나지 않은 것을 뜻한다.

"배우지 않기를 배움(學不學)"이라는 말은 공부로 인하여 얻은 지식은 지식일 뿐이지 그것이 깨달음을 말하는 것은 아니라는 것이다. 참 지혜가 아닌 알기 위한 지식은 진리에 이르지 못하게 한다. 다른 사람이 안 것을 문자적으로 한 공부는 앵무새처럼 남의 이야기를 되풀이하여 말하는 것에 불과하다고 다석은 말하였다. 자기 소리인 '제소리'를 내야 살아 있는 지식이고 지혜라는 것이다. 그러므로 "배우지 않기를 배움"이라는 배움이 있어야 한다. "배우지 않기를 배움"이라는 말은 배움을 무시하라는 말은 아닐 것이다. 제도교육이나 지식전달 위주의 학교교육은 출세하여 입신양명을 목적으로 공부하는 경우가 있기에 그러한 공부를 반대하는 뜻에서 다석 유영모는 자녀들을 대학에 보내지 않았다. "하느님 아버지의 아들이 되고자 아버지의 뜻을 받들어 나갈 때 그 글은 아버지가 그리울 수밖에 없다. 이렇게 아버지(하느님)가 그리운 글을 배워야 한다. 그런데 나로서는 오늘날의 학교에 다니는 것을 반대하는 사람이다. 기독교 학교조차 옳은 글을 가르치는 학교가 못 된다. 그러나 참 글을 배워야 한다. 온전한 글을 가르치고 있지 않다"(다석어록, 1956).

또한, 공자는 '배우기만 하고 생각지 않으면 멍청해지고, 생각하기만 하고 배우지 않으면 위태롭다(學而不思則罔 思而不學則殆)'고 하였다. 직관과 영감을 강조하다 보면 일관성이 결여되기 쉽고, 논리와 분석을 중요시하다 보면 진리를 얻기 어렵고 깨달을 수가 없다. 관조 없는 교육은 공허하고, 배움이 없는 묵상은 맹목적이기 쉽다. 임마누엘 칸트도 같은 의미의 말을 하였다. 내용이 없는 사고는 공허하고, 개념이 없는 직관은 맹목적이다.

"내가 청년회관(YMCA)에서 얘기를 해야 한다는 이것은 내 생각이 아니다. 하느님의 얼이 이 내 얼을 보고 꼭 하라고 해서 나오게 된 것인지 그것은 모르겠다. 사람은 어떤 목적에 무슨 일을 어찌해야 한다는 것이 있다. 우리가 여기에 이렇게 모인 것은 결코 우연이 아니다. 무슨 학교 공부를 해야 하고 무슨 지위를 바라는 것은 한낮 꿈이 아니겠는가? 우리는 순간순간 새로 낳아 가는 얼나가 아닌가. 이러한 말을 해서 어떨지 모르지만, 아버지 앞에서 이런 말을 좀 해도 무관할 것이다"(다석어록, 1956).

평안한 마음은 유지하기 쉽고
아무 생각 없는 상태이어야 꾀하기 쉽고
무른 것은 쉽게 부서지고
작은 것은 쉽사리 흩어지니
일이 생기기 전에 힘쓰고
어지러워지기 전에 다스린다.
아름드리나무가 털끝만 한 데서 시작하고
아홉 층 높은 탑도 한 줌 흙에서 비롯하며
천 리 길도 발밑에서 비롯된다.
일을 도모하는 이가 그르치고 집착하여 애쓰면 잃게 된다.
이래서 씻어난 이 함이 없으므로

일을 그르치지는 않고

잡음 없으므로 잃는 일 없다.

씨알(사람들)의 일 좋음이

늘 거의 이룬 데서 그르친다.

일을 마무리하기를 시작할 때 마음으로 하면

그르치는 일이 없다.

이래서 씻어난 이,

하고자 않기를 하고자 하고

얻기 어려운 보물을 귀하게 여기지 않고

배우지 않기를 배우고

뭇사람의 그릇됨을 다시 돌려놓아

만물의 자연스러운 흐름을 따를 뿐

결단코 인위적으로 일을 하지 않는다.

늙은이 65월

옛날의 잘 길흔이(古之善爲道者),

씨알 밝음으로 가지고 아니흐고(非以明民),

어수룩을 가지고 흐얐다(將以愚之).

씨알의 다스리기 어렴이(民之難治)

그 슬기 많으므로서니(以其智多),

므로 슬기 가지고 나라 다스림은(故以智治國),

나라의 도적이오(國之賊),

슬기 가지고 나랄 다스리지 아니흠은(不以智治國),

나라의 복이다(國之福).

이 두 가지를 아는 것이 또한 본보기니(知此兩者亦稽式),

잘 본보기를 알면(常知稽式),

이 일러 감은속알(是謂玄德),

감은속알 깊고 멂이여(玄德深矣遠矣),

몬 허군 등짐일가(與物反矣)[4].

이에 한 따름[큰순흠]에 니르오(然後乃至大順).

....

4) 다른 새감: 與物反矣(몬 더려다 돌리리니)

300

계식(稽式): 상고하여 본보기로 삼음.

풀어 씀

씻어난 이(聖人)가 사람을 다스리는 중요한 사실은 슬기나 꾀를 가지고 씨알에 다가가는 데 있지 않고 사람들과 소통하고 그들의 삶에 공감하는 질박함에 있는 것이다. 무릇 씨알은 위에서 바라는 바대로 따르기에 윗사람의 일거수 일투족(一擧手一投足)에 씨알들은 눈과 귀를 기울인다. 씨알들이 숨기려고 하는 것은 그동안 윗사람들이 씨알들을 지배하고 조장했기 때문이다. 위에서 좋아하는 바를 아랫사람은 한층 더 즐기는 법이다.

노자는 세상적으로 슬기로운 '제나(자아, ego)'의 사람이 되지 말고 정신적으로 늘 깨어 있는 얼나(영적인 나, 靈我)로서 바보스러운 사람이 되라고 가르친다. 석가는 왕의 자리를 버리고 빌어먹는 탁발승이 되었다. 세상의 슬기로운 사람의 눈으로 볼 때, 석가 같은 바보는 없을 것이다.

노자가 말한 바보 사상이 구체화된 것이 레프 톨스토이의 『바보 이반』이다. 옛날 어느 나라에 군인 세묜, 타라스, 바보 이반과 그들의 여동생(벙어리) 몰타 4형제가 있었다. 그의 형제는 세상의 재화인 돈과 군사력으로 쉽게 유혹하고 있지만, 단순하고 순박한 이반은 그의 삶의 간단한 방법으로 악마를 퇴치한다. 악마는 인간으로 둔갑하여 권력욕과 군사력에 집착하는 큰형 세묜에게 접근한다. 장군으로 둔갑한 악마에 속아 전쟁을 하게 된 형 세묜은 파멸하게 되고, 둘째 형 타라스 역시 상인으로 둔갑한 악마에 속아 재산을 탕진하게 되고 다시 무일푼이 된다. 마지막으로 악마는 이반을 파멸시키기 위해 큰형 세묜

때와 마찬가지로 장군으로 둔갑하여 군대를 가지도록 유도하지만, 이반의 왕국에선 모두 바보같이 순박한 사람들뿐이라 군사의 필요성을 느끼지 못해 실패한다. 악마는 다시 상인으로 둔갑하여 금화를 뿌리지만, 이반의 순박한 백성들은 의식주가 해결된 상태에서 재화에 몰두하지 않아 실패한다.

이반은 결국 군사력과 물질적 재화의 부족에도 불구하고 국가의 통치자가 된다. 바보 이반은 말만 한 나라의 왕이지 농부의 생활 그대로이다. 왕도 백성도 차별 없이 모두 이마에 땀을 흘리며 제 먹거리는 각자가 마련한다. 그렇기 때문에 이반의 나라에서는 군대도 풍악대 이상의 의미가 없다. 저 스스로 일하며 살아가고 있는데 슬기로운 이가 나타나 자기처럼 영특하게 만들려고 안간힘을 쓰지만 실패하고 만다. 이반 이야기에 나오는 '슬기롭다고 말하는 이'를 가리켜 노자는 바로 '나라의 도둑'이라고 한 것이다.

노자는 허무(虛無)라는 오묘한 도의 가르침을 으뜸으로 삼는다. 그리스도교의 신비주의자들이 말하는 영성의 어두운 밤을 지나 하느님과 하나가 되는 단계의 신비에서 말하는 것과 비슷하다. 불교에서 말하는 무의식인 아뢰야식(阿賴耶識)에서 말하는 내용과 통한다. 무의식층의 상태는 도무지 분별할 수 없다. 아무것도 없는 것 같으나 아무것도 없는 것도 아니다. 노자는 '아득하고 그윽한 그 무엇'으로 말하였다. 그런데 그 근원의 알맹이가 있으며 그 알맹이는 매우 참되다(<도덕경> 21장)고 하였다. 이 근원은 지극히 비어 있고 지극히 광대하므로 눈으로 볼 수 있는 것이 아니다. 그렇다고 존재하지 않는다고 하거나 없다고 할 수 없다. 다석 유영모는 이러한 존재의 깊이를 '없이 계신 이'로 표현하였다. 눈으로 보이지 않아 '없다'고 하자니 영적으로 존재한다. 그러나 존재한다고 하자니 물질로는 없는 것이기에 '있다'고 할 수도 없다. 따라서 있으면서 없고, 없으면서 있는 존재를 '없이 계신 이'라고 한 것이다.

공자가 노자를 만나 예에 관하여 물었을 때 노자는 이렇게 말하였다. "그대가 말하는 사람과 그의 뼈는 이미 썩었고 오직 그의 말만 남아 있는데 불과하다. 군자는 시대 상황에 따라 세상에 나아가서 사람들을 교화한다. 그러나 때를 얻지 못하면 대로 엮어 만든 갓을 쓰고 생활한다. 내가 듣건대 훌륭한 장사꾼은 재화를 깊이 간직하여 아무것도 없는 듯 보이고, 군자는 성대한 덕과 온후한 용모로 마치 어리석은 듯하다고 하였다. 그대는 교만한 기운, 탐욕, 거만한 용모, 그리고 음란한 생각을 버려야 한다. 이 모두는 그대 몸을 해칠 따름이다. 내가 그대에게 해줄 말은 단지 이것뿐이다"(<사기> 老子韓非列傳).

공자는 노자와 헤어진 뒤 제자에게 말하였다. "새의 경우 나는 그것이 날짐승임을 알고, 물고기의 경우 그것이 물속에서 헤엄치는 줄 알고, 들짐승의 경우 들판에서 산다는 것을 안다. 들짐승은 그물로 사로잡을 수 있고, 물고기는 낚싯대로 잡을 수 있으며, 날짐승은 주살로 잡을 수 있다. 하지만 용의 경우에는 용이 어떻게 바람을 타고 하늘로 오르는지 알지 못한다. 오늘 내가 노자를 만났는데, 그는 마치 용과도 같은 인물이었다"(<사기> 老子韓非列傳).

노자는 도와 덕을 닦아 무명(無名)으로 자신을 감추며 현묘(玄妙), 허무(虛無), 태허(太虛)를 말하였고, 부처는 공(空)과 무(無)에 대하여 말하였다. "자기를 버리라", "내 나라는 이 세상의 것이 아니다"(요한 18:36)고 말한 예수의 가르침도 같은 의미이다. 세상의 슬기로운 사람들의 눈에는 노자, 석가, 예수는 바보스러운 사람인 것이다.

옛날 진리의 길을 잘 닦은 사람은
사람을 총명하게 기르지 아니하고
어리석게 기르고자 하였다.

사람을 다스리기 어려운 것은

그 슬기(잔꾀)가 많기 때문에

슬기로 나라를 다스리면

나라를 해치게 되고

그 슬기로 나라를 다스리지 않으면

나라를 복되게 한다.

이 두 가지를 하는 것이 또한 다스리는 본보기를 얻는 것이니

떳떳이 본보기를 아는 것을

현묘한 속알(德)이라고 한다.

현묘한 덕은 그윽하고도 멀기에

물질과는 등지는 것이니

등진 후에야 큰 따름에 이른다.

늙은이 66월

가람·바다로서 온 골의 임금된 나위는(江海所以能爲百谷王者),

그 잘 내렸 쓰므로서(以其善下之),

므로 온 골 임금된 나위(故能爲百谷王),

이래서 씻어난 이(是以聖人),

남보다 올라가려고 그 말씀을 낮후어쓰고(欲上人 必以言下之)

남보다 먼저 가려고 그 몸을 뒤물려 씀(浴先人 必以身後之)

이래서 씻어난 이(是以聖人)

위에 앉되 사람이 무거워 않고(處上以民不重),

앞서 가되 사람이 아니랄 나위가 없다(處前以民不害).

이래서 셰상이(是以天下)

미러올리기를 좋아ᄒᆞ고 싫지안ᄒᆞ니(樂推而不厭),

그 다투지 않음으로서라(以其不爭),

므로 셰상이 더브러 다툴 나위가 없다(故天下莫能與之爭).

온: 우리 말의 백(100)을 말한다.

백곡(百谷): 여러 고을.

305

풀어 씀

세상의 모든 마음의 존중을 받고 모을 수 있는 것은 무아(無我)의 덕으로 다스리기 때문이다. 마치 물이 있는 곳보다 낮은 곳이 있으면 아래로 흐르듯이 낮추어 사람들 받들고 섬기면 모두가 그를 존중하고 사랑한다는 것을 잘 표현한 장이다.

다석 유영모는 말하였다.

"사람의 아름다운 모습은 섬김에 있다. 사람이 지닌 본연의 모습은 우리의 임자요, 전체이신 하느님을 섬김에 있다. 역사적으로 많은 사람 가운데 참으로 하느님을 섬기고 사람을 사랑함에 가장 으뜸가는 이는 예수 그리스도가 아닐까? 하느님과 인류를 섬김에 있어서 자기의 생명을 바친 이가 예수 그리스도이다. 하느님의 아들 자리에서 하느님을 아버지로 섬겨 영광되게 하고 온 인류로 하여금 하느님 아들인 얼나라는 영원한 생명으로 살도록 본을 보인 이가 예수 그리스도이다. 이에 하느님 아버지를 섬기기에 맘과 뜻과 힘을 다한 예수 그리스도를 참으로 기리고 찬미하는 것이 사람의 본성이 아닐까?"(다석어록, 1956).

"오늘날의 세상을 보면 서로 높은 자리에 가려고 마구 다투면서 야단들이다. 남에게 뒤지면 안 된다고 남보다 더 높아지려고 하는데 예수는 제자들에게 가르치기를 그것은 틀린 일이라고 했다. '너희도 알다시피 세상에서는 통치자들이 백성을 강제로 지배하고 높은 사람들이 백성을 권력으로 내리누른다. 그러나 너희는 그래서는 안 된다. 너희 사이에서 높은 사람이 되고자 하는 사람은 남을 섬기는 사람이 되어야 하고 으뜸이 되고자 하는 사람은 종이 되어야 한다. 사실은 사람의 아들도 섬김을 받으러 온 것이 아니라 섬기러 왔고 많은 사람을 위하여 목숨을 바쳐 몸값을 치르러 온 것이다'(마태 20:25~28)라고 했다. 다 같이 하느님의 자녀인데 높고 낮음이 있을 리 없다. 하느님의 뜻을 바르게 알고 실천하는 이가 모든 사람의 본보기가 될 뿐이다"(다석어록, 1957).

예수나 석가에 있어서 세상 사람들이 추구하는 입신양명의 출세욕이나 지위가 없다. 그럴싸한 직업도 없고, 부귀영화를 누릴 재산이나 재화, 더불어 누릴 가족도 없다. 모든 것을 내려놓고 마음을 비워 자아(自我, ego)가 없기에 다툼이 없다. 이들 성인들은 사람을 한 줄로 세운다 해도 서로 맨 끝에 설 사람들이기 때문이다.

노자는 말하였다. "이래서 씻어난 이는 사람들을 받들어 올리려고 말을 겸허하게 쓰고, 사람들을 앞세우려고 몸을 뒤로한다. 이래서 씻어난 이는 위에 있어도 사람들이 무거워하지 않고 앞에 자리해도 사람들은 해롭다 하지 않는다(是以聖人 欲上人 以其言下之 浴先人 以其身後之 是以聖人 處上以民不重 處前以民不害)."

역경의 지천태괘(地天泰卦, ䷊)는 하늘괘인 건(乾)이 아래에 있고, 땅괘인 곤(坤)괘가 위에 있는 형상이다. 하늘괘는 상승하려는 성향이 있고, 땅의 괘는 하강하는 성향이 있다. 땅 밑으로 내려온 하늘은 상승하려고 하고 하늘 위에 올라온 땅은 하강하려고 한다. 서로 끌어당기는 힘이 있으니 하늘과 땅이 서로 소통한다. 그러므로 지천태괘는 태평성대와 소통의 세상을 말한다. 그리스도 교적 사고로 표현하자면 하늘은 땅을 높이고 섬기기 위해 겸허하게 내려온 상태다. 세상을 섬기기 위해 낮고 천한 자리에 오신 예수의 모습을 표현하기에 알맞은 괘이다. 본성은 하늘이나 자신을 비우고 낮추어 땅이 된 모습은 신약성서는 이렇게 설명하고 있다.

"그리스도 예수는 하느님과 본질이 같은 분이셨지만 굳이 하느님과 동등한 존재가 되려 하지 않으시고 오히려 당신의 것을 다 내어놓고 종의 신분을 취하셔서 우리와 똑같은 인간이 되셨습니다. 이렇게 인간의 모습으로 나타나 당신 자신을 낮추셔서 죽기까지, 아니, 십자가에 달려서 죽기까지 순종하셨습니다. 그러므로 하느님께서도 그분을 높이 올리시고 모든 이름 위에 뛰어난 이름을 주셨습니다"(필립비 2:6~11, 공동번역).

필립비인들에게 보낸 편지 2장 5절에서 11절은 지천태괘를 참으로 잘 설명한 말씀이다.

온갖 골짜기의 물이 강과 바다로 몰리는 것은
아래에 자리하기 때문에
모든 골짜기의 물을 끌어들인다.
이와 같이 씻어난 이는
사람들을 받들어 올리려고 말을 겸허하게 쓰고
사람들을 앞세우려고 몸을 뒤로한다.
이래서 씻어난 이는
위에 있어도 사람들이 무거워하지 않고
앞에 자리해도 사람들은 해롭다 하지 않는다.
이래서 세상은
씻어난 이를 기쁨으로 받들기에
다투지 아니한다.
그러므로 세상의 어느 누구도 시비하지 않는다.

늙은이 67월

세상 다 일러(天下皆謂)

내 길이 크게 비슷흐고 같지 않다 흔다(我道大, 似不肖).

그저 오직 핞(참크)다. 므로 비슷 같잖다(夫唯大, 故似不肖).

같을 거 같으면 벌서다 그 잔이잘었을 것이(若肖久矣, 其細也夫),

내게 셋 보배가 있음(我有三寶).

보배로 가지니(持而保之),

첫째 사랑이라고(一曰慈),

둘째 덜씀이라고(二曰儉),

셋째 구태여 세상 먼저되지 아니흠이라(三曰不敢爲天下先).

그저 사랑흐므로 날랠 수(慈故能勇),

덜쓰므로 넓을 수(儉故能廣),

구태 세상 먼저 안되므로(不敢爲天下先),

이루는 그릇이 길 수 있음요(故能成器長),

이제 그 사랑을 버리고도 날래며(今舍其慈且勇),

그 덜씀을 버리고도 넓으며(舍其儉且廣),

그 뒤섬을 버리고도 먼저라면 죽는다(舍其後且先, 死矣).

사랑은 가지고 쌓오면 이기고(夫慈以戰則勝),

가지고 직히면 굳다(以守則固).

하늘이 건질데 사랑을 가지고 둘러줄라(天將救之, 以慈衛之).

풀어 씀

<도덕경> 20장에서 노자는 "나는 세상에 아무것도 모르는 어린애 같구나. 세상 사람들은 명쾌하고 또릿또릿한데 나 혼자 흐리멍덩하구나. 사람들은 씀씀이가 있는데 나 홀로 세상에 서툴구나. 나는 참으로 세상에 쓸모없는 바보다. 그런데 하늘의 생명을 먹는 정신적 삶은 높아 타의 추종을 불허한다(俗人昭昭, 我獨昏昏, 俗人察察, 我獨悶悶, 澹兮其若海, 飂兮若無止, 衆人皆有以, 而我獨頑似鄙, 我獨異於人, 而貴食母)"라고 자신을 평가한다.

그러나 <도덕경> 67장은 사람들이 노자를 평가한 것을 적었다.

"세상 사람들이 한결같이, 나의 말(道, 진리)이 광대해서 무어라 이름할 수 없다 하니, 그저 오직 하나(참 크)이므로 무어라 규정할 수 없는 듯하다. 만일 사람들과 한 모양이면 벌써 보잘것 없게 된 지 오래되었으리라(天下皆謂, 我道大, 似不肖, 夫唯大, 故似不肖, 若肖久矣, 其細也夫)."

세상의 권력과 돈, 명예를 추구하며 입신양명(立身揚名)을 우선 가치로 여기는 사람들은 예수의 가르침을 어리석고 바보 같은 생각이라고 한다. 예수의 사상이 패배적인 사고라는 말을 들었듯이 노자의 사상도 비현실적이고 굴종적이라는 말을 들었다. "노자는 굽히는 것만 알고 뻗어남을 알지 못했다(老子有見於詘 無見於信)"고 <순자> 천론편에서 말하고 있다.

다석 유영모는 20세에 <도덕경>을 처음 읽었고 연경반에서 강의할 때, 자주 노자의 사상을 언급하였다. 69세에는 늙은이 풀이를 순우리말로 완역하였다. 다석은 노자와 예수의 사상이 다르지 않다고 생각하였다.

  "우리는 냉정하여 무아(無我)의 지경을 볼 수 있어야 한다. 불살생(不殺生) 무상해(無傷害)가 원칙이다. 내가 괴로움을 당하지만, 남에게 괴로움을 주지 않을 마음이 없는 사람은 아직도 선(善)을 위해 무엇을 한다고 할 수 없다. 악을 악으로 대하면 자기도 악당이 되고 만다"(다석어록 1956년). 노자도 "그저 사랑하므로 날랠 수 있다(夫慈故能勇)"라고 하였다. 예수는 "벗을 위하여 제 목숨을 바치는 것보다 더 큰 사랑은 없다"(요한 15:13)라고 하였다. 노자는 삼보(三寶: 첫째 '사랑', 둘째 '검소', 셋째 '세상에서 먼저 되지 아니함')를 말하였는데, 예수 또한 같은 말씀을 하였다. 노자가 말한 삼보 중의 셋째인 '구태여 세상에서 먼저 되지 아니함(不敢爲天下先)'도 '먼저 되고자 하는 사람이 꼴찌가 되고, 꼴찌가 되고자 하는 사람이 먼저 된다'는 예수의 말씀과 서로 통한다.

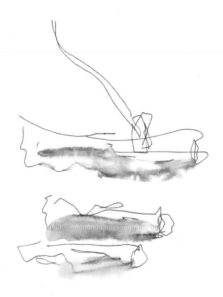

세상 사람들이 한결같이

나의 말(道, 진리)이 광대해서 무어라 이름할 수 없다 하니

그저 오직 하나(참 ㅋ)이므로 무어라 규정할 수 없는 듯하다.

만일 사람들과 한 모양이면 벌써 보잘것없게 된 지 오래되었으리라.

내게 세 가지 보배가 있는데

소중히 간직하고 있다.

첫째는 사랑이고

둘째는 검소함이며

셋째는 구태여 세상의 어른이 되려 하지 않음이다.

그저 사랑하므로 날랠 수 있고

덜 쓰므로 넓을 수 있고

세상 먼저 되려 하지 않으므로

능히 큰 그릇이 된다.

이제 그 사랑을 버린 채 날래려고 하고

덜 쓰는 마음 버리고 넓으려고 하고

뒤에 서는 것을 포기하고 먼저 서려고 하면

매우 위태로울 것이다.

무릇 사랑으로 싸우면 이기고

사랑을 지키면 확고하다.

하늘이 구해주려고 하면 사랑으로 지켜주는 것이다.

늙은이 68월

잘 된 산아이는 칼브터 내밀지 않는다(善爲士者不武).

잘 쌓오는 이는 성내지 안흐고(善戰者不怒),

잘 이길 이는 다투질 아니흐고(善勝敵者不與),

(마진짝을) 사람을 잘 쓰는 이는 (제) 내려스느니(善用人者爲之下),

이 일러 다투지 않는 속알(是謂不爭之德).

이 일러 사람 쓰는 힘(是謂用人之力),

이 일러 하늘에 짝지어 옛가는 맨꼭대기(是謂配天古之極).

풀어 씀

<도덕경> 68장에서는 씻어난 이(聖人)는 아래에 처함으로 다투지 않고도 다스리고 이기는 지혜에 관하여 말하면서 67장에서 말한 세 가지 보배의 뜻을 풀이한 것이다.

마지막 부분의 극(極)을 다석은 '맨 꼭대기'라고 번역하였다. '꼭 대기'란 말은 둘째 손가락인 검지로 꼭 대는 것으로 다석은 풀이하였다. 하느님이 계신 곳을 꼭 대는 경지에 이르는 신앙을 말하면서 꼭 대기란 말을 사용하였고, 하느님이 계신 곳을 '맨 꼭대기'라고 하였다. "하느님 말씀은 맨 꼭대기[元]이다. 말씀에 우주가 달려 있다. 그래서 태극(太極)으로 나아가는 이것이 진리이다[太極之是理]고 했다. 세상을 사랑하면 멸망이지만 진리를 좇으면 영생이다"(다석 유영모 어록, 27~28쪽).

다석은 1959년 5월 28일에 맨 꼭대기를 한글시로 표현한다.

하늘의 맨 꼭대기와 땅에 맨 꼭문이를 앎.
땅의 맨 꼭문이와 하늘의 맨 꼭대기를 봄.
비롯도, 이로 비롯오 마치기도 이에 맞.

하늘의 맨 꼭대기와 땅의 맨 꼭문이를 알고, 땅의 맨 꼭문이와 하늘의 맨 꼭대기를 보았다고 다석은 말한다. 맨 꼭대기 하늘에 있는 큰나(大我)를 보며, 땅에 있는 '하나'인 작은 나(小我)를 보았다. '흔아'인 '큰나'에서 시작한 '하나'인 '작은 나'가 '무아'(無我)의 상태에서 보니 다시 '흔아'로 돌아가는 것을 깨달은 것이다. 하늘과 땅의 끝을 꿰뚫어 보니 하늘과 땅 그리고 인간이 서로 소통하고 천지인(天地人)이 하나가 된다. 하늘과 합일하니 시작도 하나로부터 비롯되고 끝도 하나로 마친다. 절대의 관점에서 상대적인 문제를 극복하고, 다석은 절대의 하나인 '나'를 가지고 온통인 절대에 서는 체험을 한다.

제대로 된 병사는 사납지 않고
잘 싸우는 사람은 성내지 않으며
적을 잘 이기는 사람은 남과 겨루지 아니하고
사람을 잘 부리는 사람은 아래에 선다.
이를 다투지 않는 덕이라 하고
남의 힘을 선용한다고 하고
이를 하늘과 짝한다고도 하니
이를 일러 옛날의 맨 꼭대기 가르침.

늙은이 69월

군사 쓰는 데 말이 있으니(用兵有言),

내 귀태여 쥔이 되지 않고 손이 되며(吾不敢爲主而爲客),

귀태어 치만치 나아가지 않고 자만큼 물러온다(不敢進寸而退尺).

이 일러 가는데 줄(맞힘)이 없고(是謂行無行),

밀치는데 팔이 없고(攘無臂),

나간데 마진짝이 없고(扔無敵),

잡은데 칼이 없다ㄴ거(執無兵).

화는 마진짝을 가뱌히 녁임보다 큼이 없(禍莫大於輕敵).

마진짝을 가뱌히 녁이면, 거의 내 보배를 잃음(輕敵幾喪吾寶).

므로 칼을 들어 맞 겨를제 설워ᄒ는이, 이김(故抗兵相加, 哀者勝矣).

풀어 씀

<도덕경> 67장에서는 씻어난 이(聖人)가 가진 세 가지 보배(三寶: 첫째 '사랑', 둘째 '검소', 셋째 '세상에서 먼저 되지 아니함', 我有三寶 持而保之 一曰慈, 二曰儉, 三曰不敢爲天下先) 가운데, 다투지 않는 마음을 거듭 밝히면서 자비심이 왜 핵심인가를 69장에서는 풀이한다.

노자의 삼보 사상을 보면 노자는 평화주의자이다. 평화주의자 가운데는 어떠한 폭력도 허용하지 않고 전쟁은 반대하는 비폭력 평화주의자(pacifist)가 있고, 정당한 전쟁은 허용하면서 갈등문제 해결 중심의 일반적인 평화주의자(peace maker)가 있다.

비폭력 평화주의(平和主義, Pacifism)는 종교적인 사랑이나 자비의 입장 또는 인문주의의 입장에서 전쟁과 폭력에 반대하고, 평화를 실현하려는 입장이다. 따라서 이들은 폭력을 사용하지 않을 수 없는 전쟁에 양심적 병역거부, 반전운동, 대체복무제 등의 방법으로 반대하며, 무저항, 불복종운동 실천 등의 비폭력적인 방법으로 문제를 해결하려고 한다. 그러나 노자의 평화주의는 공격을 받았을 때는 어쩔 수 없이 방어는 해야 하는 입장이므로 일반론적인 평화주의자에 가깝다.

"군대를 동원하는 데 할 말이 있으니, 나 구태여 우두머리가 되기보다 차라리 주인 따르는 손님이 되어 한 치를 나아가지 않고 한 자를 물러난다고 하였다. 이를 일러 비록 나아가기는 해도 마음은 나아가지 않고 팔뚝을 걷어붙이기는 해도 팔 없는 사람 같으며 싸움에 나아가기는 하지만 맞서 싸우지 않고 무기를 들기는 했으나 휘두르지 않는다고 한다(用兵有言, 吾不敢爲主而爲客, 不敢進寸而退尺, 是謂行無行, 攘無臂, 扔無敵, 執無兵)."

노자의 평화사상은 싸우러 나가기는 하였으나 싸울 생각이 전혀 없다는 것을 보여준다. 그러나 노자의 경우는 어떠한 전쟁도 반대하고 비폭력 무저항으로서 평화를 이루려는 절대 평화주의라기보다도 일반적인 평화주의자에 가깝다.

다석 유영모의 평화사상은 하느님 나라가 중요하지만, 땅의 질서와 나라 법도 잘 지켜야 한다고 생각하였다. 그러므로 유영모는 전쟁반대와 비폭력의 평화주의자라기보다는 노자의 입장과 통한다.

"나라가 무장(武裝)을 왜 하느냐 하면 나라가 평화하기 위해서다. 다시 말하면 백성들의 싸움을 말리기 위해서다. 무(武) 자는 싸우자는 글자가 아니다. 창과(戈) 자가 나타내는 싸움을 멈추게 하자는 그칠 지(止)가 합하여 무(武) 자가 되었다. 절대 평화론자는 비전쟁자로서 전쟁을 하지 않는다고 한다. 그러나 모름지기 비전쟁론자들은 자기의 주장을 내세우기 위해서는 언젠가는 싸움을 할 날이 올지도 모르겠다. 싸움을 않겠다는 이것만은 마하트마 간디가 몸소 일생을 통해서 자세히 보여주고 갔다. 이 세상에서는 어떤 때는 싸움에 참여하게 된다. 싸움이 아주 없다는 주의(主義)가 없다. 요새는 싸움하기 위한 싸움이지만 우리는 어디까지나 진리의 샘(泉)을 바로 팔 줄을 알아야 한다. 우리는 암만해도 무엇을 잊고 멍하게만 가고 있는 것 같다"(다석어록, 1957).

군대를 동원하는 데 할 말이 있으니,
나 구태여 우두머리가 되기보다 차라리 주인 따르는 손님이 되어
한 치를 나아가지 않고 한 자를 물러난다고 하였다.
이를 일러 비록 나아가기는 해도 마음은 나아가지 않고
팔뚝을 걷어붙이기는 해도 팔 없는 사람 같으며

싸움에 나아가기는 하지만 맞서 싸우지 않고

무기를 들기는 했으나 휘두르지 않는다고 한다.

적을 가벼이 대하는 것이 가장 큰 재앙이고

적을 가벼이 여기면 거의 갖추어진 보배를 거의 잃게 된다.

따라서 두 무리가 맞붙어 싸울 때는 자비심으로 서러워하는 쪽이 이긴다.

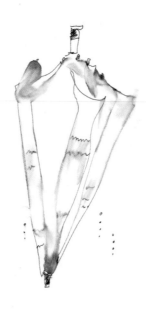

늙은이 70월

내 말은 넘으도 알기쉽고 넘으도 흐기 쉽다(吾言甚易知, 甚易行).

셰상 잘 아는이 없고, 잘 흐는이 없다(天下莫能知, 莫能行).

말에 마루가 있고, 일에 임금이 있는데(言有宗, 事有君),

그저 오직 앎이 없음(夫唯無知),

이래서 나를 알지 못홈이라(是以不我知).

나를 아는이 드믈으니(知我者希),

곧 내 기여(則我者貴),

이래서 썻어난 이(是以聖人),

옥을 품고 벼옷을 입음(被褐懷玉).

기여: 귀한 사람이다.

褐: 갈옷 갈, 굵은 베 갈.

풀어 씀

노자는 자기의 사상과 말을 세상 사람들이 알아주지 않는 데 대하여 자신의 생각을 말한다. "내 말은 너무도 알기 쉽고 행하기도 매우 쉽지만 어느 누구도 알지 못하고 행하지 않는다. 말에는 으뜸인 말이 있고 일에는 중심인물이 있다. 단지 아무것도 모르기 때문에 나를 아는 이가 아무도 없을 뿐이다. 나를 아는 이 드물기 때문에 나를 따르는 이가 귀한 것이다(吾言甚易知, 甚易行 天下莫能知, 莫能行, 言有宗, 事有君, 夫唯無知, 是以不我知, 知我者希, 則我者貴)."

유영모도 노자와 같은 말을 하였다. "이 사람 말은 어렵다고 한다. 나는 쉽게 이야기할 줄 모른다. 쉽게 하려 해도 안 된다. 쉽게 하지 않는 이유는 이 사람 말은 이 세상에서는 쓸데없는 말이기 때문이다. 돈, 밥, 건강에 대해 말하면 알아듣기 쉬울 것이다. 우리가 이 세상에 나오기 전에 있던 말이라야 영원한 말이다. 성경 불경의 말씀이나 이 사람 말은 사람이 죽을 때나 죽고 난 뒤에 소용되는 말이다. 내 말은 세상에서는 쓸데없는 말이다"(다석어록, 1960).

영원한 삶이나 영적인 삶, 그리고 정신세계를 이해하지 못하는 사람들에게는 진리의 말씀이 자신의 삶에 불편하고, 귀에 거슬린다. 자신의 이익을 얻거나 출세하는 데 걸림돌이 되기 때문이다. 그래서 영원한 생명의 말씀인 진리에 관심이 없기에 이해하기 어려운 것이다. 예수님의 생명에 관한 설명을 듣고 제자들도 불평을 한다.

"제자들 가운데 여럿이 이 말씀을 듣고 '이렇게 말씀이 어려워서야 누가 알아들을 수 있겠는가?' 하며 수군거렸다. 예수께서 제자들이 당신의 말씀을 못

마땅해하는 것을 알아채시고 '내 말이 귀에 거슬리느냐? 사람의 아들이 전에 있던 곳으로 올라가는 것을 보게 되면 어떻게 하겠느냐? 육적인 것은 아무 쓸모가 없지만, 영적인 것은 생명을 준다. 내가 너희에게 한 말은 영적인 것이며 생명이다. 그러나 너희 가운데는 믿지 않는 사람들이 있다' 하고 말씀하셨다" (요한 6:61~64, 공동번역).

어느 날 노자가 아무것도 모른다고 말하자, 사람들은 혼란에 빠져 노자에 대하여 어리둥절하였다. 노자는 "단지 아무것도 모르기 때문에 나를 아는 이가 아무도 없다"고 말하였던 것이다. '무지(無知)의 지(知)'는 노자 사상의 핵심이다. 공자 또한 무지에 대하여 말하였다. "나에게 아는 것이 있을까. 아무것도 모른다. 그러나 비천한 이가 내게 물어도 나는 비고 비었을 뿐이로다"(子曰吾有知乎哉 無知也 有鄙夫 問於我 空空如也 我叩其兩端而竭焉, <논어>, 자한 제7장).

소크라테스(기원전 470년경~399년경)는 자신이 아테네에서 가장 지혜로운 사람이라고 했다. 이유는 자기는 자신이 무지한 것을 알기 때문이라고 했다. 소크라테스는 사람들이 자신의 무지를 깨닫도록 가르쳤다. 가르쳤다 하기보다는 무지한 것을 깨닫도록 도왔다. "모른다는 사실을 안다"는 말은 영적 깨달음을 통하여 높은 지혜에 이른 영성가들이 하는 말이기도 하다.

하느님 자신에 대한 가장 하느님다운 지식은 바로 '무지(無知)의 지(知)'에 의해 알려진다. '무지의 지'를 알게 하는 것은 바로 성령(聖靈)이라고 유영모는 말한다. 다른 사람들은 알 수 없는 그 무엇이라고 말하나 다석은 알게 하는 것이 바로 성령이라고 주장한다.

눈으로 볼 수 없고 지성으로도 잡을 수 없고 이성으로도 알 수 없는 그 없음은 육안으로는 볼 수 없고 마음의 눈, 얼의 눈을 통해서 보아야 알 수 있다. 유영모는 성령을 통해서 안다고 하였다. 성령을 통해서만 '없이 계시는 하느님'을 알 수 있다. 유영모는 그러한 없이 있는 텅 빔, 빈탕한 데가 절대생명이며 하느님이며 성스러운 존재, 거룩한 존재라고 말한다. 우리 인간은 성스러운 무한대에서 나오고 그 무한대의 품으로 돌아간다(다석강의, 873쪽)고 생각하기에, 다석은 영원한 삶을 찾기 위해 위로 솟나 하느님을 그리워하였다. 그리고 '없이 계신 하느님'과 더불어 없이 살았다.

시작도 없고 끝도 없는 '없이 계신 하느님'은 무지(無知)의 앎(知)을 통하여 이해되어야 한다. 장자(莊子)는 사물이 내는 바람 소리는 다 다르지만, 스스로 다르게 취한 것이라고 말한다. "무(無)는 이미 무이므로 유(有)를 낳을 수 없다. 유는 생기지 않으니 무엇을 낳을 수도 없다. 그렇다면 만물은 누가 낳는 것인가? 홀로 스스로 생길 뿐이다. 스스로 생길 뿐 내가 낳는 것이 아니다. 내가 사물을 낳을 수 없고 사물도 나를 낳을 수 없으니 자기 스스로 그러하다. 자기 스스로 그러한 것은 곧 천연(天然)이다. 천연이니 인위(人爲)가 아니다(無旣無矣, 則不能生有, 有之未生, 又不能爲生. 然則生生者誰哉? 塊然以自生耳. 自生耳, 非我生也. 我無不能生物, 物亦不能生我, 則我自然矣. 自己以然, 謂之天然. 天然耳, 非爲也. ... 故物各自生以無所出焉, <장자>, 齊物論)." 바람 소리는 만 가지로 다르지만 스스로 그런 것처럼, 사물은 스스로 생길 뿐 어떤 것으로 나오지 않는다고 장자는 말한다. 장자의 이해는 유영모의 이해와 서로 통하는 부분이 많다. 만물이 그와 같은 까닭은 '모두 그 스스로 골라잡은 것이니', 즉 '본디 스스로 변화한다'는 말이다. 그래서 '하지 않으나 이루지 않은 일이 없다'(無爲而無不爲, <도덕경>, 37장)는 것이다.

유영모는 우리의 '있음'의 지(知)로는 도저히 이해할 수 없는 절대 공간과 무한 시간을 이름 지을 수는 없다고 말한다. 말로 표현하자면, 절대 공간과 무한 시간은 큰 늘, 즉, '하늘'을 말한다. 우주라는 것은 무한한 공간에 영원한 시간이다. 우리 머리 '위'에 있으니까 '한웋'이다. 시간은 '늘'이므로 '한늘'이다. 하늘이라는 말이 이 뜻을 포함한다고 유영모는 말한다(다석강의, 932쪽). '한늘'이라는 말은 '한'은 절대 공간을, '늘'은 무한 시간을 의미한다. 늘 있는 '한늘'은 하늘에 'ㄴ'이 더 붙은 것이다. 늘 살게 되는 생명이 '한얼' 성령이다(다석강의, 56쪽). 한늘, 한아(한ᄋ), 하나, 한얼, 하느님, 한얼님, 한웋님, 한 나(大我)는 절대이다. 이러한 무한을 나타내는 한늘, 한얼, 한얼, 한얼님은 '무지(無知)의 앎'을 통해서 이해된다.

내 말은 너무도 알기 쉽고 행하기도 매우 쉽지만
어느 누구도 알지 못하고 행하지 못한다.
말에는 으뜸인 말이 있고 일에는 중심인물이 있다.
단지 아무것도 모르기 때문에
나를 아는 이가 아무도 없을 뿐이다.
나를 아는 이 드물기 때문에
나를 따르는 이가 귀한 것이다.
따라서 씻어난 이는
비록 남루한 베옷을 입었을지라도 품위가 있다.

늙은이 기월

모르는줄 앎 우에(知不知上), [5]

모르고 앎담 탈이다(不知知病).

그저 오직 탈을 탈흐면(夫唯病病),

이래서 탈않난다(是以不病).

씻어난 이의 탈않남이란(聖人不病),

그 탈을 탈흐므로(以其病病),

이래서 탈않남(是以不病).

---

5) 다른 새감: 知不知上 ①알아가다도 모르는 판(위)에, ②알고(채) 알지 못흔 게 위니.

풀어 씀

'무지(無知)의 지(知)'는 최고의 지혜인데, 노자, 부처, 소크라테스, 장자 등등의 성현들이 모두 언급하고 있다. 노자는 <도덕경> 70장에서 '아무것도 알지 못하므로 사람들이 노자를 모른다'고 한 말이 오해될까 봐 71장에서는 무지(無知)의 뜻을 분명히 한다. 다석 유영모도 반야(般若)의 지(知)와 무지(無知)의 앎(知)으로 세상을 이해하였다.

"나는 20세 전후에 <불경(佛經)>, <노자(老子)>를 읽었다. 그래서 무(無)와 공(空)을 좋아하게 되었다. 그런데 그때는 빔(空)을 즐길 줄은 몰랐다. 요새 와서야 비로소 빈(空) 것에 친해졌다. 불교에서는 백척간두(百尺竿頭)에서 진일보해야 '빈 데' 갈 수 있다고 한다. 간두(竿頭)에 매달려 있는 한, '빈 데' 갈 수 없다. 가장 큰 것이 빈 것이다. 참 빈 것은 빈 것이 아니다. 반야공관(般若空觀)은 지혜(智慧)인데 공(空)에 너무 치우쳐도 못 쓰고 허무에 빠져도 못쓴다"(다석어록).

다석은 특히 불교사상의 진수(眞髓)를 반야심경으로 보고, 반야심경을 연경반에서 성경과 함께 가르치기도 하였다. 그의 사상을 보면 반야공관(般若空觀)의 지(知)를 통해 삶과 죽음, 절대와 상대, 주관과 객관, 유와 무, 색과 공을 하나로 이해하는 지혜의 눈을 얻었다고 할 수 있다. 그리고 다석은 불교와 유교, 노장사상과 그리스도교를 아우르는 통전적인 이해를 하게 된 것이다. "석가와 예수의 생각은 대단히 같다. 이 상대세계를 부정하는 것이다. 상대세계를 부정하지 않으면 예수, 석가를 믿는다고 할 수 없다. 석가의 법신(法身)과 예수님의 하느님 아들은 얼 생명을 가리키는 같은 말이다. 이 세상에서 어쩌고 저쩌고 하는 나(自我)는 참나가 아니다. 그런 나는 쓸데없다"(다석어록). 다석은 반야(般

若)의 지(知), 다시 말하여, 무지(無知)의 앎(知)으로 세상을 이해하였다.

'반야(般若)의 지(知)'는 마음을 비워 신비를 직관하며, 지혜와 총명을 쓰지 않고 깨달음을 얻는 것을 말한다. 이것이 반야의 무지(無知)의 앎(知)이다. 반야 자체는 실재가 있으나 유(有)는 아니고, 비어 있으나 무(無)는 아니다. 그 자체를 인정하고 논박할 수 없는 것이 '반야의 지(知)'이다. "왜 그런가? 반야는 있다고(有) 말하자니 모습도 없고 이름도 없으며, 없다(無)고 말하자니 성인(聖人)이 그것에 의해서 영험해지기 때문이다. 반야는 성인(聖人)이 그것에 의해서 영험해지므로 비어 있어도 항상 통찰하고(虛不失照), 반야는 모습도 없고 이름도 없으므로 통찰해도 항상 비어 있다(照不失虛). 반야는 통찰할 때도 항상 비어 있으므로 세속과 뒤섞여도 혼탁(混濁)해지지 않으며, 비어 있어도 모든 것을 통찰하므로 활동하면 항상 외물(麤)과 접촉한다. 그리하여 반야(般若)의 관조(觀照)와 지혜의 작용은 잠시도 멈춘 적이 없으나, 현실의 모습 속에서 그것을 찾으면 끝내 얻을 수 없다(何者? 欲言其有, 無狀無言; 欲言其無, 聖以之靈, 故虛不失照; 無狀無名, 故照不失虛, 故混而不渝; 虛不失照 故動以接麤, 是以聖智之用, 未始暫廢. 求之形相, 未暫可得)"(<大藏經> 45). 풍우란, 중국철학사 하, 267~268쪽).

"지혜가 사물에 존재하나 그 자취는 없으며, 이름이 거기서 생겼으나 이치에는 언어가 없다. 왜 그런가? 지극한 이치는 깊고 아득하여 이름없음(無名)에 귀착하기 때문이다. 이름이 없고 시작도 없는 것이 도(道)의 본체(本體)요, '고정된 옳음도 없고 고정된 그름도 없는 것'이 성인(聖人)의 신중함이다. 그런데 이치에 신중하며 변동에 부응하려고 하면 부득불(不得不) 언어에 의탁하지 않을 수 없다. 그러므로 의탁하는 원리를 밝혀야 하며 언명하는 원리를 밝혀야 한다. 이치와 혼연일체가 되면 언어는 폐기되고, 깨우침을 망각하면 지혜는 온전하다. 무(無)를 보전하고 정적(靜寂)을 추구하고 지혜를 희구하여 마음을 망각하면, 지혜는 무를 밝히기에 부족하고 정적은 신명에 혼연일체가 되기에 부족하다(智存於物, 實無迹也; 各生於彼, 理無言也. 何則? 至理冥壑 歸乎無名, 無名無始, 道之體也. 無可不可者, 聖之愼也. 苟愼理以應動, 則不得不寄言. 宣明所以寄; 宣暢所以言. 理冥則言廢; 妄覺則智全. 若存無以求寂, 希智以妄心; 智不足以盡無, 寂不足以冥神)."(<大藏經>, 55. 풍우란, 중국철학사 하, 237~278쪽 참조).

왜 그런가? 존재의 대상에 존재를 집착하고 무의 대상에 무를 집착하나, 존재에 집착함은 존재가 아니고 무를 희구하면 무가 아니기 때문이다. 그저 무가 무인 것만 알고 무인 까닭을 모르고, 존재가 존재인 것만 알고 존재인 까닭을 모르면 무를 추구하나 무를 망각하는 것이 되므로 이때 무는 진정한 무가 아니고, 존재에 의탁하나 존재를 망각하게 되므로 이때 존재는 진정한 존재가 될 수 없다. 존재하는 까닭을 망각하면 존재의 대상에 존재는 없고, 무인 까닭을 폐기하면 무의 대상에 무를 망각하기 때문이다.

다석도 이러한 개념의 '무지(無知)의 앎(知)'에 관하여 말한다. "지(知)는 무엇인지 알지 못하면서 안다고 하는 것이다. 혼자 생각에는 절대자가 있는 것 같지만, 상대세계에 사는 내가 하느님을 안다는 것은 참 아는 것이 아니다. 바로 아는 사람은 내가 아는 것보다 알아야 할 게 너무나 많음을 아는 사람이다"(다석강의, 362쪽). 자기가 모르는 것을 알려고 하여야 한다. 아직 모르는 것이 많은데 모르는 게 있으면 알려고 해야 한다. 모르는 것을 아는 것이 참 아는 것이다(다석강의, 363쪽). 지부지신비(知不知神秘)라는 말이 있다. 알아도 야무지게 알지 못한다. 이것이 신비이다. "참 알려는 슬기가 '나'요, 참을 알자는 것은 슬기이다. 지혜라는 것을 슬기라고 한다. 알려는 것이 슬기이다. 그래서 나오는 것이 속알이다. 알도록 찾는 것이 '참'이요. 보게 하는 힘이 '빛'! 참을 찾는 원동력은 우리가 찾는 것을 찾는 슬기에서 나온다. 이렇게 하고 가면 '참 하느님'이라는 소리가 나온다. 참은 성령이다. 알게 하는 것도 성령이다. 이것을 보려면 내가 하느님의 아들이 되어야 한다"(다석강의, 823쪽). 앞에서 말했듯이 '하느님 자신에 대한 가장 하느님다운 지식은 바로 '무지(無知)의 지(知)'에 의해 알려진다.

동양사상을 깊이 연구하고 온몸으로 체득한 다석은 '무지(無知)의 앎'과 '반야(般若)의 지(知)'의 입장에서 무(無)뿐만 아니라 유(有)를 이해한 사상가이다. 다석은 유와 무를 서로 보완하고 조화시켜 태극과 무극, 공과 태공, 허과 태허의 관계 속에서 절대를 보고 그 속에서 하느님을 보았다. 따라서 다석의 하느님 이해는 일반적으로 그리스도인들이 이해하는 것과는 상이하였고 전통적인 그리스도교 교리와는 거리가 있다. 다석은 노장사상과 사서오경, 불교사상을 바탕으로 사물을 이해하였기 때문에, 다석은 반야심경과 화엄경을 무(無)와 무위(無爲), 허(虛)와 태허(太虛), 공(空)과 태공(太空)의 차원에서 절대자를 나름대로 이해할 수 있었다. 그리고 유(有)의 관점보다도 무(無)의 관점에서 사물을 바라보았기 때문에 불교, 유교, 노장사상, 그리스도교를 아우르는 사고를 할 수 있었다고 본다.

또 한편으로는 다석은 절대와 상대적인 관점에서 태극 개념을 이해했다고 할 수 있다. 다석은 절대적인 개념에서는 태극(太極)을 무극(無極)이라고 하였고, 상대적인 개념에서는 태극이라고 하였다. 다석은 극(極, the Ultimate)을 우리 인식능력의 한계점으로 생각하고 있다. 그러므로 인식능력을 넘어서는 차원에서는 무극이라고 부르고, 우리의 오관으로 인식할 수 있는 범위 안에서는 태극이라고 하였다. 또한, 현상세계와 초현상세계라는 관점에서 태극을 해석하였다고 설명할 수 있다. 다석은 우리의 지성과 의식으로 인식할 수 없는 초현상세계에서는 무극으로, 우리의 지식과 감각으로 인식할 수 있는 현상세계에서는 태극으로 설명하였다.

민족의 격변기에 일본의 침탈과 서구문명의 유입되는 상황 속에서 다석은 그의 독특한 삶의 경험을 통해서 동양적 사고 바탕 위에서 그리스도교를 해석하고 하느님을 이해하였다. 그래서 그의 하느님 이해는 종교다원적 상황 속에서 서구문명과 동양사상을 지평융합 할 수 있는 길을 보여준다. 다석의 비서구적인 하느님 이해, 즉, 동양적 하느님 이해는 노장사상과 불교적 토대에 유교적 내용으로 설명함으로써 그의 독특한 하느님 이해를 시도하였다. 유영모는 노장사상과 불교적 세계관, 유교적 인간도리로 성서를 해석하고 이해함으로써 불교와 유교, 노장사상, 그리스도교 사상을 다 함께 아우르는 하느님 이해를 하고 있다. 이러한 지평융합의 과정을 가지고 있기 때문에 유학자들은 다석을 그들의 친우로, 불교들은 그들의 신앙인으로, 노장 사상가들은 사상을 함께 공유할 수 있는 동료로 여기게 된다.

알지 못한다는 사실을 아는 것이 최고의 지혜요,
알지 못하면서 안다고 하는 것이 탈이다.
탈이 탈인 줄 알면 탈이 아니다.
씻어난 이가 잘못에 빠지지 않는 것은
그 탈을 탈이라 하기 때문이다.
그래서 탈이 나지 않는 것이다.

늙은이 72월

씨알이 무섬을 두려안흐면(民不畏威)

곧 큰 무섬이 닥친다(則大威至).

그 사는데를 좁아 안흐고(無押其所居),

그 난데를 싫여 아니흠(無厭其所生).

그저 오직 싫어안흐야(夫唯不厭),

이래서 싫어 않음(是以不厭).

이래서 씻어난 이(是以聖人),

절 알고 스스로 뵐라 않으며(自知不自見),

절사랑코 스스로 고일라 않음(自愛不自貴)

므로 이를 집고 저를 버림(故去彼取此).

뵐라: 나타내려.

풀어 씀

<도덕경> 72장에서는 육적인 삶을 잊고 욕심을 내려놓고 마음을 비운 채 수신하여 '씻어난 이(聖人)'가 도달한 무지(無知)의 세계에 나아갈 것을 당부한다.

사람이 생각하고 상상의 나래를 펴고 살아야 할 허공은 광활하고 무한광대한데, 대개 사람들은 자그마한 육신의 즐거움에 빠져 아주 좁은 삶의 공간을 만족스럽게 생각하고 애착을 갖고 산다. '머무는 데가 좁다'고 하는 것은 이 육적인 삶에 아주 만족해하는 것을 뜻한다. 그래서 "자기의 육적인 삶에 만족해서는 안 된다"고 한 것이다. 이때의 염(厭)은 '만족하다', '가득 차다'의 뜻이다. 만일 이 거짓나(ego)의 삶이 귀한 것이 아닌 것을 안다면 수신(修身)하여 참나(眞我, true self)를 찾고 마침내는 삶도 죽음도 없는 세계를 추구하게 된다. 그러나 사람들은 이 길을 가지 않는다. 그래서 "그저 만족하지 않는 까닭에 어느것도 버리지 않는다"고 한 것이다. 이때의 염(厭)은 버린다는 뜻이다.

유영모는 위로 광활한 우주를 보고, 하느님을 생각하며 호태(浩太)하게 살아야 한다고 했다.

"우주는 호대(浩大)한 암흑이다. 태양이 엄청나게 크다지만 그 밖에 발광체가 하고 많지만, 이 우주의 어둠을 몰아내었는가? 갇힌 몸으로 생각하니 그 정도밖에 생각이 안 된다. 예수가 "나는 빛으로 이 세상에 왔다"(요한 12:46)고 했는데 하느님의 얼빛을 우리는 본 일이 없다. 대부분 흑암 속에서 어물어물한다. 태양을 크다고 하다니 그러한 망발이 어디 있는가? 태양은 결코 큰 것이 못된다. 호대한 것은 흑암이요, 태양광체란 미미한 것이다. 특히 태양광선을 받고 나타나는 현상이란 더욱 지극히 미약한 것일 뿐이다"(다석어록, 1957).

"즉주(卽周)는 둘레 곧 우주의 허공(빈탕한데)이다. 즉조(卽照)는 반딧불 곧 태양이다. 영원무한한 허공에서 보면 태양은 아무것도 아닌 반딧불에 지나지 않는다. 아무것도 아닌 반딧불에 비친 것에 맘을 일으키고 돌아보다가 현혹되고 집착하면 안 된다. 즉세(卽世)해야 한다. 즉세는 벗어버릴 것 다 벗어버리고 나가는 것이다. 세상일 다 보면 즉세했다고 한다"(다석어록, 1957).

씨알이 자연의 위세를 두려워하지 않으면
곧 무시무시한 무서움이 닥친다.
머무는 데를 좁다고 아니 하고
자기의 삶을 싫어하지도 않는다.
그저 만족하지 않는 까닭에
어느 것도 버리지 않는다.
이래서 씻어난 이는
스스로를 알아 자기를 들어내지 않고
스스로를 사랑해 귀한 채 않는다.
그러므로 세상 사람이 아는 바를 버리고
알지 못하는 것을 취한다.

늙은이 73월

구태여에 날내면 죽이고(勇於敢則殺),

구태여않음에 날내면 살린다(勇於不敢則活).

이 두 가지는 좋게도 언짢게도 되니(此兩者或利或害),

하늘의 미워 흐는 바(天之所惡),

누가 그 까닭을 알리오(孰知其故).

이래서 씻어난 이 오히려 어려워흠 같(是以聖人猶難之).

하늘길은 다투지 않되 잘 이김(天之道 不爭而善勝).

말 않되 잘 맞듦(不言而善應).

브르지 않되 절로 옴(不召而自來).

느지러지되 잘 꾀흐니(繟然而善謀),

하늘 그물이 넓직 넓직 섬글되 잃지 않오라(天網恢恢 疏而不失).

날내면: 용기 내면.

느지러지되: 늘어지고 처지되.

풀어 씀

용(勇)은 상대를 이기기 위해 결판을 낼 때까지 힘쓰는 것이고, 감(敢)은 아무 것도 따지지 않고 무턱대고 시행하는 것이다. 용감한 삶도 사리판단을 잘하고 한 번 결단할 때 의미가 있는 것이지 아무 때나 힘자랑하는 것이 용감(勇敢)한 것은 아니다. 용기(勇氣)에도 여러 종류가 있다. 망나니처럼 날뛰며 사람을 죽이는 용기는 살용(殺勇)인 반면에 위급한 상황에 빠져 있는 사람을 건지는 의로운 용기는 활용(活勇)이다.

사람을 해롭게 하는 용기인 살용은 물론이거니와 생명을 살리는 용기인 활용도 하늘은 싫어하니 누가 그 까닭을 알겠는가(此兩者或利或害, 天之所惡, 孰知其故) 하고 노자는 반문하였다. 사람을 살리는 의용(義勇)까지도 하늘이 원치 않는다는 것은 '거짓나'인, '제나(ego)'에서 나온 용기를 말하는 것이다. 자신을 과시하거나 조금이라도 드러내려는 마음이 있다면 자기의 유익을 위해 힘쓴 것이지 진정한 용기는 아니다. 진정한 용기는 자기를 내려놓고 비운 진아(眞我, true self)에서 나온 용기, 즉 진용(眞勇)이어야 한다. 하늘은 자기 유익을 구하지 않은 용기를 기뻐한다는 말이다.

하느님은 싸우지 않아도 잘 이기고, 말하지 않아도 듣게 하고, 부르지 않아도 돌아오게 하는 분이시다. '길 없는 길', '소리 없는 소리', '함이 없는 함', 인위적으로 하거나 꾸미는 것이 없이 저절로 되게 하는 무위(無爲)의 삶이 노자가 말하는 높은 지혜의 삶이다.

그러나 세상 사람들은 이러한 하느님의 마음을 헤아리지 못하고 자신의 명예와 이익을 위해 무모하게 감행하거나 자신을 잘 보이게 하기 위해 꾸미고 포장한다. <도덕경> 72장에서 언급했듯이 세상의 기쁨에 빠지면 자신이 사는 세계가 얼마나 좁은지 깨닫지도 못하고 살아가는 것이다. 달콤한 꿀에 취한 파리가 자신이 죽는지 모르고 점차 꿀단지 속으로 빠져들어 가듯이 사람도 세상 열락에 빠져 자신의 정신도 얼도 죽어 가는 줄 모르고 사는 것이다.

안수정등(岸樹井藤)이라는 설화가 있다. 옛날 어떤 사람이 들판에 나갔다가 미쳐서 날뛰는 코끼리 한 마리를 만났다. 그는 크게 놀라 뒤도 돌아볼 겨를도 없이 도망치다가 들 한복판에 있던 옛 우물터에서 뻗어 내려간 등나무 넝쿨을 붙잡고 간신히 위기를 모면할 수 있었다. 그런데 그곳에는 또 다른 적이 있었다. 우물 네 구석에는 네 마리의 독사가 기다리고 있었고 우물 한복판에는 무서운 독룡이 독기를 내뿜고 있었다. 위에서는 미친 코끼리가 발을 동동 구르고 밑에서는 용과 뱀이 혀를 날름거리니, 오도 가도 못하게 된 나그네는 유일한 생명줄인 등나무 넝쿨에만 몸을 의지하고 있는데, 어디선가 흰쥐와 검은 쥐가 나타나서 서로 번갈아 등나무 줄기를 갉아 먹기 시작하였다. 그는 멍하니 하늘을 쳐다보았다. 그런데 머리 위의 큰 나뭇가지에는 몇 마리의 꿀벌들이 집을 짓느라 앉았다 날았다 하였는데 그때마다 꿀이 떨어져서 입에 들어갔다. 그는 꿀의 단맛에 취해서 모든 위험을 잊고 도취되었다. 그러는 동안 대지에는 난데없이 불이 일어나 모든 것을 태워 버렸다고 한다.

육적인 삶이 꿈인 줄 알고 깨면 하느님을 향한 사랑의 환한 불꽃이 내 생각 속에 오로라처럼 황홀하게 피어오른다. 이를 예수는 '기쁨'이라고 했고, 부처는 '법열'이라고 했으며, 노자는 '황홀'이라 하였다. 옷이 낡으면 벗어야 하듯이 몸뚱이도 벗어야 하는 허물이라고 유영모는 말하였다.

"사람의 몸뚱이라는 것은 벗어 버릴 허물 같은 옷이지 별 것 아니다. 몸에 옷을 여러 겹 덧입는데 몸뚱이가 옷이라는 것을 나타내는 것밖에 아무것도 아니다. 속옷, 겉옷 아무리 겹겹이 입었더라도 벗어 버릴 것밖에 아무것도 아니다. 옷은 마침내 벗어 버릴 것이라 결국 사람의 임자는 얼(靈)이다. 사람의 생명에서 불멸하는 것은 얼나뿐이다. 입은 옷이 아무리 화려하고 찬란해도 낡으면 벗어 던지게 된다. 그것이 비록 살(肉)옷이요, 몸(身)옷이라도 늙으면 마침내 벗어 버리고 만다. 그리고 드러나는 것은 얼나뿐이다. 얼나는 영원한 생명인 하느님이시다"(다석어록, 1956).

"사람은 몸나로만 살다가 참나로 바뀐다. 감정의 맘나로 살다가 참을 생각하는 정신으로 바뀐다. 참을 생각하는 정신에서 제나(自我)가 없는 얼나가 된다. 이것이 사람이 걸어가야 할 인생길이다. 봄이 여름으로 바뀌고 여름이 가을로 바뀌고 가을이 겨울로 바뀌는 것이 자연이다. 하늘 땅 펼친 자리에 계속 바뀌어 가는 것이 자연이요 인생이다. 이러한 발전과 변화의 대법칙을 따라 세상에 나타난 하나의 현실이 된 것이 나다. 내가 해야 할 사명을 받아 나의 할 일을 하는 것이 나다"(다석어록, 1956).

구태여 무모하게 실행하면 죽게 되고
감히 하지 말아야 할 것에 용감하면 산다.
이 둘은 해롭기도 하고 이롭기도 하니
하늘이 미워하는 까닭을
누가 감히 알겠는가.
따라서 씻어난 이는 오히려 어려워해야 한다.
하늘의 길은 다투지 않아도 잘 이기며

말하지 않아도 잘 듣고
부르지 않아도 절로 오기에
여유 있게 잘 처리한다.
하늘의 그물코는 듬성듬성 성긴 듯해도
어느 것 하나도 놓치지 않는다.

씨알이 늘 죽엄을 두려워 않는다(民不畏死).

어떠케 죽엄을 가지고 두릴가(奈何以死懼之).

사람으로 늘 죽엄을 두리게 흘거 같으면(若使民常畏死),

다른짓 흐는이를(而爲奇者),

내 잡아스리금 죽이겠다(吾得執而殺之).

누가 구태 흘고(孰敢矣),

늘 죽임 맡은이 있어서 죽일터인데(常有司殺者殺),

죽임 맡은이ㄹ 대신히 죽이면(夫代司殺者殺),

이는 큰 나무 다루는이를 대신히 깎는거 같으니(是謂代大匠斲),

그저 큰나무 다르는 이를 대신히 깎으면(夫代大匠斲者)

그 손을 않다침은 드물게나 있을까(希有不傷其手矣).

풀어 씀

씨알들이 죽음을 두려워하지 않는데, 협박과 위협, 형벌과 권위를 앞세워 사람들을 다스리려고 하는 권력자들이 뜻밖에도 많다. 이따위 생각으로 나라와 씨알들을 다스리려 한다면 스스로 제 무덤을 파는 격이다. 하늘의 뜻을 따라 씨알을 섬기고 받들지 않고 죽음의 무기로 백성을 협박하고 공포 조성으로 나라를 다스려서는 안 된다고 <도덕경>은 말한다.

공자는 "군자는 나를 닦아서 백성을 평안하게 한다"(修己以安百姓, <논어> 헌문편)라고 하였다. 맹자는 위정자가 할 일은 "산 이를 먹이고 죽은 이를 장례 치르는데 원한이 없게 하는 것이 올바른 다스림의 시작이다"(養生喪死憾 王道之始也, <맹자> 양혜왕 상편)라고 가르쳤다.

종교의 핵심은 죽음을 넘어 살자는 것이다. 두려움과 탐욕으로부터 자유로워야 죽음의 문제를 극복할 수 있다. 그런데 대개 잘못된 종교 지도자들은 이세상에서 복 받고 잘 살기 위해 신앙생활을 하도록 한다. 신앙생활을 열심히 하지 않으면 벌 받고 지옥에 간다고 가르친다. 그리고 십일조 잘하고 감사헌금을 많이 바쳐야 축복받는다고 말한다. 이러한 가르침은 건전한 영성생활을 무력화한다. 고귀한 영성을 파괴하는 두 요소는 무엇보다도 협박과 축복 남발이다. 사회변혁과 개개인의 정화 영성을 좀 먹게 하는 것은 구원강조를 통한 공포심 조장과 값싼 은혜인 축복을 남발하는 것이라 할 수 있다. 공포 조장은 두려움을, 축복 강조는 탐욕을 길러낸다. 두려움과 탐욕은 결국에 건전한 신앙생활과 영성생활을 파괴하고 만다.

공민왕 때의 스님 나옹화상의 누님의 부운(浮雲)이라는 시에 삶과 죽음에 대한 태도가 잘 나타나 있다(무학대사의 제자 涵虛 得通和尙의 게송이라는 주장도 있음).

空手來 空手去 是人生	빈손으로 왔다가 빈손으로 가는 것이 인생이다.
生從何處來 死向何處去	태어남은 어디서 오며, 죽음은 어디로 가는가?
生也一片浮雲起	태어남은 한 조각 뜬구름이 일어남이요,
死也一片浮雲滅	죽음이란 그 뜬구름이 없어짐이라.
浮雲自體本無實	뜬 구름 자체는 본래 실체가 없으니
生死去來亦如然	태어남과 죽음, 오고 감도 이와 같도다.
獨有一物常獨露	오직 한 물건이 항상 홀로 드러나 있으니
湛然不隨於生死	잠연(깊고 밝음)하여 생사를 따르지 아니하네.

다석 유영모는 죽음의 문제는 종교와 철학의 핵심이라고 말한다.

"종교의 핵심은 죽음이다. 죽는 연습이 철학이요 죽음을 이기자는 것이 종교이다. 죽는 연습은 영원한 생명을 기르기 위해서다. 단식(斷食)하고 단색(斷色)하는 것이 죽는 연습이다. 우리가 몸으로 사는 것은 사는 것이 아니요 죽는 것이 죽는 것이 아니다. 산다는 것은 육체를 먹고 정신이 사는 것이다. 단식하는 것은 내 몸을 내가 먹는 것이다. 단식에는 금식(禁食)과 일식(一食)이 있다. 유대 사람들은 금식을 하고, 인도 사람들은 일식을 했다. 모두 죽는 연습이다. 몸으로 죽는 연습이 얼로 부활하는 연습이다"(다석어록, 1957).

죽음에 다다라서는 인생이란 싱겁고 우습다고 한다. 구약성경 전서에는 인생의 일이 바람을 잡는 것과 같다 하여 "헛되고 헛되다. 세상만사 헛되다"(전도서 1:2)고 했다. 전도서에는 헛되고 우습다는 말의 연속이다. 중국의 소설 <서상기(西廂記)>의 서문인 통곡고인(痛哭古人) 편을 여러 번 읽었다. 그건 전도서와 같다. 착실하다는 사람도, 전도서를 안 읽은 사람도 죽음에 다다라서는 다 전도서가 되고 만다. 우습도록 헛되면 웃고 그만두어도 될 터인데 죽지 않겠다고 바득바득 악을 쓴다. 약을 사 오너라 입원을 시키라는 등 집안 식구들을 괴롭힌다. 나기 전부터 있는 하느님의 말씀은 그러지 말라는 것이다. 이 사람 말은 고요히 죽는데 소용이 되면 소용된다. 죽음이 없었다면 종교 신앙도 없다. 이 사람 말은 이 세상 나오기 전 나온 후 죽은 뒤에까지 관계있는 말이다"(다석어록, 1960).

"사는 것은 나가는 것이지 어디 틀어박히자는 게 아니다. 거주(居住)를 삶으로 알아서는 못쓴다. 이 더럽고 괴로운 것에서 벗어나자는 사나이는 집 속에는 없다. 어떻게 하면 이 더러움을 떠나 거룩한 데로 갈 수 있는가 하는 것이 우리의 기도다. 더러운 것을 떠나고 괴로움을 벗어나자는 운동이 종교다. 몸을 극복하고 집을 탈출하여 얼나로 솟나 자는 것이 신앙이다"(다석어록, 1960).

씨알이 죽음마저 두려워하지 않는데
어떻게 죽음으로 씨알을 두렵게 할 수 있겠는가?
사람으로 늘 죽음을 두려워하게 하는데도
다른 짓을 하는 이를
잡아서 죽이겠다고 하면
구태여 누가 다른 짓 하랴
늘 죽임의 명을 맡은 이가 있어 죽일 터인데
죽음 맡은 이를 대신해 죽이면
이는 큰 목수를 대신해 나무를 자르는 꼴이니
저 큰 목수를 대신해 나무를 깎는 자가
그 손을 다치지 않을 수 없다.

늙은이 75월

씨알의 줄임은(民之飢),

그웋에서 셰를 받아먹는것이 많으므로다(以其上食稅之多).

이래서 주림(是以飢).

씨알의 다스리기 어렴은(民之難治),

그웋에서 (더 잘 살게) 흔담이 있으므로다(以其上之有爲).

이래서 다스리기 어렴(是以難治).

씨알의 가벼히 죽음은(民之輕死),

그삶을 (더 잘) 살게 (흔다는) 더덕덤으로다(以其上求生之厚).

이래서 가벼히 죽음(是以輕死).

그저 오직 살(자고) 흠(이란 생각)없이 (흠이)(夫唯無以生爲者),

이 삶(이 젤이란 생각보다) 댁여남이여(是賢於貴生).

풀어 씀

역사 이래 힘의 우위에 있는 권력자들이 사람을 지배하고 권위적인 힘으로 군림하였다. 머리가 좋은 사람들은 지식을 축적하는 공부를 통하여 남보다 높은 지위에 올라가거나 힘 있는 사람 편에 서서 가지고 있는 지식으로 권력자의 지배를 합리화해주면서 거기에서 나오는 부스러기를 먹고 편하게 살고자 하였다. 그러한 사람은 약자의 고통과 억울함은 안중에도 없이 높은 지위에 올라 나만 편하면 되는 아주 이기적인 마음을 가진 것이다. 이러한 억압구조에 저항하거나 문제제기를 하면 감옥에 가두거나 처형하여 사회에서 소외시키거나 아예 격리시켰다.

종교도 마찬가지이다. 사제들은 본래 어리고 순수한 제물로 바쳐지는 존재였으나 영리한 사제들은 희생제물을 대신하는 제사제도를 통하여 사람들을 지배하는 신념체제를 구축하고 손 하나 꼼짝하지 않고 편하게 사는 길을 열었다. 교리와 신념 체계를 만들어 공포조성과 축복 남발로 신자들을 체계 안에 가둬놓았다. 교인을 섬기고 돌보아야 하는 예수님의 가르침과는 전혀 다르게 살게 된 것이 중세의 사제 계급이다. 종직자들은 신자들 위에 군림하는 지배층이 되어 저항하는 사람들을 이단 불온세력으로 몰아붙여 감옥에 가두거나 마녀사냥을 하였다. 중세시대에 무자비한 온갖 나쁜 짓을 예수의 이름으로 한 것이다.

정치 지배자들은 군대와 경찰로 사회를 지배하고 세금을 거두어 들여 자신들의 지배체계를 확고히 하고 재산을 축적하였다. 씨알들과 농노들은 지배자들의 무리한 요구와 부당한 명령에 저항하지 못하고 힘이 없는 관계로 짓밟히는 비참한 삶을 살아야 했다. 오죽하면 가혹한 정치는 사람을 해치는 호랑이

보다도 무섭다고 했겠는가?

　공자가 제나라로 가는 길이었다. 태산(泰山)을 지나다 어떤 여인이 슬피 우는 소리를 들었다. 공자가 크게 근심하는 사람이 있다고 생각하여 제자인 자로(子路)를 보내 사연을 물었다. 여인이 대답했다. "예전에 시아버지가 호랑이에게 잡아먹혔는데, 이제 남편과 아들마저 호랑이에게 잡아먹히고 말았습니다." 자로가 물었다. "아니 그 지경이 되도록 왜 이사하지 않았습니까?" 여인이 대답했다. "그래도 이곳에는 가혹한 정치가 없기 때문입니다." 자로가 이 말을 공자에게 전했다. 공자가 탄식하며 말했다. "가혹한 정치는 호랑이보다 무섭구나(苛政猛於虎)!"

　가혹하게 세금을 거두거나 백성들의 재물을 억지로 빼앗음을 뜻하는 가렴주구(苛斂誅求)라는 말이 여기에서 유래한다. 어느 시대, 어느 나라에서든 권력자들이 자신의 영달을 위해 그리고 탐욕을 채우기 위하여 행패를 부리면서 씨알들로부터 세금을 가혹하게 거두는 사례가 많다. 춘향전에 나오는 이몽룡의 한시는 이를 잘 말해준다.

金樽美酒 千人血　　금준미주 천인혈
玉盤佳肴 萬姓膏　　옥반가효 만성고
燭淚落時 民淚落　　촉루락시 민누락
歌聲高處 怨聲高　　가성고처 원성고

금잔에 담긴 향기로운 술은 천 사람의 피요
옥쟁반에 담긴 맛있는 안주는 만백성의 기름이라
촛대에 촛농 떨어질 때 백성의 눈물 떨어지고

노랫소리 높은 곳에 백성들의 원망 소리 드높도다.

가렴주구의 모양과 무늬가 시대에 따라 바뀌면서 같은 착취구조인 세금 제도를 만들어 내었다. 현재 우리가 직·간접적으로 내고 있는 세금은 30가지 이상이 된다. 교육세, 농어촌특별세, 교통에너지환경세, 소득세, 법인세, 상속세, 증여세, 종합부동산세, 부가가치세, 개별소비세, 주세, 인지세, 증권거래세, 지방소비세, 취득세, 등록세, 면허세, 레저세, 공동시설세, 지역개발세, 지방교육세, 주민세, 재산세, 자동차세, 주행세, 지방소득세, 담배소비세, 도축세, 도시계획세, 갑근세, 방위세 등등 참으로 많다. 그 외 생활요금인 전기세, 수도세, 누진세, 휴대폰 통신료, 텔레비전 수신료 등, 한 달에 내는 요금이 얼마나 많은가? 휴대폰 통신비만 해도 3인 가족의 경우 한 가정 당 매월 15만 원 정도 지출하리라 본다.

조선 후기 삼정이 문란하여 별의별 징세를 했는데, 유아에게 징수한 황구첨정(黃口簽丁), 사망자에게 매긴 백골징포(白骨徵布), 토지가 없는데 가짜 농지를 만들어 거둔 백지징세(白地徵稅), 도망자·사망자·행방불명자의 체납분을 친족에 강제 징수한 족징(族徵), 수탈에 견디지 못하여 농민들이 토지나 주거를 버리고 달아나게 되자 이웃 사람에게 대납도록 한 인징(隣徵) 등이다. 이를 역사시간에 배우면서 분노하였었다. 오늘날 우리가 내는 세금도 온갖 명분과 합법이라는 명목으로 징세하고 있어 씨알들은 눈뜨고 빼앗기고 있다. 월든 호숫가에서 자본주의 대안의 삶을 산 헨리 소로처럼 시민불복종, 조세거부운동을 해야겠다는 생각이 들 정도이다.

다석 유영모는 순수한 씨알들을 교화하거나 그들 위에 군림하려고 하지 말라고 하였다. 사제들은 스스로 일하고 자기 먹을 것을 해결하여야 한다고 하였다.

"시골의 농부나 아낙네 가운데 마음을 바로 쓰려고 하는 사람이 꽤 있다. 이런 사람에게 가서 뭐라고 말하지 말라, 예수를 믿어라, 불도를 닦으라는 등 말을 할 필요가 없다. 그들은 이미 훌륭한 신앙을 가지고 있는 것이다"(다석어록, 1960).

씨알의 굶주림은 윗사람이 과다하게 세금으로 빼앗아 가서

굶주림에서 벗어나지 못하는 것이고

씨알을 다스리기 어려운 것은

윗사람이 간계와 거짓을 부리기에

이래서 다스리기 어렵다.

씨알이 가벼이 죽는 것은

더 잘 살게 한다는 더덕덤이로다.

이래서 가벼이 죽는 것이다.

그저 오로지 살고자 하는 생각 없이 사는 사람

살고 봐야지 하는 사람보다 낫다.

늙은이 76월

사람이 살아서는 브들믈정(人之生也柔弱),

그 죽으며는 굳어 뻐뻤(其死也堅强),

푸나무가 살아서는 브드러 여린데(草木之生也柔脆),

그 죽어서는 말라 빠진다(其死也枯槁).

므로 굳어 뻐뻤흔 것은 죽은 무리오(故堅强者死之徒)

브들어 므른것은 사는 무리라(柔弱者生之徒).

이래서 군사가 셰면 이기지 못흥고(是以兵强則不勝),

나무가 셰면 감을 낸다(木强則兵).

셰고 큰것이 밑에 들고(强大處下),

브들업고 므른것이 위로 간다(柔弱處上).

푸나무: 풀과 나무.

枯: 마를 고, 마른나무 고.

析: 뻐갤 석, 땔감, 여기서는 재목.

풀어 씀

영적으로 깨어 있지 않으면 살아 있는 것 같으나 이미 죽은 것이나 마찬가지이다. 얼이 살아 있고 정신이 깨어 있어야 살아 있는 것이지 눈을 뜨고 움직인다고 해서 살아 있는 것은 아니다. 진리를 위해 산다고 하면서도 하늘의 가르침에는 관심 없고 교회를 크게 확장하고 교세를 키우는 교회 성장에만 관심이 있다면 그것은 살아 있는 것처럼 성장하지만 이미 죽은 무리이다. 재물과 교세 확장에서 떠나 늘 깨어 하느님을 찾고 성인의 가르침을 몸으로 실행해야 살아 있는 무리이다.

정치도 마찬가지이다. 씨알을 받들고 섬기는 봉사하는 정치이어야 살아 있는 것이지 씨알을 지배하고 그 위에서 군림하는 권위의 정치는 죽은 정치이다. 권위의 정치 아래에서는 씨알들이 마지못해서 타율적으로 따르는 것이지 씨알 스스로 즐거워서 따르는 것은 아니다. 거기에는 지시와 명령, 강압과 강요가 있기에 씨알들이 경직되어 있다. 경직된 것은 죽은 것이나 마찬가지이다. 죽은 자의 무리는 경직될 수밖에 없으나 산 자의 무리는 무르고 연약하여 온유하다.

요즈음은 하느님과 자연 그리고 인간의 바른 관계에 대하여 자주 말한다. 하느님, 자연, 인간의 관계를 다른 표현으로 말하면 천지인(天地人) 관계이다. 천지인 관계는 무르고 느슨하고 연약한 관계이어야 바른 관계가 될 수 있다. 천지인 관계를 삼태극(三太極)으로 설명하기도 한다. 삼태극 가운데 빨간색은 천극(天極)으로 무극(無極)을 말하며, 파랑은 태극(太極), 노란색은 황극(皇極)으로 사람을 의미한다. 다른 의미로 삼태극 문양은 천(天), 지(地), 인(人)을 말한다. 또한, 빨강은 천신(天神) 파랑은 지신(地神) 노랑은 인신(人神), 곧 삼신(三神)

을 뜻한다. 다른 한편으로 천지인(天地人) 사상의 천(天)은 하늘로서 도형으로는 원(圓)으로 표현하고, 지(地)는 땅으로서 네모(方)로, 인(人)은 사람으로서 삼각형(角)으로 표현한다. 한자로는 원(圓), 방(方), 각(角)이라 하고, 색깔로는 원은 청색이면서 1을, 방은 황색이면서 2를, 각은 적색이면서 3을 의미한다.

한글에도 천지인 사상이 밑바탕에 흐르고 있다. 네모는 천지인의 방(方)으로 한글의 미음이다. 'ㅁ'에 위로 싹이 나면 'ㅂ'이 된다. '무름'의 'ㅁ'에 싹이 나면 '부름'이고, 강하게 발음하면 '푸름'이 된다. 무름, 부름, 푸름이 서로 연관이 된다. 연약하고 무른 것이 푸른 것이다. 무르고 푸른 것이 생명이 있고 살아 있는 것이다. 연약하고 무른 것 같으나 거기에 생명이 있다.

"우리가 묻는 말에는 대답하는 말이 있는데, 대체 누가 묻고 누가 대답하는 것입니까? 종단은 누가 그 물음에 대답하는 것입니까? 이 사람은 여전히 '물음, 불음, 풀음'을 주장합니다. 문제가 있으면 묻습니다. 말이라는 것이 벌써 문제입니다. 그러면 대답은 어떻게 합니까? 대답은 말씀이 대답을 하고 가는 것입니다. 자문자답(自問自答), 곧 자기가 묻고 자기가 대답합니다. 물어서 불려서 종단에는 풉니다. 말씀의 성질은 분명히 '무름'입니다. 'ㅁ'이 파(破)해서 'ㅂ'이 됩니다. '부름'입니다. 여기서 더 올라가면 ㅍ이 되고, '푸름'이 됩니다. 이것은 또한 생각을 자꾸 불러서 종단에는 풀어진다는 것처럼 보이기도 합니다. 말 자체가 이런 성질을 갖습니다. 묻게 됩니다. 그러면 붙게 됩니다. 그리고 종단은 풀어헤치게 됩니다. 자꾸 묻고 붙고 풀고, '므름 브름 프름'입니다. 말씀 자체가 불어서 풀어지는 것이 있으리라고 생각합니다"(다석강의, 942~943쪽).

"형이하(形而下)의 물건은 고유(固有)한 것으로 확실하다고 느끼는 것과 무한우주의 허공을 허무한 것으로 느끼는데 이 둘을 하나로 합친 전체가 하느님이시다. 허무는 무극(無極)이요, 고유(固有)는 태극(太極)이다. 무극·태극은 하나인데 하나가 하느님이시다. 무극에 태극이라 전체로는 하나인 것이다"(다석어록, 1957).

사람이 살아 있을 때는 부드럽고 무르나
죽으면 딱딱하게 굳으며
풀과 나무들도 살아 있을 때는 부드럽고 여린데
죽었을 때는 말라붙어 뻣뻣해진다.
그러므로 굳고 뻣뻣한 것은 죽음의 무리요
부드럽고 무른 것은 생명의 무리다.
이래서 군사가 적을 두려워하지 않으면 이기지 못하고
나무가 세면 부려진다.
드센 것은 아래로 처지고
부드럽고 무른 것은 위로 올라간다.

늙은이 77월

하늘 길은 그 활버리는거 같을가(天之道, 其猶張弓與),

높은 것은 누르고 낮은 것은 들고(高者抑之, 下者擧之),

넉넉한 것은 덜고 모자라는 것을 채운다(有餘者損之, 不足者補之).

하늘길은(天之道),

남는걸 덜어다가 모자라는 걸 채우는데(損有餘而補不足),

사람의 길은 그러칠 않다(人之道則不然).

모자라는걸 덜어서 남음이 있는델 받드니(損不足以奉有餘),

누가 남으미 있음을 가지고(孰能有餘),

세상을 받들 수 있을까(以奉天下),

오직 길을 가진이니(唯有道者),

이래서 씻어난 이는(是以聖人),

하고 절믿거라 안하며(爲而不恃),

일 이룬데서 지내지 안하니(功成而不處),

그 잘보이자를 안홈이냐(其不欲見賢).

풀어 씀

지금으로부터 2,500년 전에 노자는 이미 섬김의 다스림에 대하여 말씀하셨고, 2,000년 전에는 예수께서 종의 자세로 모범을 보이시며 가르쳤다. 이웃을 위한 삶, 더불어 사는 공동체 실험을 선각자들은 꾸준히 해오면서 타자를 위한 존재, 인류를 위한 공동선을 실천하지만, 여전히 승자독식과 억압적이고 권위적인 다스림이 세계 각지에서 일어나고 있다. 어두울수록 밤하늘에 별들이 더 반짝이듯이 권위적인 힘의 논리가 만연되면 될수록 섬김의 다스림과 남을 위한 배려와 베푸는 삶은 더 빛을 발할 것이다.

세상은 주고 가는 것이라고 예수가 이미 삶으로 사셨다고 다석은 말한다. "예수는 이 세상 사람에게 주는 것을 가르쳤다. 이 세상은 주고 가자는 세상이다. 지금이라도 줄 수가 있어야 된다. 떳떳지 못하게 무엇을 바라고 살 바에는 차라리 이 세상에 안 나는 것이 좋다. 우주의 아버지(하느님)는 우리에게 무엇을 나누어 주라는 것이다. 이 세상에 산다는 것은 주는 재미로 살아야 한다. 그렇기 때문에 이왕에 주려면 예수처럼 주어야 한다는 것을 알아야 한다. 비록 나는 아무것도 가진 게 없지만, 이제는 주려고 산다. 나는 세상에 대하여 나에게 주기를 바라지 않는다"(다석어록, 1956).

성모 마리아는 아기를 잉태하고 그 아기가 새로운 세상을 열리라는 것을 확신하고 아래와 같이 노래하였다.

"내 영혼이 주님을 찬양하며 내 구세주 하느님을 생각하는 기쁨에 이 마음 설렙니다. 주께서 여종의 비천한 신세를 돌보셨습니다. 이제부터는 온 백성이

나를 복되다 하리니 전능하신 분께서 나에게 큰일을 해주신 덕분입니다. 주님은 거룩하신 분, 주님을 두려워하는 이들에게는 대대로 자비를 베푸십니다. 주님은 전능하신 팔을 펼치시어 마음이 교만한 자들을 흩으셨습니다. 권세 있는 자들을 그 자리에서 내치시고 보잘것없는 이들을 높이셨으며 배고픈 사람은 좋은 것으로 배 불리시고 부요한 사람은 빈손으로 돌려보내셨습니다"(루가 1:46~53, 공동번역).

노자는 자신을 드러내지 않고 사람을 섬기는 깨우친 이의 삶에 대하여 <도덕경> 77장에서 말하였다. "어느 누가 남는 것으로 하늘을 모실 수 있을까. 오직 도를 깨우친 이 뿐이다. 이래서 성인(聖人)은 큰일을 하고도 자랑하지 않으며 공을 세운데서 머물지 않고 자기의 현명함을 드러내지 않는다(孰能有餘, 以奉天下, 唯有道者. 是以聖人, 爲而不恃, 功成而不處, 其不欲見賢)."

한 소리 있어 외친다. "야훼께서 오신다. 사막에 길을 내어라. 우리의 하느님께서 오신다. 벌판에 큰 길을 훤히 닦아라. 모든 골짜기를 메우고, 산과 언덕을 깎아내려라. 절벽은 평지를 만들고, 비탈진 산골길은 넓혀라. 야훼의 영광이 나타나리니 모든 사람이 그 영화를 뵈리라. 야훼께서 친히 이렇게 약속하셨다"(이사 40:3~5).

활을 당기고 쏠 때 위로 올라가는 왼쪽 손은 밑으로 누르고 활을 놓는 오른손은 약간 올려 주어야 한다. 활을 놓을 때 높은 것은 누르고 낮은 것은 올려준다고 말하였다.

하늘길은 활을 버리는 것과 같다고 할까

높은 것은 누르고 낮은 것은 올려 주고

넉넉한 것은 덜고 모자라는 것은 채운다.

하늘길은

남는 것을 덜어다가 모자라는 걸 보태주는데,

사람이 하는 일은 그렇지 못해

모자라는 걸 덜어서 남는 자에게 바친다.

어느 누가 남는 것으로

하늘을 모실 수 있을까

오직 길을 가진 이뿐이다.

이래서 씻어난 이는

큰일을 하고도 자랑하지 않으며

공을 세운 데서 머물지 않고

자기의 현명함을 드러내지 않는다.

늙은이 78월

세상 물보다 브들므릇흠이 없으되(天下莫柔弱於水),

굳센걸 치는데는(而功堅强者),

이보다 먼저 잘(흘 게) 없으니(莫之能勝),

그 가지고 (이걸) 바꿀게 없어서라(以其無以易之).

므로 브드런거의 굳센거 이김과(故柔之勝剛),

므른거의 센거 이김을(弱之勝强)

세상에 모를이 없으나 잘 흐는 이 없다(天下莫不知, 莫能行).

이래서 씻어난 이 이로되(是以聖人云),

나라의 (더런) 때를 받음(受國之垢).

이 일러 흙낟알 님자라 (흐고)(是謂社稷主),

나라의 금새아닌 걸 받음(受國不祥).

이 일러 세상 임금이라 (흐니)(是謂天下王),

바른 말이 뒤집히는거 같(正言若反).

풀어 씀

사람들은 강하고 힘이 세고 권위가 있는 사람 앞에서는 설설 기고 납작 엎드려 죽는 시늉까지 하지만 약하고 부드럽고 무른 사람은 무시하거나 업신여기며 깔아뭉개는 경향이 있다. 대개 사람들은 규모가 있고 크고 멋있고 세련된 것을 성공한 것으로 여기고 후한 점수를 주며 선호하나 투박하고 촌스럽고 작고 가진 것 없는 사람은 무시하고 업신여긴다.

명령하면 질서정연하게 움직이고 일사불란하게 명령에 따르는 것이 잘 다스리는 것으로 보이고 정치를 잘 하는 것 같이 보인다. 힘이 있고 단칼에 수많은 사람을 쓰러뜨리는 영웅호걸에 관한 이야기는 역사에 많이 등장하나 무지렁이, 힘이 없고 볼품없는 사람들의 이야기는 별로 없다. 성공하고 권위적인 사회에 크게 영향을 주었던 인물 중심으로 역사는 기록되어 왔다. 사람들은 부드럽고 약한 것은 취할 것이 못 된다고 무시하며 가볍게 여겨 왔다. 물론 노자도 젊었을 때는 일사불란한 도의 정치를 구상하고 자신의 정치철학을 실현하기 위해 무던히도 애를 썼을 것이다. "아무리 아름다운 꽃도 열흘을 넘기지 못하고, 아무리 막강한 권력이라고 해도 10년 가지 못한다"라는 의미의 화무십일홍 권불십년(花無十日紅 權不十年)의 매정한 정치세계에서 노자는 죽음의 고비도 몇 번 넘고 힘든 삶을 살면서 권위 정치의 폭력성과 사람의 마음을 죽이고 파괴하는 정치의 괴력을 실감하였을 것이다.

受國不祥　　　나라의 금새아닌 걸 받음

다석은 상서로울 상(祥)을 금새라고 순우리말로 풀이하였다. '금새'는 금 사이, 즉 벌어지려고 하는 사이로 나라와 나라 사이의 명확하지 않은 경계를 뜻한다. 지도자는 이러한 불문명한 경계선을 딛고 서서 나라를 굳게 한다는 뜻에서 금새 아닌 걸 받아 분명하게 나라를 지켜야 참 지도자라 한다.

물을 늘 마시고 매 순간 공기로 숨을 쉬지만, 너무 흔해서 늘 주위에 있어서 물이나 공기의 중요성을 느끼지 못하고 그냥 살아가는 경우가 많다. 세상의 온갖 세파를 겪으면서 경험하고 약하고 무르고 부드러운 물을 유심히 관찰한 노자는 부드럽고 약한 물의 위대성을 보고, <도덕경> 8장에서 상선약수(上善若水)라고 표현한다. 나이 들어 사상이 유연해지고 사고의 폭이 넓어지면서 흔히 무심결에 지나거나 보지 못했던 사물의 또 다른 속성을 발견했는데, 약하고 무르고 부드러운 것이 강하고 센 것을 이긴다는 사실이다.

8장에서 설명했듯이 물은 아래와 같은 여덟 가지 유형의 성질을 가지고 있다.

1. 물은 낮은 곳으로 흐른다(謙遜).
2. 물은 기다린다. 도량을 쌓으면 물은 둑을 넘을 때까지 기다린다(忍耐).
3. 자신은 더러워지면서 남을 깨끗게 한다(犧牲).
4. 고집을 하지 않는다. 둥그런 그릇에 담으면 둥그렇게, 네모난 모양에 담으면 네모 모양, 세모난 그릇에 담으면 세모가 된다(無形, 無固執).
5. 물은 스며들어 수목이 결실케 한다(實果).
6. 물은 맑게 한다(淸潔).
7. 물은 장애물을 만나면 돌아간다(緩曼).
8. 물은 부드럽다(柔順).

물은 있는 곳보다 낮은 곳으로 향하고 동료를 기다려 함께 흐른다. 계곡물이 모여 냇물이 되고 냇물이 모여 강물이 되고, 강물이 모여 바다가 된다. 이렇게 모인 물은 만물의 근원이 되고, 어마어마한 힘과 에너지를 낸다. 강이 범람할 때, 강둑을 무너뜨리고, 논과 밭, 마을도 초토화시킨다. 바람이 불면 파도로 큰 산도, 섬도 삼켜버린다. 이러한 큰 힘을 가지는 것은 물이 인내, 겸손, 희생, 무형(無形), 무고집(無固執), 완만(緩慢)한 성질을 가졌기 때문이다. 사람도 물과 같이 기다리고 인내하고 자기를 고집하지 않고 겸손하면 남과 다투지 않고 남을 이롭게 하며 모든 것을 베풀어 배부르게 할 수 있다.

다석은 말한다. "생활의 핵심이 되는 중요한 문제는 식색(食色)이다. 식, 색이 생활의 핵심이다. 식, 색의 정체를 모르면 삶을 바로 살 수 없다. 삶의 핵심을 못 붙잡으면 자기를 사랑한다고 하고 남을 사랑한다고 해도 사랑이 못되고 해치는 것이다. 그리하여 사람의 진면목(眞面目, 참나)은 드러나지 않은 채 애매한 세상에 자칫하면 인생을 헛살기 쉽다. 보아서는 돈도 있고 지위도 있어서 세상에서 출세하는 것 같아도 속을 들여다보면 썩은 무 같아서 아무 쓸모 없는 인생이다. 이 나라 사람들이 언제 얼나를 깨달아 삶에 정곡인 중정(中正)을 꼭 찌를 수 있는 알찬 인생이 될 수 있을까?"(다석어록, 1957).

세상에 물보다 부드럽고 약한 것이 없지만
굳센 것을 꺾는 데는
이보다 나은 게 없으니
물을 가벼이 여길 수 없다.
따라서 부드러운 것이 굳센 것 이기고
약한 것이 센 것 이기는 것을
세상에 모를 이 없으나 어느 누구도 행하지 못한다.

그래서 씻어난 이는
나라의 더러운 때를 감내하는 이를
이 일러 사직의 임자라 하고
나라의 금새 아닌 것을 받으니
천하의 우두머리라고 한다.
바른말은 얼핏 어긋나는 듯하다.

큰 원망을 풀면 반드시 남은 원망이 있다(和大怨, 必有餘怨).

어떠케 가지고 잘홀고(安可以爲善),

이래서 다스리는 이(是以聖人)

얼의 앒쪽을 잡고 사람을 남으라지 않는다(執左契, 而不責於人).

므로 속알 있는 이엄을 맡고(故有德司契),

속알 없는 이 사뭇침을 맡는다(無德司徹).

하늘길은 아름아리 없이(天道無親),

늘 착혼사람과 더브름이여(常與善人).

풀어 씀

사람들은 서로 만나 잘 지내다가 헤어지기도 하고, 사이좋게 사귀다가도 원수가 되기도 한다. 사람들은 이 세상의 관계 속에서 살면서 별의별 일을 겪는다. 때로 상처를 받기도 하고 다른 사람에게 아픔을 주기도 하며 살아간다. 남에게 분한 일을 당한 것은 내가 참거나 잊어버리면 되지만 남을 억울하게 하였으면 그분을 풀어주어야 한다. 사람이 살다 보면 큰 분을 풀어도 작은 원망의 찌꺼기는 남을 수 있다. 그래서 노자는 "큰 분이 풀어져도 남은 원망이 있으니 어찌하여야 잘 했다고 하겠는가(和大怨, 必有餘怨安可以爲善)"라고 하였다.

執左契, 而不責於人	엄의 앞쪽을 잡고 사람을 남으라지 않는다.
故有德司契	므로 속알 있는 이엄을 맡고,
無德司徹	속알 없는 이 사뭇침을 맡는다.

어음을 교환할 때는 반을 나누어 채권자는 왼쪽 부분만 가지고 있으면서 채무자에게 빚 독촉하지 않는 사람이 덕있는 사람이라고 노자는 말한다. 그러나 덕이 없는 사람은 어음의 반을 가지고 채권자 행세를 하면서 채무자에게 갑질을 하기에 사무침을 맡는다고 다석은 풀이하였다.

공자는 내가 하기 싫은 것을 남에게 시키지 말라고 하였다. "내가 바라지 않는 것을 남에게 억지로 시키지 말라. 그리하면 백성들로부터 원망이 없고 집에도 원망이 없을 것이다"(己所不欲 勿施於人 在邦無怨 在家無怨, <논어> 안연편).

예수는 하느님과 바른 관계를 맺으려면 먼저 다른 사람과의 원한을 풀고 화해하라고 하였다. "그러므로 제단에 예물을 드리려 할 때 너에게 원한을 품고 있는 형제가 생각나거든 그 예물을 제단 앞에 두고 먼저 그를 찾아가 화해하고 나서 돌아와 예물을 드려라"(마태 5:23~24, 공동번역).

　전주의 도심을 벗어나 금산사 쪽을 향하여 가다 보면 중인리 독배마을이 나온다. 장애인들과 함께 살던 김준호 선생을 위해 다석 유영모 선생이 조건 없이 독배마을 일대 땅을 사주었다. 그 공동체가 진달래 마을인데, 지금은 길 건너 다석이 사준 야산으로 진달래마을을 옮겨 소화 자매원이 장애인 복지시설 짓고 잘 운영하고 있다. 덕자(德者)인 유영모 선생이 남에게 돈을 빌려준 일화도 있다.

　"이 사람은 돈이라고는 없는 사람이다. 돈 없는 사람은 누구나 다 돈거래라는 것을 할 리가 없다. 그런데 몇 푼 안 되는 돈을 나보다도 어려운 사람이 와서 돈을 돌려 달라고 한다. 그때 돈이 없으면 할 수 없지만 있으면 돌려준다. 돈 갚는 기한을 정하는데 그때 빌리는 사람이 빌린 돈 이자(利子) 대신에 그 기한까지는 담배를 끊으라고 말한다. 이러한 일이 몇 번 없는 일이지만 약속을 지킨 사람은 생전에 한 번밖에 못 봤다. 물자라는 것은 그저 마구 내주는 것은 아니라고 생각한다. 무조건 주는 것은 결과로 보아 그것밖에 안 된다. 내 생각에는 반드시 조건을 하나 붙였으면 좋을 것 같다는 것이다"(다석어록 1956).

　"세상에서 조건을 붙이는 것같이 무서운 것은 없다. 그러나 하나(一)의 조건은 가지고 싶다. 대동(大同)의 조건이라면 받겠다. 남이 주는 너저분한 조건보다는 독립정신으로 하는 대동의 조건이라면 나는 이것을 받고 싶다. 대동으로 한다는 것은 다 같이 잘사는 조건이 분명하니까 받아들일 수가 있다. 대동으로 돌아가는 데는 무책임해서는 안 된다. 사람으로 태어나서 너무나 바라기만 하는 것은 안 된다. 우리가 대동으로 들어가려는 이 땅에서 그러한 무책임한

도움이라면 차라리 굶더라도 이것을 사양하는 것이 오히려 대동정의로 사는
것이다"(다석어록, 1956).

　큰 분이 풀어져도 남은 원망이 있으니
　어찌하여야 잘 했다고 하겠는가
　이래서 다스리는 사람은
　왼쪽 어음(채권)만 잡은 채 사람에게 조르지 않는다.
　그러므로 덕 있는 사람은 차용증서만 가지고 있지만
　덕이 없는 사람은 담보를 맡는다.
　하늘의 길은 친한 이를 따로 두지 않고
　언제나 착한 사람과 함께 한다.

늙은이 80월

작은 나라 적은 씨알에(小國寡民),

열사람 온사람 (얼러) 쓸 그릇을 두고, (그러되 재주) 쓸 (일이) 없(을만큼 되게)

ᄒᆞ이금(使有什佰之器而不用),

씨알이 죽엄을 묵업게 (ᄒᆞ야) 멀리 옮기지 않게 ᄒᆞ이금(使民重死而不遠徙)

배와 수레를 두나 타(고 다닐)ㄹ 일이 없고(雖有舟輿, 無所乘之),

갇옷과 칼을 두나 ᄇᆞ릴데가 없고(雖有甲兵, 無所陳之),

씨알이 다시 주먹셈을 쓸만 ᄒᆞ게 ᄒᆞ이금(使民復結繩而用之),

저희 먹이 달고(甘其食),

저희 입성 곱고(美其服),

저희 자리 편ᄒᆞ고(安其居),

저희 살김 즐겨(樂其俗),

이웃나라 서루 바라 뵈며(隣國相望),

개, 닭소리, 마주 들리는데(鷄犬之聲相聞),

씨알이 늙어서 죽도록(民至老死),

왔다 갔다들 아니 ᄒᆞ는다(不相往來).

풀어 씀

<도덕경> 80장에서는 다스리지 않으나 다스려지지 않는 것이 없는 무위(無爲)의 다스림으로 나라를 다스리면 태고 시대와 같은 태평성대를 누리리라고 말한다. 나라의 크기는 지방분권 자치할 수 있는 정도의 크기이면 좋으리라는 말을 덧붙인다.

"지금 먹는 음식을 달게 먹고, 입고 있는 옷이 아름답고, 자기가 사는 곳에서 평안하게 그 풍속을 즐긴다. 이웃 나라가 서로 바라보이며 개 짖는 소리, 닭 울음소리 마주 들리는데 백성이 늙어 죽도록 서로 가고 오지를 않는다(甘其食 美其服 安其居 樂其俗 隣國相望 鷄犬之聲相聞 民至老死 不相往來)." 사는 것이 편안하고 근심 걱정이 없는데, 여기저기 돌아다니며 귀 기울일 필요가 있겠는가?

임마누엘 칸트는 순수이성 비판, 실천이성 비판, 판단력 비판 등을 통해서 근대 계몽주의 철학을 정점에 올려놓았다. 칸트는 종래의 경험론 및 독단론을 극복하도록 비판철학을 수립하였다. 인식 및 실천의 객관적 기준을 선험적(先驗的) 형식에서 찾고, 사유가 존재를, 방법이 대상을 규정한다고 말한 칸트는 자신이 사는 곳에서 100리 밖을 나가지 않았어도 도덕의 근거를 인과율이 지배하지 않는 선험적 자유의 영역에서 찾고, 완전히 자율적이고 자유로운 도덕적 인격의 자기 입법을 도덕률로 보았다.

반암산골에 귀촌한 지 6년이 된 나도 도시에 나가지 않아도, 텔레비전을 보지 않아도 세상과 소통하는 데 별 문제 없이 산다. 비록 도시 문화가 없는 곳에서 산속에서 혼자 살아도 불편함을 느끼지 못하고 나무와 개, 산양과 오골계 그리고 고사리, 더덕, 흰 민들레, 도라지, 고비, 계곡물과 바람을 벗 삼아 잘살고 있다. 휴대폰 하나면 앉아서 세계를 보고, 블로그와 얼숲에 글을 올려 얼벗들과 소통한다. 이 또한 다른 곳에 눈을 팔거나 기웃거리지 않아도 편하게 살수 있지 않는가.

작은 나라 적은 씨알에
열 사람, 백 사람 인재가 많지만
부리지 않고
씨알이 죽음을 무겁게 여겨 멀리 떠나지 않는다.
배와 수레가 있어도 타지 않으며
갑옷과 무기가 있으나 쓰지 않고
씨알들이 다시 매듭 매어 셈하도록 하고
지금 먹는 음식을 달게 먹고
입고 있는 옷이 아름답고
자기가 사는 곳에서 평안하게
그 풍속을 즐긴다.
이웃 나라가 서로 바라보이며
개 짖는 소리, 닭 울음소리 마주 들리는데
씨알이 늙어 죽도록
서로 가고 오지를 않는다.

늙은이 81월

믿븐 말이 아름답지(만도) 않고(信言不美),

아름답은 말이 믿을 말(만도) 아님(美言不信)

착흔 말이 별르는 것(만도) 아니고(善者不辯),

별르는 말이 착흔 거(만도) 아님(辯者不善),

아는 이가 넓은거(도) 아니고(知者不博),

넓은 이가 아는거(도) 아님(博者不知),

씻어난 이 쌓아두지 않음(聖人不積),

벌써 가지고 남에게 힘는데 제 더욱 가지고(旣以爲人, 己愈有),

벌써 가져 남을 줬는데 제 더욱 많아(旣以與人, 己愈多),

하늘길은 좋게 흐고 언잖게 안흐며(天之道, 利而不害),

씻어난 이 길은 흐고 다투지 아니흐(聖人之道, 爲而不爭).

풀어 씀

서양의 수도원 영성이나 동양의 무(無)자 공안(公案)에서 쉽게 찾아볼 수 있는 자기부정은 마음의 일어나는 모든 작용을 없애고 또 없애, 무(無)라는 생각조차도 넘어선 순수한 자아의 상태로 텅 빔이라고 말한다. 수도원 영성 전통에서 자기 자신을 죽이고 그리스도만 드러나게 하여, "하느님이 내 안에 내가 하느님 안에, 또는, 그리스도가 내 안에 내가 그리스도 안에"(요한 17:20, 갈라 2:20 참조) 있다는 사상은 부정신학(apophatic theology) 전통에서 두드러지게 나타난다. 마음을 비우고 가진 것을 모두 내려놓고, 하느님의 고요 속에 머무르기 위함이다.

하느님은 우리의 생각, 상상, 지식을 넘어 계시는 분이기에 인간의 언어로 개념화할 수 없다. 그래서 부정신학에서는 부정의 언어를 통해서 하느님을 찾는다. 즉, "하느님은 사랑이다"라고 말할 때, 부정신학에서는 "아니다, 하느님은 사랑만은 아니다"라고 표현한다. "하느님은 진리다"라고 표현할 때, "아니다, 하느님은 진리만은 아니다" 또, "하느님은 빛이다"라고 할 때, "아니다, 하느님은 빛만이 아니다"라고 부정적인 표현을 통해서 하느님의 본성에 다가간다. 부정의 길은 물건에 대한 집착에서 일어나는 탐욕, 분노, 이기심을 극복하는 길이다. 사랑이나 정욕의 애착에서 벗어나 순결, 겸손, 온유의 마음으로 마음의 평화를 찾고 침잠과 고요의 상태에 이르는 부정의 길은 자기 비움과 자기부정을 통해서 가능하다.

이와 반대로 텅 빔(vacuum)보다는 충만함(plenum)을 말하는 그리스도교 영성 전통이 있다. 긍정적인 언어를 사용해 하느님의 은혜를 표현하는 긍정신학

(kataphatic theology)에서 주로 표현하는 말이다. 대부분의 교회 전통은 이 신학전통에 서 있다. 하느님의 은혜가 값없이 인간에게 주어지기에 놀람과 경외심으로 하느님을 찬양하고 경배한다. 항상 긍정의 말을 통해서 찬양과 경배를 드린다. 이 전통에서는 대개 "하느님은 놀랍다", "하느님은 넓고도 크다", "하느님은 전지전능하다", "하느님은 빛이다," "하느님은 사랑이다" 등으로 표현한다. 긍정신학에서는 하느님의 은혜가 놀랍고 신비하기에 "그 크신 하느님의 은혜 말로 다 형용 못 하네. … 하늘을 두루마리 삼고 바다를 먹물 삼아도 한없는 하느님의 사랑 다 기록할 수 없겠네. 주님의 크신 사랑을 그 어찌 다 쓸까. 저 하늘 높이 쌓아도 채우지 못하리"(성가 369장 중에서)라고 표현한다. 마음은 항상 충만한 은혜 가운데에 있다.

텅 비웠는데, 가득 차고 충만하다. 또는 가득 찬 것 같은데 텅 비어 있다. 텅 빈 충만함(vacuum-plenum), 역설적인 논리이다. <도덕경>은 '하지 않았으나 하지 않은 것이 없는' 무위지위(無爲之爲)와 '다스리지 않으나 다스려지지 않은 것이 없는' 무위(無爲)의 다스림을 씻어난 이가 가져야 할 최고의 지혜라는 것을 역설적으로 표현한다.

"미더운 말은 아름답지 않고 아름다운 말은 미덥지 않다. 착한 이는 말하지 않고 말하는 자는 착하지 않다. 아는 이는 박학하지 않고 박학한 이는 알지 못한다(信言不美 美言不信 善者不辯 辯者不善 知者不博 博者不知)." 예수, 석가, 노자의 글에는 역설적인 표현이 많다. 그리고 그들의 말씀은 아름다운 말이라기보다는 믿음의 지혜가 번뜩이는 말이다. 시인들의 글처럼 아름답거나 꿀처럼 달콤하지 않으나 단순한 성인의 말씀에는 지혜가 있고 진리로 가득 차있다.

<도덕경> 첫 장에서 노자는 "도가도 비상도 명가명 비상명(道可道 非常道, 名可名 非常名)"이라는 말을 한다. "도를 도라고 규정하면 이미 영원불변한 도가 아니고, 만약에 도를 말로써 표현하며 그것은 참다운 도가 아니다"는 뜻이다. 그럼에도 불구하고 노자는 도에 대하여 81장까지 5,000여 자로 설명한다. 이미 언어로 표현되면 도는 참되지 못하다고 말한 바가 있다. 이에 대하여 노자는 마지막 81장에서 역설적인 표현으로 풀이함으로써 사람들의 의심을 해소시켜 준다.

미더운 말은 아름답지 않고
아름다운 말은 미덥지 않다.
착한 이는 말하지 않고
말하는 자는 착하지 않다.
아는 이는 박학하지 않고
박학한 이는 알지 못한다.
씻어난 이는 쌓아 두지 않는다.
이미 남을 위해 베풀면 더욱 많아지고
남에게 주었는데 한층 더 풍족해진다.
하늘의 길은 남을 이롭게 하나 스스로 상하지 않으며
씻어난 이의 길은 그저 남을 위할 뿐 다투지 않는다.